CODE FORESTIER

ANNOTÉ.

IMPRIMÉ CHEZ PAUL RENOUARD,
RUE GARENCIÈRE, Nº 5.

CODE

FORESTIER

ANNOTÉ;

CONTENANT

LES ARRÊTS DES COURS, LES OPINIONS DES AUTEURS,
ET LES DIVERS DOCUMENS
QUI ONT PARU UTILES POUR L'INTELLIGENCE
DE LA LÉGISLATION ACTUELLE,

PAR

CHARLES DE VAULX ET JACQUES FŒLIX,

AVOCATS.

PREMIÈRE PARTIE.

PARIS.

CHEZ L'HUILLIER, ÉDITEUR,
RUE HAUTEFEUILLE, N° 20.

1827.

INTRODUCTION.

Au moment de la révolution, la législation forestière portait encore, d'une manière toute particulière, l'empreinte du régime auquel la France avait été soumise ; elle continuait d'offrir les principaux caractères de privilège et de gêne qui la distinguaient ; elle ne pouvait tarder à être atteinte. Aussi dès la seconde année de son existence, par ses deux lois de 1791, l'Assemblée constituante en renversa les bases. Cependant les lois nouvelles étaient non-seulement insuffisantes, sous un grand nombre de rapports, mais encore, comme beaucoup des actes émanés de cette assemblée, elles n'offraient point un tout complet et bien coordonné dans ses parties ; elles laissaient subsister un grand nombre des dispositions anciennes devenues inutiles ou incohérentes ; elles étaient loin de prévoir toutes les combinaisons qui devaient naître du nouvel état de choses.

Toutefois, le vide que chaque jour venait mettre à découvert, disparut successivement devant de nombreuses dispositions législatives et devant la haute sagesse des cours du royaume ; il restait un seul desir, c'était que la réunion en un corps des actes législatifs et des actes des tribunaux, que l'habitude avait en quelque sorte érigés en lois, vînt mettre un terme à ces longues recherches, qui de jour en jour devenaient plus pénibles, et qui entraînaient souvent même l'homme le plus exercé dans des doutes que des textes rapprochés les uns des autres auraient facilement fait disparaître.

Tel devait être le but de la loi nouvelle. Tel est aussi celui qu'elle a rempli : on n'y rencontre que très rarement des modifications ou des dispositions qui n'aient point leur source dans le passé ; en général, le fond du droit n'a pas changé.

Nous avons donc cru entreprendre un travail utile, en présentant, immédiatement au-dessous de chacun des articles du Code, l'analyse des décisions judiciaires et des opinions des auteurs sur les dispositions semblables ou analogues de l'ancienne législation ; offrant ainsi aux premiers regards la réunion d'hypothèses nombreuses que la loi nouvelle n'a point formellement prévues, dont le cas peut se présenter chaque jour et qui continuent de faire de la connaissance des décisions anciennes un devoir dangereux à oublier.

Il est inutile d'ajouter qu'au moyen d'une soigneuse indication des sources, le lecteur, desireux de plus vastes développemens, pourra les acquérir sans se livrer à ces recherches qui viennent si souvent arrêter et refroidir le jurisconsulte.

Cependant nous n'aurions pas cru notre travail complet, si nous n'y avions joint l'indication 1° des articles semblables ou analogues de l'ancienne législation ; 2° de ceux de l'ordonnance d'exécution qui offrent des rapports ; 3° des divers passages de la discussion qui a eu lieu aux deux Chambres, et qui se trouve rapportée en tête de l'ouvrage; convaincus que si cette discussion ne suffit point, seule, à l'explication des articles, néanmoins elle peut, dans une foule de circonstances, donner les éclaircissemens les plus utiles.

Les observations de la Cour de cassation sur le projet du Code, nous ont également semblé devoir être rapportées; enfin, toutes les fois que nous avons remarqué une différence dans les dispositions nouvelles, ou qu'une difficulté nous a paru en sortir, nous avons cherché à la signaler et à mettre à profit les idées qu'une habitude déjà longue des questions judiciaires, et beaucoup de travail sur la matière nous ont peut-être fourni l'occasion de réunir.

L'Ordonnance d'exécution couronne notre travail; elle a été également l'objet d'annotations, mais qui, par la nature même des choses, ont dû être moins étendues que celles dont les articles du Code ont fourni le sujet.

Dans ceux-ci, à chaque instant tout se rattache à de hautes questions d'ordre public, à de grands principes de droit qui viennent, sous une foule d'aspects, commander la méditation, et sur lesquels on ne saurait, sans courir des risques, négliger les œuvres de l'expérience et de la sagesse.

Dans les articles de l'Ordonnance d'exécution on n'a pu voir, en général, que des formes stériles, et qui, soit qu'elles fussent la répétition des dispositions anciennes, soit qu'elles n'eussent avec celles-ci qu'une analogie lointaine, n'auraient besoin, pour être bien comprises, d'aucun secours étranger.

Un vocabulaire des termes particuliers aux bois et aux forêts, et une table alphabétique des matières ont trouvé également place dans notre travail.

TABLE DES MATIÈRES

DES DEUX PARTIES.

—

Ire PARTIE.

IIe PARTIE.

CODE FORESTIER.   —

Pages.

ORDONNANCE D'EXÉCUTION.

FIN DE LA TABLE DES MATIÈRES.

TABLE

DES TERMES TECHNIQUES

EMPLOYÉS DANS L'OUVRAGE.

Abatis. Certaine quantité de bois abattu.

Abatage. Action d'abattre du bois.

Abrouti. Se dit du bois mal fait, ou auquel les bestiaux ont apporté du dommage.

Affectation à titre particulier. On appelle ainsi la faculté de prendre annuellement, dans une forêt, pour un établissement d'industrie, les bois nécessaires à l'alimentation de cet établissement.

Affirmation. Assurance par serment, et devant un magistrat, qu'un procès-verbal ou tout autre acte ne contient que la vérité.

Affouage. Droit de prendre le bois nécessaire au chauffage.

Aménagement. C'est l'ordre établi dans les bois relativement aux coupes.

Arbre à laye ou de repeuplée. Jeunes plants qu'on laisse pour repeupler les taillis , lorsqu'on en fait la coupe.

Arbres d'assiette. Arbres qui composent la coupe.

Arbres chablis. Ce sont ceux qui ont été abattus par les vents.

Arbres charmés. Ce sont ceux qu'on a entamés pour les faire périr.

Arbres déshonorés. Ce sont ceux dont on a coupé la cime, ou les branches.

Arbres de lisière, autrement appelés *parois.* Ce sont ceux qu'on veut réserver, dans toute la longueur des lignes, entre les pieds corniers.

Arbres ou Pieds Corniers. Ce sont ceux qu'on marque dans les angles : on appelle particulièrement *pieds tournans* ceux qui sont dans les angles rentrans.

Arbres de réserve. Ce sont proprement les baliveaux laissés dans chaque coupe pour repeupler la forêt. On appelle aussi *arbres de réserve les pieds corniers*, *parois* ou *arbres de lisière* que l'arpenteur laisse autour des ventes pour en marquer les limites.

Arpentage. C'est le mesurage des coupes.

Assiette des coupes. C'est la désignation de l'endroit de la forêt où la coupe doit être faite.

Aumailles. Ce terme comprend les animaux domestiques de la classe herbivore.

Aval. S'entend de la pente du courant de l'eau.

Balivage. *Voy.* martelage.

Baliveaux. Ce sont les arbres réservés, dans la coupe des bois taillis pour les laisser croître comme arbres de haute futaie.

Baliveaux de l'âge. Ce sont ceux du même âge que le taillis où l'on veut faire une coupe.

Baliveaux modernes. Ce sont ceux qui restent dans une forêt après deux exploitations du taillis.

Baliveaux anciens. Ce sont ceux des coupes précédentes.

Bille. Branche d'arbre coupée par les deux bouts, ou tronçon d'arbre.

Blanc-être, Blanc-estoc. C'est la coupe faite sans aucune réserve.

Bois arsin. C'est celui où l'on a mis le feu.

Bois blanc. C'est le bois léger, tel que le bouleau, le peuplier, le tremble.

Bois de cépées. Ce sont des rejetons d'arbres, formant une espèce de buisson.

Bois de délit. Se dit d'un arbre coupé indûment.

Bois mort. Se dit de tout arbre séché sur pied. *Voy.* Mort bois.

Bourdillon. Bois de chêne refendu, employé pour faire des tonneaux ou des futailles.

Bourrée. Petit fagot de bois menu.

Brin. Premier produit de la semence.

Brisées. Branches que l'on abat pour marquer les bornes des coupes. Ce sont aussi des sentiers que l'on fait dans les forêts pour servir de passage aux arpenteurs, lors des assiettes des ventes.

Brûlis. Terme par lequel on désigne les parties des forêts qui ont été incendiées.

Bûche. Bois à brûler, dont la longueur commune est de trois pieds et demi.

Bûcher. C'est mettre en bûches du bois abattu.

Cahier des charges. C'est l'acte qui contient les conditions d'une vente de bois.

Cantonnement. Le propriétaire d'un bois soumis à un droit d'usage, ou à une affectation, peut se libérer au moyen de la concession en propriété d'une partie de ce bois. La concession doit former l'équiva-lent du droit à éteindre. Cette concession s'appelle cantonnement.

Chablis. Voy. Arbres de chablis.

Charmé. Voy. Arbres charmés.

Chicot. Ce qui reste à la souche d'un arbre qui a été abattu.

Clairières, Clairevoies et Vides. On entend par ces mots les en-droits des forêts qui sont dégarnis d'arbres, et dépeuplés.

Command. Se dit pour commettant : la déclaration de command consiste à déclarer la personne pour qui l'on a acheté.

Congé de cour. L'ordonnance de 1669 appelle ainsi la sentence rendue sur le procès-verbal de récolement, et par laquelle les adjudicataires sont déchargés de toute recherche pour raison de l'exploitation.

Copeau. Eclat de bois provenant de l'abatage des bois, des rognures des pièces ou de leur équarrissage.

Cornier. Voy. Arbres ou Pieds corniers.

Cotteret. Sorte de fagot qui doit avoir deux pieds de long et dix-sept à dix-huit pouces de tour.

Coupes ordinaires. Ce sont celles qui se trouvent déterminées par l'aménagement.

Coupes extraordinaires. Ce sont celles qui ne sont pas déter-minées par l'aménagement. Elles se composent principalement d'éclaircissemens de futaies, de coupes d'arbres secs, viciés et dé-périssans, du quart des bois mis en réserve, ou des recepages.

Débarder. Extraire le bois des forêts où il a été abattu.

Débiter. Veut dire exploiter, dégrossir, travailler le bois dans les forêts.

Déboiser. C'est détruire un bois en partie : c'est en cela que ce mot diffère du mot défricher.

Déclaration des contrées. C'est la désignation des cantons de bois destinés au pacage pour l'année courante.

Défens, être en *défens.* Ce sont les bois non défensables.

Défensable. On appelle ainsi les bois qui sont reconnus assez forts et assez élevés (sans égard à leur plus ou moins d'âge) pour n'avoir rien à craindre de la dent des animaux.

Défricher un bois. C'est en arracher tous les arbres et toutes les plantes, c'est, en un mot, mettre le terrein en état de culture.

Délivrance. C'est la permission donnée aux usagers de jouir du droit de pâturage ou de panage, ou de prendre le bois auquel ils ont droit.

Dépeuplement. Une forêt est dépeuplée, lorsque le nombre des arbres a considérablement diminué.

Dessaisonner un bois. C'est intervertir l'ordre des coupes.

Doublement. C'est une surenchère de la moitié du prix d'une adjudication, comme le tiercement est une surenchère du tiers.

Ebrancher. Voy. Elaguer.

Eclaircie ou *Eclaircissement.* C'est l'action d'abattre des baliveaux sur taillis, pour faciliter la croissance des arbres restans. *V.* Emonder. On dit exploiter par éclaircie.

Ecorcer. C'est lever l'écorce des arbres.

Ecuisser un arbre. C'est le faire fendre ou éclater en l'abattant.

Ecurage ou *Curage des bois.* C'est l'action de nettoyer les bois.

Ehouper. C'est couper le sommet des arbres dont le haut forme une espèce de bouquet.

Elaguer un arbre. C'est couper les branches le plus près du tronc pour fortifier sa tige et la faire devenir plus haute : on entend aussi par ce mot l'enlèvement des branches qui nuisent aux voisins.

Emonder. C'est ôter aux arbres et aux cépées de bois, les branches inutiles qu'on nomme émondes.

Encroué. On dit qu'un arbre est encroué, lorsqu'en tombant il s'est accroché dans les branches d'un autre.

Endigage. Travaux faits pour réparer ou construire une digue. *Voy.* Fascinage.

Engagement. On entend par engagement une aliénation temporaire; c'est une espèce de contrat emphytéotique.

Entaille. C'est l'entaillure faite à un arbre dans le but d'y imprimer le marteau royal.

Equarrir. Tailler une pièce de bois à angles droits, tels que le sont ceux d'un carré.

Essarter. Arracher les broussailles.

Essence. Qualité, espèce. On emploie le mot essence pour la désignation des espèces d'arbres.

Estoc. Souche, tronc d'arbre.

Etant ou *Estant.* On appelle ainsi le bois qui est en vie, debout, sur pied et sur racine (*stans*); il est opposé au bois gisant.

Etronçonner. Couper entièrement la tête d'un arbre.

Exploiter un bois, une forêt. C'est en couper les arbres, les débiter, les travailler, les façonner.

Face. C'est le côté d'un arbre qu'on aplatit pour y appliquer l'empreinte du marteau; elle est tournée du côté de la vente.

Facteur. Voy. Garde-vente.

Fascinage. C'est un ouvrage fait avec des fascines ou fagots de branchages. *Voy.* Endigage.

Fascine ou *Faisceau.* Fagot.

Faucillon. Petit instrument en fer, en forme de faucille, qui sert à couper des broussailles qui s'appellent bois à faucillon.

Fouée. Fagot de menu bois.

Fourc. Endroit de la jonction de deux branches sur le tronc d'un arbre.

Furetage. Voy. Jardinant.

Futaie. Ce sont les arbres qui ont cinquante ans passés.

Futaie (Haute). Ce sont des arbres de cent vingt ans, et en général tous les vieux arbres.

Garde-faite. (Délit commis à garde-faite.) C'est le délit commis sous les yeux du pâtre.

Garde-vente ou *Facteur.* On nomme ainsi le commis qu'un adjudicataire prépose pour la garde de la coupe.

Gelif. Le bois gelif est celui que la gelée a endommagé.

Gisant. Bois qui a été abattu, couché par terre.

Glandée. C'est le droit d'introduire des porcs dans les bois et les forêts, pour faire consommer la surabondance des glands, faînes et autres productions spontanées des arbres forestiers. Dans un sens étroit il désigne l'usage du gland.

Golis. Bois de dix-huit à vingt ans.

Grainer. Mettre les porcs dans les forêts pour y faire manger les glands et graines.

Grairie. On entendait autrefois par bois en grairie ceux qui étaient possédés par indivis avec l'Etat.

Griffage. Marque qui remplace l'empreinte du marteau sur les baliveaux trop jeunes. (*Voy.* art. 79 de l'Ordonnance.)

Gru. Fruit sauvage des forêts.

Gruage. Mesurage des bois pour les vendre et les exploiter.

Grume. Voy. Grurie.

Grurie. Le droit de grurie consistait dans la faculté qu'avait le roi de prendre une part du produit des coupes. On appelle bois en *Grurie* ou *Grume*, le bois qu'on amène sans être équarri, qui est avec son écorce et tel qu'il est sur pied.

Herbage. Ce mot comprend toute sorte d'herbes.

Houppe. Partie la plus élevée d'un arbre.

Jardinant. Dans la coupe ordinaire c'est la généralité des arbres qui doit être enlevée, et ce n'est que par exception que quelques-uns sont conservés. Dans la coupe en jardinant ou par furetage, l'exception prend la place de la règle : ce sont les arbres à conserver qui forment la généralité. Dans le premier cas, la coupe frappe sur une superficie tout entière, et alors on marque les arbres à conserver, qui se trouvent ordinairement aux extrémités de la coupe ; dans le second cas, la coupe ne porte que sur des arbres pris isolément çà et là, et ce sont les arbres à enlever que l'on marque. (Art. 80 de l'Ordonnance.) — Le décret du 3o thermidor an XIII (18 août 1805) avait ordonné que l'exploitation en jardinant ne pourrait avoir lieu qu'à l'égard des sapins ou des forêts mêlées de hêtres et de sapins.

Laies ou *Tranchées*. Route pratiquée par un arpenteur autour d'un canton de bois destiné à être vendu.

Lais. Baliveaux de l'âge du bois qu'on laisse à chaque coupe du taillis.

Loge, *Hutte* ou *Cabane*. On entend par ces mots l'habitation du facteur ou garde-vente.

Loupe. Grosseur qui se forme à la superficie de l'écorce des arbres.

Maraudage. C'est l'enlèvement de branchages ou autres parties de bois mort ou vif.

Martelage. On désigne ainsi l'application d'un ou de plusieurs marteaux à certains arbres pour les faire reconnaître. Il y a deux sortes de martelage : l'un s'applique aux arbres qui doivent être réservés dans une coupe assise, on peut l'appeler *Martelage de réserve;* l'autre, au contraire, s'applique aux arbres destinés à être coupés en jardinant, on peut l'appeler *Martelage d'exploitation*. Le martelage de réserve qui est fait sur des baliveaux tant anciens que modernes et de l'âge, prend le nom de *Balivage*; mais le mot de balivage ne signifie pas seulement l'opération mécanique de l'application du marteau, il exprime aussi le choix des arbres qui doivent être réservés. Dans l'usage on n'appelle cette opération *Martelage*, que quand elle se fait sur les futaies ou arbres modernes.

Martelage (droit de). On appelle ainsi le droit accordé au gouvernement de faire choisir et marteler les arbres propres aux constructions navales.

Massifs, *Massifs-Pleins*. Bois qui ne laisse point de passage à la vue.

Menuise ou *Menu marché*. On appelle ainsi, dans les coupes et ventes, le bois qui est trop menu pour être mis avec le bois de compte ou de corde.

Merrain. Bois de charpente, de charronnage, de tonnellerie.

Mort-Bois. Se dit de certains arbres de peu de valeur, tels que les ronces, les genêts, les épines.

Nettoiement. C'est l'enlèvement de tous les bois d'une coupe.

Neuf. Le bois neuf est celui qui n'est pas flotté.

Obier ou *Aubier.* Ces mots signifient tantôt l'arbrisseau qui croît dans les prés humides, et qu'on nomme aussi sureau d'eau ; tantôt le nouveau bois qui se forme chaque année sur les corps ligneux, et se trouve immédiatement sous l'écorce.

Orne. Lorsque les bûcherons commencent par abattre les arbres dans une certaine étendue de terrein, en allant toujours devant eux, ils appellent cela faire un orne.

Ouïe de la cognée. Se dit de tout l'espace qui entoure la coupe et dans lequel l'on ne pourrait enlever du bois sans que le bruit de la cognée ne fût entendu de la coupe.

Outrepasse. Abatis qu'on fait dans les bois au-delà des bornes marquées.

Pacage. Ce mot désigne en général le pâturage gras ou vif. Quelquefois, dans un sens étroit, il désigne l'exercice de la glandée, ou le pâturage des grosses bêtes aumailles et chevalines. On appelle aussi *pacage* le lieu où l'on fait paître les bestiaux.

Paisson. Ce mot s'applique à la faîne, comme le mot glandée s'applique aux glands.

Panage (*Panagium, quasi panis porcinus*). Ce terme générique comprend la *glandée* (usage du gland) et la *paisson.*

Pâtis. Lieu où l'on mène paître les bestiaux.

Pélard. Bois écorcé.

Peler. Oter l'écorce d'un arbre.

Perche. Brin de bois de dix à douze pieds de long.

Pieds corniers. Voy. Arbres.

Pied-de-tour (condamnation au). C'est une amende qui doit être réglée sur la grosseur de l'arbre, ou son plus ou moins de circonférence.

Pieds tournans. Voy. Arbres.

Piles courantes. Ce sont les masses de bois qui se prolongent tant que dure la marque du même adjudicataire.

Plaquis. Pièce entaillée sur la tige d'un arbre où l'on applique l'empreinte du marteau.

Pousse. Le jet des arbres, les jeunes branches que les arbres poussent au printemps.

Prix de la feuille. Valeur représentative de la feuille dont aura profité l'adjudicataire. (Art. 96 de l'Ordon.)

Rabougri. Arbre mal venant dont le bout des branches a été rongé, et dont le tronc est noueux ou raboteux.

Rame. Les *rames*, *ramilles* ou *ramanans*, sont de petites branches de bois, travaillées par les charpentiers, et qui servent à faire des bourrées et des fagots.

Réapatronage, Réassouchement ou *Retoquage.* C'est la confrontation du bois trouvé chez le prévenu, avec les souches de la forêt.

Réarpentage. C'est la vérification qui se fait du premier mesurage.

Recepage. L'action de receper les bois consiste à les couper pour leur faire pousser de nouvelles branches.

Récolement d'une vente. C'est la revue qui s'en fait, pour connaître si les conditions de l'adjudication sont exécutées, et si le marchand en a fait l'usance et l'exploitation ainsi qu'il y était obligé.

Recru. Rejet des arbres; jeunes arbres qui naissent de graines.

Régime forestier. Système ou ensemble des lois auxquelles sont soumis certains bois et forêts désignés dans l'article 1er du Code forestier.

Reins. Les rives et bordures des forêts.

Rejet. Nouvelles branches qui sortent des souches des arbres.

Remplage. C'est l'indemnité pécuniaire qui s'accorde aux acheteurs, quand, après la vente, la mesure vendue ne se trouve pas complète, que des places vides, par exemple, ont occasioné du déficit.

Réponse. Espace dans lequel le bruit de la cognée répond, se fait entendre. *Voyez* Ouïe de la cognée.

Retoquage. Voy. Réapatronage.

Révolution d'un bois. Temps qui s'écoule entre deux coupes. *Voy.* article 69 de l'Ordonnance.

Ségrairie. Bois indivis et possédé en commun.

Ségrais. Bois séparé des grands bois et qu'on exploite à part.

Semis. Endroit où l'on a semé des graines d'arbres.

Souche. La partie inférieure de l'arbre; c'est l'intermédiaire du tronc et des racines.

Souches mortes. Ce sont les souches des arbres coupés.

Souchetage. C'est la recherche et la reconnaissance des souches des arbres qui ont été coupés avant l'adjudication.

Taillis. Bois que l'on coupe, et que l'on taille de temps en temps.

Tayon. Chêne réservé dans trois coupes successives.

Témoins. Lorsqu'il ne se trouve pas d'arbres sur les angles des coupes pour servir de pieds corniers, les arpenteurs y suppléent par des piquets, en prenant au-dehors ou en-dedans de la coupe des arbres apparens qui, au moyen d'une marque, indiquent la présence des piquets. Ces arbres s'appellent témoins.

Tiers et *Danger.* Ces mots exprimaient anciennement la faculté de prélever, soit en nature, soit en deniers, un tiers et puis un dixième des bois vendus.

Tire et *Aire.* A fleur de terre.

Tournant. Voy. Arbre ou Pied cornier.

Traite. Se dit pour transport.

Tranchées. Voy. Laies.

Triage. Ce mot s'emploie dans deux sens différens : tantôt il indique une certaine étendue de bois, tantôt il désigne un ancien droit seigneurial.

Usance. Exploitation de la coupe d'une vente de bois. User une vente, c'est l'exploiter.

Vaine pâture. C'est le pâturage qui a lieu sur les terres en jachère et les prairies dépouillées de leurs premiers produits, ainsi que sur les herbages des forêts. *Voir* notre *Traité du pâturage.*

Vente. Etendue de terrein que l'on détermine dans une forêt, et dont on adjuge la coupe.

Vergé ou *Vermoulu* (bois). Percé par les vers.

FIN DE LA TABLE DES TERMES TECHNIQUES.

CODE FORESTIER

ANNOTÉ.

Exposé des motifs du projet de Code forestier présenté par le Vicomte DE MARTIGNAC, Ministre d'État, Commissaire du Roi, à la Chambre des Députés, séance du 29 décembre 1826.

MESSIEURS,

Le roi nous a ordonné de vous apporter un projet de *Code forestier*.

La conservation des forêts est l'un des premiers intérêts des sociétés, et, par conséquent, l'un des premiers devoirs des gouvernemens. Tous les besoins de la vie se lient à cette conservation : l'agriculture, l'architecture, presque toutes les industries, y cherchent des alimens et des ressources que rien ne pourrait remplacer.

Nécessaires aux individus, les forêts ne le sont pas moins aux États : c'est dans leur sein que le commerce trouve ses moyens de transport et d'échange ;

c'est à elles que les gouvernemens demandent des élémens de protection, de sûreté et de gloire.

Ce n'est pas seulement par les richesses qu'offre l'exploitation des forêts sagement combinée qu'il faut juger de leur utilité; leur existence même est un bienfait inappréciable pour les pays qui les possèdent, soit qu'elles protègent et alimentent les sources et les rivières, soit qu'elles soutiennent et raffermissent le sol des montagnes, soit qu'elles exercent sur l'atmosphère une heureuse et salutaire influence.

La destruction des forêts est souvent devenue, pour les pays qui en furent frappés, une véritable calamité, et une cause prochaine de décadence et de ruine. Leur dégradation, leur réduction au-dessous des besoins présens ou à venir, est un de ces malheurs qu'il faut prévenir, une de ces fautes que rien ne saurait excuser, et qui ne se réparent que par des siècles de persévérance et de privation.

Pénétrés de cette vérité, les législateurs de tous les âges ont fait de la conservation des forêts l'objet de leur sollicitude particulière.

Malheureusement les intérêts privés, c'est-à-dire ceux dont l'action directe et immédiate se fait sentir avec le plus de puissance et d'empire, sont fréquemment en opposition avec ce grand intérêt du pays, et les lois qui le protègent sont trop souvent impuissantes.

Pendant plusieurs siècles, les efforts de nos rois luttèrent contre les abus auxquels les forêts de l'État étaient exposées, et contre les spéculations imprudentes de la propriété privée ; mais ces efforts ne furent pas constamment heureux.

Le désordre toujours croissant, et la nécessité d'y porter un prompt remède, fixèrent l'attention de Louis XIV ; et l'ordonnance de 1669, fruit d'un long travail et des méditations de conseillers habiles, prit rang parmi les monumens d'un règne illustré par tous les genres de gloire.

Les éloges qui ont été donnés à ce Code étaient justes et mérités : ses dispositions furent sagement et judicieusement combinées, pour satisfaire à-la-fois aux besoins des forêts et à ceux de la société, telle qu'elle se présentait alors aux regards du roi législateur. Les règles qu'il traçait étaient sévères, mais cette sévérité était devenue une nécessité absolue ; et l'expérience l'a long-temps justifiée. Quelques-unes des dispositions adoptées étaient trop restrictives de l'exercice du droit de propriété ; mais à l'époque où elles furent publiées, il était permis au gouvernement de croire qu'il servait l'intérêt des particuliers eux-mêmes, en les astreignant à profiter des lumières qu'il avait acquises, et à marcher avec lui dans une voie de conservation et de prospérité.

Le temps et les évènemens ont fait prendre à l'industrie, à l'agriculture, à l'économie publique, un aspect tout différent : ils ont, dans l'intervalle écoulé, rendu difficile et embarrassée l'application à notre

1.

pays d'une grande partie du système de gêne et de prohibition établi par l'ordonnance.

Cette difficulté s'est fait ressentir successivement dans un grand nombre de ses dispositions. Les peines qu'elle prononce ont cessé d'être en proportion avec les délits qu'elles étaient destinées à punir, et en harmonie avec nos mœurs : il a dû en résulter souvent une déplorable impunité.

Ces inconvéniens se faisaient déjà sentir avant la révolution ; et la législation forestière réclamait, dès cette époque, de nombreuses modifications : elle ne tarda pas à être frappée dans sa base.

La loi du 25 décembre 1790 supprima la juridiction des eaux et forêts, et renvoya devant les tribunaux ordinaires toutes les actions introduites dans cette matière.

Vous savez, messieurs, que l'ordonnance de 1669 avait lié ensemble l'administration et la juridiction ; que ses dispositions de police, de répression et de conservation, avaient pour base l'existence des maîtrises qu'elle employait à-la-fois et comme tribunaux judiciaires et comme instrumens administratifs. La suppression de la juridiction laissait l'organisation incomplète, et l'action sans force et sans lien. Le système tout entier se trouva ainsi détruit et anéanti.

On reconnut aisément ce résultat de la loi du 25 décembre 1790, et on essaya de donner à l'administration des forêts, avec une organisation nouvelle, une force et une activité dont de graves et fréquens désordres faisaient reconnaître la nécessité.

La loi du 29 septembre 1791 établit quelques règles générales sur le régime des bois de l'Etat; quelques dispositions timides et incomplètes sur ceux des communes et des établissemens publics; elle créa une administration nouvelle et détermina le mode des poursuites à exercer pour les délits forestiers.

Cette organisation, quoique faite avec soin, était néanmoins imparfaite; elle ne pouvait être que le prélude d'une législation forestière. Ses auteurs le reconnurent, car ils annoncèrent dans le dernier article qu'il serait fait incessamment une loi sur les aménagemens ainsi *que pour fixer les règles de l'administration*, et que jusque-là, l'ordonnance de 1669 et les autres réglemens en vigueur continueraient d'être exécutés en tout ce à quoi il n'était pas dérogé.

Cette loi promise ne fut point donnée; il n'est intervenu, depuis cette époque, que des réglemens partiels sur des objets spéciaux. Nous nous trouvons donc aujourd'hui entre les restes incohérens d'une ancienne législation dont la base a été renversée, et les commencemens d'une législation nouvelle qui en est restée à son ébauche et n'a jamais reçu son complément.

L'administration à qui est confiée notre richesse forestière a fait ses efforts pour la conserver et l'accroître, et pour y maintenir l'ordre et les règles. Elle espère que les détails qu'elle aura occasion de vous fournir pendant la durée de la discussion qui se prépare vous convaincront que ses efforts n'ont pas été infructueux, et que souvent, affaiblie et désarmée en présence d'une législation en débris, elle a fait tout ce qu'on était en droit d'attendre et d'exiger d'elle.

L'administration a été puissamment secondée par la sagesse éclairée des tribunaux et particulièrement de la Cour de cassation qui n'a négligé, pour réprimer la licence, aucune des ressources que laissent au juge les dispositions éparses et incohérentes des anciennes ordonnances.

Ces ressources sont aujourd'hui tout-à-fait insuffisantes; d'ailleurs, et sous d'autres rapports, un tel état de choses ne peut pas durer, parce qu'il n'est nullement conforme à l'esprit de nos institutions. Il faut pour nous des dispositions précises et formelles; il faut que la loi commande dans des termes positifs et qui soient entendus de tous; que chacun connaisse clairement ce qui lui est permis, ce qui lui est défendu et quelles sont les peines que doit appeler sur lui l'infraction des règles qui lui sont prescrites.

Un Code forestier était donc devenu une nécessité qu'il fallait satisfaire, et on a dû s'occuper avec un soin particulier de la préparation d'un travail qui offrait des difficultés sérieuses, et qui demandait de longues méditations. Rien n'a été oublié de ce qui pouvait fournir au gouvernement d'utiles lumières.

Dès 1823 , des essais furent préparés, dans le sein de l'administration forestière, par dès hommes en qui on était sûr de trouver la connaissance des besoins et des règles, et l'expérience des faits. Des membres du Conseil d'État et des agens de la marine furent appelés à concourir avec l'administration à ce travail préparatoire.

Plus tard , ce premier essai fut soumis à une commission composée de magistrats , de jurisconsultes et d'administrateurs. Cette commission se livra à l'accomplissement de sa mission avec zèle et persévérance. Elle comprit qu'elle devait concilier les besoins de tous avec les droits de chacun ; qu'il lui fallait assurer par des mesures fortes et sages la conservation de notre richesse forestière , premier objet de sa sollicitude , et ne soumettre toutefois l'indépendance de la propriété privée qu'à des restrictions commandées par un intérêt général évident , et dont chacun pût être le juge.

Après un long examen , et une discussion renouvelée à plusieurs reprises , le projet de Code fut provisoirement arrêté. Mais cette première garantie ne suffit point et ne devait point suffire. On voulut appeler tous les avis , entendre tous les intérêts , provoquer toutes les critiques.

Le projet fut imprimé à la fin de la session de 1825; il fut remis à chacun de vous , messieurs , ainsi

qu'à messieurs les membres de la Chambre hérédi-
taire. Il fut adressé à la Cour de cassation, à toutes
les cours du royaume, aux conseils généraux des
départemens, aux préfets et aux conservateurs des
forêts.

Des observations furent sollicitées et accueillies avec
empressement. Les cours de justice furent invitées à
se réunir pour délibérer sur la communication qui
leur avait été donnée, et pour rédiger leur avis.

Les procès-verbaux de la Cour de cassation et des
cours royales ont été transmis à la commission. Cette
immense collection de matériaux a été classée, divisée, appliquée à chaque partie du Code projeté; une
nouvelle discussion s'est établie sur chacune de ces
dispositions, et d'importantes modifications ont été
faites au premier projet.

La rédaction nouvelle, soumise ensuite à des conseils nombreux, a subi à son tour l'épreuve des plus
graves débats, et a reçu encore des modifications
essentielles.

C'est ainsi qu'a été exécuté le travail qui vous est
aujourd'hui présenté. Rien ne devait être négligé;
mais rien ne l'a été, en effet, pour faciliter vos délibérations et pour vous offrir un ouvrage complet et régulier sur cette matière importante et hérissée de difficultés.

Le projet qui vous est présenté ne contient, ainsi
que vous le concevez aisément, aucune des disposi-

tions réglementaires et de pure administration qui sont du domaine de l'ordonnance.

Un grand nombre de dispositions de cette nature se trouvent dans l'ordonnance de 1669, et même dans la loi du 29 septembre 1791, mais il est facile d'en reconnaître les causes.

En 1669, le pouvoir législatif et la haute administration de l'État étaient réunis dans la personne du roi. Au mois de septembre 1791, l'assemblée législative avait déjà usurpé une partie considérable du pouvoir exécutif au préjudice de l'autorité royale. Il était simple et naturel alors, que, dans ces deux actes, les dispositions législatives fussent confondues avec les mesures administratives et de pure exécution.

Aujourd'hui, il n'en peut être ainsi : la limite est clairement tracée entre les pouvoirs par nos institutions.

La loi devra intervenir partout où il s'agit de la propriété appartenant à l'État et qui ne peut être aliénée sans elle. Elle sera nécessaire partout où il y aura des intérêts particuliers à régler, des prohibitions à établir, des peines à prononcer, une procédure à suivre, partout enfin où des tiers se trouveront en point de contact avec l'administration.

Tout le reste, tout ce qui touche au mode de régie des bois de l'État, à la justice intérieure de leur administration, à leur exploitation, à leur aménagement, forme la matière d'une ordonnance déjà préparée et qui doit compléter, avec la loi, le système forestier du royaume. Cette division, qui est commandée par nos lois fondamentales, a ici cet avantage particulier qu'en donnant à ce qui doit être stable et permanent le caractère stable et permanent de la loi, elle laisse au gouvernement la faculté de modifier et d'améliorer l'administration intérieure des forêts et de profiter ainsi chaque jour des utiles leçons de l'expérience.

Vous remarquerez encore, messieurs, que le projet de Code ne contient aucune disposition relative *au régime des eaux* et aucun titre qui concerne *la chasse*. Peu de mots suffiront pour expliquer la cause de ces deux omissions.

Les règles sur le régime des eaux ou *la pêche* ont pu et dû se trouver dans l'ordonnance de 1669. L'ordonnance avait créé ou conservé une juridiction spéciale qui s'étendait sur le sol entier de la France. Elle attribua à cette juridiction le régime des eaux, en même temps que celui des forêts ; et dès-lors, les règles relatives à ces deux régimes divers purent et durent être confondues dans la même loi.

La même raison ne se retrouve plus aujourd'hui. D'une part, il n'existe plus de tribunal d'exception.

Les actions judiciaires relatives à la pêche, comme celles qui concernent les forêts, sont portées devant les tribunaux ordinaires. De l'autre, l'administration des forêts n'agit pour la police des eaux que dans les lieux où elle a des agens : il existe un grand nombre de départemens dépourvus de forêts et d'agens forestiers, et dans ceux-là la police des eaux est exercée par les autorités locales.

Il n'y a donc aujourd'hui entre les règles applicables aux deux régimes aucune connexité nécessaire ni naturelle, et il a paru convenable de les séparer. Les dispositions relatives à la *pêche fluviale* sont l'objet d'une loi particulière qui vous sera proposée plus tard.

Des raisons plus graves encore ont empêché de considérer les règles *sur la chasse* comme formant aujourd'hui une dépendance naturelle du Code forestier. Les points que doit résoudre une loi sur la chasse touchent aux plus grandes questions sociales, au droit de propriété et aux facultés qui en résultent, à l'intérêt de l'agriculture, à la sécurité publique elle-même. De pareilles questions, qui sont d'un ordre général, et qui ressortissent de la haute administration de l'État, ne pouvaient être traitées accessoirement à l'occasion d'un Code tout-à-fait spécial préparé pour une administration financière.

Quelle que soit la loi particulière qui pourra régir la chasse et le port d'armes, les gardes-forestiers devront veiller à son exécution dans les bois : c'est là tout ce qui peut leur être attribué ; et cette attribution est de plein droit, puisqu'ils exercent les fonctions d'officiers de police judiciaire.

Le projet du Code se renferme donc dans les matières qu'indique son titre : il ne s'applique qu'aux forêts, à leur conservation, à leur police, aux mesures qui peuvent en éviter la destruction ou la dégradation, aux délits et aux contraventions commis à leur préjudice.

Nous ne fatiguerons pas inutilement votre atten-titon, messieurs, en faisant passer sous vos yeux les dispositions nombreuses dont a dû se composer un travail complet sur cette matière : ces détails ne pourraient être clairement reproduits dans une analyse rapide. Nous nous bornerons à vous en faire connaître l'esprit, et à vous en exposer le plan et la division. Nous vous indiquerons seulement ses dispositions principales, moins pour vous donner à leur égard des explications étendues qui seront plus utilement placées dans la discussion, que pour appeler votre attention particulière sur les points qui nous paraissent les plus dignes de la fixer.

Les forêts, soit à cause de leur importance, soit à cause de l'extrême facilité des délits dont elles ont à souffrir, ont besoin d'une protection particulière et de mesures répressives plus actives et plus efficaces que les autres natures de propriété. Aussi leur a-t-on appliqué en tout temps une législation exceptionnelle et spéciale. Un coup-d'œil sur notre situation forestière en fera reconnaître aujourd'hui l'absolue nécessité.

Malgré la sévérité des anciens réglemens, les forêts n'ont cessé en France de perdre de leur étendue, parce que l'augmentation de la population tend constamment à les resserrer dans des limites plus étroites. A cette cause, toujours agissante, se sont jointes, depuis quarante ans, d'autres causes dont la puissance était au moins égale.

Les ordonnances antérieures à la révolution avaient porté trop loin la gêne imposée à la propriété particulière. Les lois nouvelles tombèrent brusquement dans l'abus contraire, et rendirent aux propriétaires la libre et absolue disposition de leurs bois.

Une destruction considérable fut la suite de cette imprudente transition de l'excès de la gêne à l'excès de la liberté. Cet abus déplorable, dont on fut effrayé, ne fut tardivement arrêté ou suspendu que quelques années après.

Pendant que les bois des particuliers étaient ainsi sacrifiés, les communes profitèrent de leur côté des désordres de la révolution et de l'insuffisance d'une législation irrégulière, pour anticiper les coupes de leurs bois, pour les livrer aux désastreux abus du pâturage, et pour effectuer aussi de nombreux défrichemens.

Les bois de l'État eux-mêmes n'ont pas été préservés de toute atteinte. Des circonstances extraordinaires ont fait ordonner des coupes extraordinaires, et des besoins impérieux ont obligé à des aliénations.

Dans ce moment, messieurs, le sol forestier du royaume se compose d'environ 6,500,000 hectares de bois. Cette étendue paraît considérable, mais elle doit éprouver une forte réduction si l'on en ôte les landes, les bruyères et les terreins dépouillés qui s'y trouvent renfermés, et, au surplus, pour être fixé sur les ressources réelles qu'on doit attendre de cette masse de propriétés forestières, il faut en connaître la distribution.

1,100,000 hectares seulement appartiennent à l'État ou à la couronne; 1,900,000 hectares forment la propriété des communes et établissemens publics. Le reste, c'est-à-dire plus de la moitié, est possédé par des particuliers.

Cette dernière partie ne peut être considérée comme offrant pour le présent, et encore moins pour l'avenir, des ressources assurées à la consommation et surtout aux constructions navales.

Les bois des particuliers sont divisés en un grand nombre de parcelles. Leur aménagement n'est ni ne peut être, sans porter une atteinte grave au droit de propriété, assujéti à aucune règle générale. Leurs coupes sont et doivent être libres : aussi sont-elles habituellement très rapprochées. Ce système d'exploitation convient mieux à l'intérêt particulier et aux besoins renaissans des familles. mais il est en opposition manifeste avec l'intérêt général de la consommation, et cela se conçoit aisément, puisqu'il n'offre aucune ressource utile aux besoins maritimes, et qu'il ne donne que des produits bien inférieurs en quantité et en qualité à ceux qu'on obtiendrait d'un aménagement mieux entendu.

Il faut donc tenir pour certain que la division actuelle de la propriété forestière en France ne permet pas d'y trouver des ressources comparables à celles que pourrait offrir une masse égale, si elle était possédée, soit par le gouvernement, soit par de grands propriétaires, parce qu'ils sont les seuls qui peuvent différer les coupes jusqu'au moment où les arbres ont atteint le maximum de leur croissance.

C'est dans une pareille situation, messieurs, que le projet de Code a dû être préparé, et il n'était pas inutile de vous la faire connaître pour vous mettre en mesure d'apprécier justement les dispositions proposées.

Le premier soin des rédacteurs a été de tracer une profonde ligne de démarcation entre les bois qui doivent être soumis d'une manière plus ou moins absolue au régime forestier, et ceux qui, appartenant à des particuliers, ne peuvent être assujétis qu'à des restrictions peu nombreuses et compatibles avec l'exercice du droit de propriété.

Les bois soumis au régime forestier, et dont la jouissance doit être réglée par l'administration, conformément aux dispositions de la loi, sont classés dans l'ordre suivant :

1° Les bois et forêts qui font partie du domaine *de l'État ;*

2° Ceux qui dépendent du domaine *de la couronne ;*

3° Ceux qui sont possédés à titre *d'apanage ;*

4° Les bois et forêts *des communes* et *des établismens publics ;*

5° Enfin, ceux dans lesquels l'État, la couronne,

les communes ou les établissemens publics ont des droits de propriété *indivis* avec des particuliers.

Après cette indication nécessaire des bois soumis à l'action de l'administration forestière, le projet s'occupe de cette administration elle-même, mais seulement sous le rapport des garanties que ses agens doivent offrir, et des conditions de leur capacité. Ainsi, il détermine l'âge auquel un emploi forestier peut être exercé, l'incompatibilité de cet emploi avec toute autre fonction, les formalités qui doivent assurer la publicité du caractère des agens, la responsabilité qui pèse sur eux lorsqu'ils ne constatent pas les délits pour la poursuite desquels ils sont institués. Au surplus, le projet ne règle rien et ne doit rien régler pour l'organisation : elle appartient tout entière à l'autorité royale.

Le titre III s'applique aux bois et forêts qui font partie des domaines *de l'État*, et qui sont dès-lors soumis à la plénitude du régime forestier. Il est nécessaire de vous en exposer rapidement les parties principales.

La loi règle d'abord les opérations relatives à la *délimitation* et au *bornage*. Ces opérations sont importantes parce qu'elles touchent par tous les points à la propriété de l'État par opposition avec celle des particuliers. Toutes les précautions sont prises pour assurer les droits et les intérêts de chacun ; mais si ces précautions paraissent insuffisantes aux particuliers, s'ils jugent leurs droits méconnus, tout rentre sous

l'empire du droit commun; et c'est devant les tribunaux que leurs prétentions seront portées.

Après la délimitation, on s'est occupé de *l'aménagement*, des *adjudications des coupes*, des *exploitations* des coupes adjugées et des *réarpentages et récolemens*.

Ces dispositions combinées forment un ensemble
qui s'explique avec facilité.

La loi déclare que les bois et forêts de l'État sont
assujétis à un aménagement; elle ne règle pas cet
aménagement parce que ce réglement est un acte matériel d'administration qui n'est pas du domaine de la
loi, mais elle prononce qu'il sera déterminé par une
ordonnance royale.

Les coupes dont l'aménagement permet l'exploitation doivent être adjugées. Ces coupes sont une
branche importante des revenus publics : il était du
plus grand intérêt de les placer à l'abri de la fraude,
de la connivence et même de l'erreur. C'est ce qu'on
a cherché à faire. Les mesures les plus sévères sont
prises pour assurer la publicité des adjudications, la
concurrence et la liberté des enchères.

Par ce moyen, on a la certitude d'obtenir, pour
l'adjudication des coupes, des produits égaux à la valeur réelle des bois adjugés.

Il faut, outre ces premières précautions, s'assurer,
dans l'intérêt de la conservation des bois, que les
exploitations seront régulièrement faites, qu'elles
ne deviendront pas un prétexte ou un moyen pour

commettre avec facilité des abus et des délits; il faut s'assurer encore que ces exploitations n'auront compris que les coupes adjugées et ne se seront pas étendues au-delà.

Le projet paraît pourvoir avec prudence à toutes ces nécessités. On a conservé dans l'ensemble des mesures adoptées ce que l'ordonnance de 1669 contenait de bon, d'utile et d'éprouvé, et on y a ajouté ce que l'expérience a fait juger propre à remédier aux inconvéniens reconnus.

Le même soin a été apporté pour ce qui concerne les adjudications *de glandée et de panage* qui présentent bien moins d'importance par elles-mêmes, mais qui peuvent devenir, si elles ne sont entourées de sages précautions, une source grave d'abus et de dommages.

Il reste pour compléter le titre relatif au régime forestier, appliqué au bois de l'État, deux sections particulières, et celles-là méritent une attention spéciale et exigent quelques explications.

La première traite des *affectations*, et la deuxième des *droits d'usage*.

Vous savez, messieurs, que dans diverses provinces de France et dans les anciens états du duc de Lorraine, il a été fait en faveur de certains établissemens industriels des concessions de bois. Ces concessions, connues sous le nom *d'affectations*, consistaient dans des livraisons annuelles d'une quantité déterminée de bois, moyennant une rétribution qui n'était en aucune proportion réelle avec la valeur des matières livrées.

Quelques-unes de ces concessions contenaient la stipulation d'un terme : mais la durée des autres est indéterminée ou stipulée à perpétuité.

Il a paru indispensable de régler par la loi le sort des actes de cette nature qui touchent à la propriété de l'Etat, et à une de ses propriétés les plus précieuses. Pour arriver à ce réglement d'une manière juste et légale, il a suffi de leur appliquer les principes de notre législation forestière et domaniale.

L'ordonnance de 1669 contient une disposition dont voici les termes :

« Ne sera fait à l'avenir aucun don ni attribution « de chauffage, *pour quelque cause que ce soit*, et si « par importunité ou autrement, aucunes lettres ou « brevets en avaient été accordés et expédiés, *défen-* « *dons* à nos cours de parlement, chambres des « comptes, grands-maîtres et officiers, d'y avoir « égard. »

Jamais le langage de la loi ne fut plus clair et plus énergique; jamais disposition prohibitive ne fut conçue dans des termes plus absolus et plus sévères, et il paraît impossible de ne pas reconnaître la nullité d'une concession qui aurait été faite au mépris de cette prohibition.

Sous un autre rapport, la nullité des actes dont il s'agit paraît encore évidente.

Les affectations sans terme sont de véritables aliénations, car c'est bien incontestablement aliéner un immeuble que d'en céder les produits à perpétuité., Or, depuis le xiv° siècle, le domaine royal était inaliénable en France et l'ordonnance de 1566 contenait à ce sujet la disposition la plus expresse.

Le même principe était établi en Lorraine : il était consacré dans les termes les plus formels par l'édit du 21 décembre 1446, et par plusieurs édits postérieurs.

Les affectations actuellement existantes ne peuvent donc être valables si on les considère comme accordées à perpétuité. Dans ce cas leur nullité serait évidente, car elles auraient été concédées en violation des dispositions prohibitives qui formaient le droit commun. Elles ne peuvent avoir de validité et d'effet que si l'on reconnaît que le souverain en les accordant, sans en déterminer la durée, se réservait le droit d'en fixer le terme et d'en modifier les conditions.

Après avoir consulté les principes, on a dû considérer les inconvéniens graves qui devaient résulter du maintien prolongé de cet état de choses. Ces inconvéniens sont de diverses natures. D'abord, le prix stipulé, qui ne représentait dans l'origine qu'une très faible portion de la valeur réelle, est tombé aujourd'hui, par l'élévation progressive du prix des bois, dans une disproportion déraisonnable.

D'un autre côté, il résulte de ces livraisons forcées et sans prix réel, faites ainsi chaque année, d'une grande quantité de bois à certains établissemens industriels, un véritable privilège inconciliable avec cette libre concurrence qui enrichit le pays, et que toutes les industries pareilles ont en France le droit de réclamer et d'attendre.

Il était donc juste et nécessaire de mettre un terme à un état de choses évidemment abusif. Il fallait, toutefois, apporter dans les dispositions à intervenir des ménagemens conformes à l'équité. Il eût été d'une rigueur qui eût touché à l'injustice d'enlever tout-à-coup à des établissemens importans et dignes d'intérêt un de leurs principaux élémens de prospérité. L'équité voulait qu'on leur accordât le temps nécessaire pour se préparer à ce grand change-ment.

C'est, messieurs, ce qui est fait par le projet de loi. Il porte que les affectations concédées nonobstant les dispositions prohibitives des ordonnances et lois continueront d'être exécutées jusqu'au 1ᵉʳ septembre 1837, et cesseront d'avoir leur effet à l'expiration de ce terme. C'est une prorogation de dix ans que la loi accorde aux concessionnaires.

Telle est la règle que le projet contient; mais ses auteurs ont senti que vous ne pouviez voter que sur des dispositions législatives et non statuer sur des titres particuliers; ils vous ont donc proposé d'ajouter que ceux des concessionnaires qui prétendront que les actes dont ils sont porteurs ne sont pas atteints par les prohibitions rappelées et leur confèrent des droits irrévocables, pourront se pourvoir dans les six mois par-devant les tribunaux pour en réclamer l'exécution, en renonçant toutefois au bénéfice du délai de dix ans que le projet accorde.

Ainsi, messieurs, vous aurez accompli votre devoir de législateur en posant des principes et des règles, et en laissant aux tribunaux le soin de les appliquer aux actes.

Après les affectations viennent *les droits d'usage* de toute espèce exercés dans les bois de l'Etat, soit par les communes, soit par les particuliers. Ces droits forment, pour la propriété publique comme pour la propriété privée, le plus redoutable des dangers et la source la plus féconde de dommages et d'abus. De nombreux et puissans efforts ont été faits pour les supprimer ou pour les réduire ; mais ces efforts n'ont produit que de bien faibles résultats.

L'ordonnance de 1669 avait abrogé la plus grande partie des droits d'usage, et avait ordonné le remboursement en argent de ceux qu'elle n'abrogeait pas ; elle avait ensuite interdit pour l'avenir, dans les termes généraux et prohibitifs que vous venez de voir, toute concession pareille *pour quelque cause que ce fût.*

Malgré l'étendue et la sévérité de ces mesures, les droits d'usage se sont maintenus ; d'une part, la liquidation n'a pas été opérée ; de l'autre, l'Etat a acquis des bois grevés de ces dévorantes servitudes ; enfin, les abus attaqués par l'ordonnance se sont reproduits avec une force nouvelle à l'époque des désordres enfantés par la révolution. Des usurpations

sans nombre vinrent se joindre alors à des titres ir-
réguliers ou annulés, et les forêts de l'Etat furent
menacées d'une dévastation complète.

Lorsque l'ordre commença à renaître, on sentit
le besoin de mettre un terme à d'aussi funestes abus.
Une loi du 19 mars 1803 (28 ventose an XI) or-
donna à tous les usagers de produire leurs titres
devant l'administration dans un délai déterminé,
qui fut prorogé par une seconde loi du 5 mars 1804
(14 ventose an XII). Cette dernière loi déclarait
déchus de tout droit d'usage ceux qui n'auraient
pas produit leurs titres avant l'expiration du délai
fixé.

L'exécution de cette mesure a été à-peu-près arbitraire. Un grand nombre d'usagers, et surtout de
communes, ont négligé de se présenter pendant la
durée du délai. Tantôt la déchéance a été rigoureu-
sement appliquée, tantôt il a été accordé des relevés de
déchéance et des autorisations de produire. Plusieurs
instances administratives et judiciaires existent encore aujourd'hui.

Il fallait prendre un parti et substituer un ordre
régulier et positif à cet état d'incertitude et d'arbitraire. Celui qui a été adopté et qui vous est proposé
consiste à respecter la chose jugée, à maintenir les
droits actuellement reconnus et acquis, et à ordonner que les instances encore pendantes seront jugées
conformément aux règles prescrites par l'ordonnance de 1669, et par les deux lois que nous avons

rappelées. Cette proposition, qui paraît tout concilier, aura sans doute votre assentiment.

Obligée de respecter les droits existans, la loi a dû en régler l'exercice et concilier, autant que les choses le permettent, la conservation des forêts et les justes prétentions des usagers.

Ainsi pour l'usage en bois, le projet autorise le gouvernement à affranchir la forêt, moyennant un cantonnement; mais il décide que ce cantonnement sera réglé de gré à gré, et, en cas de contestation, par les tribunaux.

En matière de pâturage, il n'admet pas le cantonnement parce que le cantonnement ne pourrait qu'être préjudiciable à l'usager; l'Etat peut seulement racheter la servitude moyennant une indemnité, et cette indemnité doit être également ou convenue ou fixée par les tribunaux.

Le projet détermine les époques où les droits pourront être exercés, et il les soumet à ce principe qui n'a jamais été contesté, que l'exercice en doit être réduit *suivant l'état et la possibilité des forêts.*

Il détermine, en outre, le mode d'exercice des diverses espèces d'usage dont les bois sont grevés, la répression des abus et des contraventions qui peuvent être commis par les usagers, et enfin les peines qui devront être appliquées à ces abus et à ces contraventions.

Telle est, messieurs, l'aperçu sommaire des règles tracées par le Code pour la régie et l'exploitation des

bois de l'Etat soumis pleinement au régime forestier
et à l'action immédiate et complète de l'administration chargée de la mise à exécution de ce régime.

Les bois de *la couronne* sont assujétis aux mêmes
règles que les bois de l'Etat ; mais leur administration
appartient uniquement au ministre de la maison du
roi, et les agens et gardes institués par ce ministre y
exercent les droits et les fonctions qui appartiennent
aux agens de l'administration forestière dans les bois
de l'Etat. Ce principe est déjà consacré par la loi du
8 novembre 1814.

Le régime forestier porte également sur les bois
constitués *à titre d'apanage*, mais seulement, ainsi
que vous le pressentez, en ce qui touche *la propriété.*
La propriété des forêts apanagères devant p sser entière au prince appelé à la recueillir, et étant d'ailleurs éventuellement reversible à l'Etat, la loi doit
régler tout ce qui s'y rapporte : ainsi les dispositions
relatives à la *délimitation*, au *bornage*, à *l'aménagement* à la *prohibition* de grever le sol d'aucun
droit d'usage, sont déclarées applicables et seules applicables aux bois possédés à titre d'apanage. C'est par
ce moyen que, sans porter atteinte au droit du prince
apanagé, la conservation de la propriété intacte demeure assurée.

Plusieurs dispositions du régime forestier s'appliquent aussi aux bois des *communes et des établissemens publics.* La surveillance et la régie de ces bois
sont attribuées à l'administration forestière.

L'État ne peut espérer de ressources pour ses constructions de tout genre que dans ses propriétés, dont l'insuffisance est manifeste, et dans celles des communes. D'un autre côté, la bonne administration des bois des communes, et un aménagement régulier qui en assure la conservation et en élève les produits, sont du plus grand intérêt pour les communes elles-mêmes.

Le projet a donc dû maintenir sur ce point le principe actuellement existant, mais il fait à son application toutes les modifications que le bien des communes pouvait réclamer.

D'abord, on ne comprend dans l'application de la règle que les bois, taillis et futaies susceptibles d'une exploitation régulière; on en affranchit par conséquent les arbres épars, ceux des promenades et des places publiques.

On appelle les administrateurs des communes et des établissemens à toutes les opérations qui les intéressent : ils choisissent leurs gardes, ils nomment leurs experts; ils assistent aux adjudications; ils délibèrent sur les travaux extraordinaires.

Le projet ne réserve au gouvernement qu'une administration de précaution et de garantie, qui ne doit être exercée que pour le compte et au profit des communes. Il conserve pour l'indemnité des frais de cette administration la perception autorisée aujourd'hui sur le prix des coupes ; mais, au moyen de cette perception, l'État doit supporter toutes les dépenses, dont une partie assez considérable est actuellement à la charge des communes.

En examinant avec attention les divers articles dont cette section se compose, vous reconnaîtrez, nous l'espérons, que la loi proposée améliore sensiblement la situation des communes et laisse néanmoins au gouvernement les garanties que, dans l'état des choses, il ne pourrait abandonner sans se rendre coupable d'une inexcusable imprévoyance.

Des différentes classes de bois, indiqués par la première disposition du projet comme soumis au régime forestier, il ne nous reste plus que les bois *indivis* entre des particuliers, d'une part; l'Etat, la couronne et les communes, de l'autre.

Il fallait nécessairement qu'un mode uniforme de régie fût établi pour les bois ainsi possédés par indivision. Il était impossible d'assujétir l'Etat, la couronne et les communes à la volonté des particuliers copropriétaires, ni de laisser entre eux une cause toujours renaissante de discussion. Il a paru plus naturel et plus sage d'adopter pour leur intérêt commun le mode déjà réglé pour les possesseurs de l'une des parties. Le copropriétaire ne peut s'en plaindre, puisqu'aux termes de l'article 815 du Code civil, il est toujours libre de faire cesser l'indivision en requérant le partage.

Nous arrivons ainsi, messieurs, à des questions d'un autre ordre et auxquelles se rattache un intérêt plus pressant. Nous voulons parler des bois *des particuliers.* Ici, la loi doit intervenir dans la propriété privée, et nous sentons, comme vous, qu'elle ne peut le faire qu'avec de grands ménagemens et uniquement dans cet intérêt de conservation qui est le lien commun de l'Etat et du propriétaire.

Le projet laisse d'abord aux particuliers la libre administration de leurs bois, à l'exception du défrichement dont nous allons vous entretenir. Il ne leur prescrit ni ne leur interdit aucun mode d'exploitation ; d'un autre côté, il leur assure la protection la plus complète.

Ainsi les particuliers ont le droit de choisir leurs gardes; ainsi la faculté d'affranchir leurs bois du droit d'usage par un cantonnement, l'interdiction aux usagers d'en user autrement que *selon la possibilité des forêts,* reconnue et constatée par l'administration; enfin, les peines prononcées contre les abus dans l'intérêt des bois de l'État, toutes ces dispositions favorables et conservatrices leur sont déclarées communes.

Par ce moyen, on les met à l'abri de l'abus funeste qui peut être fait du droit d'usage; mais pour placer à leur tour les usagers à l'abri de l'injustice et de l'arbitraire, on leur réserve le recours devant les tribunaux.

Ces dispositions diverses dont se compose le titre VIII offrent peu de difficultés; mais il en existe une plus sérieuse et que nous vous avons déjà fait pressentir.

Les anciennes ordonnances avaient imposé aux

propriétaires de bois des conditions de jouissance multipliées et pénibles.

La défense de couper même les taillis avant l'âge fixé, l'obligation de se conformer pour l'exploitation aux règles tracées pour l'usance des bois royaux, la réserve des baliveaux, la prohibition de défricher, telle était une partie des mesures restrictives auxquelles l'exercice du droit de propriété a été long-temps soumis.

La loi de 1791 les supprima toutes à-la-fois, et ne ménagea cette révolution dans le régime forestier par aucune transition.

Les propriétaires abusèrent de cette liberté inaccoutumée : les défrichemens se multiplièrent à l'infini sans distinction des lieux où ils étaient opérés, en telle sorte que dans plusieurs localités l'éboulement des terres défrichées et le déboisement des montagnes firent disparaître la terre végétale et laissèrent les rochers à nu.

Il fallut porter à ce mal un remède nécessaire et urgent. On prit un terme moyen entre l'ancien et le nouvel état des choses, et la loi du 29 avril 1803 prohiba le défrichement sans autorisation préalable. Toutefois, cette mesure ne fut adoptée que comme temporaire. Sa durée est fixée à vingt-cinq ans, et ce terme est près d'expirer.

Y a-t-il lieu de maintenir cette prohibition, ou doit-on rendre à la propriété particulière la liberté absolue dont l'a privée la loi du 29 avril 1803 ?

Telle était la question qu'il fallait décider, et qui a fait l'objet d'un long examen et de fréquentes discussions.

Rien n'est plus respectable, messieurs, que le droit de propriété; et ce droit, de sa nature, n'admet guère de limites; il comprend, nous le savons, la faculté d'*user* et d'*abuser*. Cette faculté, inhérente à la propriété et qui la constitue, est, dans notre corps social, un principe de vie qu'il faut se garder de méconnaître et de blesser.

Ce sont là vos principes, messieurs, et ce sont aussi les nôtres : toutefois, cette grande règle doit fléchir elle-même, vous le savez, devant la considération, plus grande encore, du besoin social et de la conservation commune. C'est à ce prix que la société garantit à ses membres leur sûreté et leur propriété. C'est un sacrifice que l'intérêt de chacun doit faire à l'intérêt de tous, et qui profite ainsi à ceux même à qui il est imposé.

Les lois de tous les pays, et nos propres lois, contiennent de nombreux exemples de ce sacrifice imposé; et il suffit de citer ici celle qui permet même l'*expropriation* pour cause d'*utilité publique*.

La question d'intérêt général, la question d'*utilité publique* est donc, dans la réalité, la seule qu'il faille considérer. Le principe ne saurait être contesté; mais l'application peut être combattue.

Sur ce point, messieurs, la seule connaissance des faits semble devoir suffire.

Plus de la moitié du sol forestier, nous vous l'avons déjà dit, est possédée par les particuliers. La portion qui reste à l'État, à la couronne et aux communes, est insuffisante, dans la situation actuelle, pour assurer les services publics et la consommation privée.

L'élévation du prix des bois, la ressource facile et assurée qu'offre au propriétaire l'exploitation d'un terrein complanté, mise en comparaison avec les avantages éloignés et éventuels que peut offrir sa conservation; l'espoir de compenser et au-delà ces avantages par une autre nature de culture; toutes ces causes, qui ne peuvent être méconnues, expliquent assez la disposition que doivent avoir un grand nombre de propriétaires à faire des défrichemens. Au surplus, nous n'en sommes pas sur ce point réduits à des conjectures, et cette disposition n'est que trop bien prouvée par l'empressement avec lequel on a profité de la liberté accordée par la loi de 1791, et par l'innombrable quantité de demandes en autorisation formées depuis la prohibition.

Rétablir aujourd'hui la liberté absolue, ce serait s'exposer à des dangers réels, contre lesquels vous seriez contraints bientôt de réclamer une barrière. Il a donc fallu adopter, quoique à regret, un système plus sévère.

Toutefois, messieurs, nous nous sommes bien gardés d'introduire dans la loi la prohibition comme un principe, comme une règle permanente : nous l'avons, au contraire, considéré comme une exception et comme une exception limitée et temporaire.

Le titre relatif aux bois des particuliers ne contient aucune disposition de ce genre ; à la fin de la loi seulement, un titre transitoire proroge pendant vingt années la prohibition de défrichement sans autorisation. Cette prohibition, limitée quant à sa durée, l'est aussi quant à son étendue : elle ne comprend, ni les jeunes bois âgés de moins de vingt ans, ni les parcs et jardins clos et attenans aux habitations, ni les bois non clos d'une étendue au-dessous de deux hectares. La disposition qui, dans tous ses moyens d'exécution, a été rendue plus facile et plus simple, ne regarde que les bois de quelque importance et dont l'intérêt général prescrit encore la conservation.

Tout permet d'espérer qu'à l'expiration du terme fixé par les articles transitoires, la liberté pourra être rendue tout entière à la propriété avec les seules précautions qu'exigera toujours la situation des montagnes et des terreins penchans et ardus. C'est vers ce but d'affranchissement que vont tendre d'un commun accord, et les efforts de l'administration, et les progrès sensibles de l'agriculture et de l'industrie.

Un meilleur mode d'exploitation, indiqué par l'expérience nationale et étrangère, l'établissement d'une école forestière où se formeront désormais des agens instruits et spéciaux ; des repeuplemens ordonnés avec discernement et exécutés avec soin donneront successivement aux forêts soumises au régime forestier un accroissement de valeur et d'étendue propre à rassurer les esprits sur nos besoins présens et à venir.

D'un autre côté, l'exploitation de nos mines de charbon et de houille se poursuivant avec une grande activité; l'industrie diminuant, par des procédés ingénieux, la consommation des combustibles; l'établissement de canaux et de grandes routes appelant chaque jour à une distribution plus égale les produits de nos forêts; l'exemple des pays étrangers éclairant nos propriétaires sur le parti qu'on peut tirer des bois attendus, toutes ces causes réunies nous assurent qu'au bout de vingt ans le titre temporaire pourra, sans danger, se détacher du corps de la loi.

Dans vingt ans, messieurs, que ne doit-on pas espérer de bon, d'utile et d'heureux dans un pays favorisé par la Providence, dans un pays où tout s'agrandit et s'éclaire; où les sciences, les arts et l'agriculture doivent fleurir sous la protection de la monarchie légitime et sous les inspirations d'une sage et féconde liberté!

C'est ainsi, messieurs, que le projet qui vous est soumis détermine les règles générales relatives à l'administration des bois divers qui forment en France le sol forestier.

On a dû s'occuper ensuite des services publics et des charges que ces services peuvent imposer à cette nature de propriété.

La plus importante, ou plutôt la seule réelle de

ces charges, est celle qui est imposée au profit de la marine.

Les constructions navales exigent l'emploi d'une grande quantité d'arbres de choix et d'une dimension considérable. C'est là un de ces services qui touchent aux plus hauts intérêts du pays, et qu'il est du devoir de la législation d'assurer par tous les moyens qui sont à la disposition des lois.

Jusqu'à ce jour, la marine a exercé le droit de choix et de martelage sur tous les bois de l'État, des communes et des particuliers, que le propriétaire destine à être abattus.

Ce droit doit-il et peut-il être enlevé à la marine, ou faut-il seulement en régler l'exercice de manière à conserver, dans leur intégrité, les intérêts des propriétaires? Cette question était aussi tout-à-fait digne de l'attention du gouvernement, et elle vous paraîtra mériter toute la vôtre.

Qu'il faille, par des moyens quelconques, assurer le service de la marine, c'est ce qui ne sera révoqué en doute par personne. L'honneur de notre pavillon, la sûreté de nos côtes, les intérêts de notre commerce n'admettent pas la possibilité d'une opinion contraire.

Que la marine puisse choisir parmi les bois de l'État ceux que son service réclame, cette faculté est encore hors de controverse. L'État applique ses ressources à ses besoins; rien n'est plus simple : il ne peut y avoir là à régler que le mode.

Mais le martelage dans les bois des particuliers est-il un moyen d'approvisionnement indispensable et qui ne puisse être remplacé par d'autres? C'est là que la difficulté commence.

Les partisans du système opposé font remarquer que les bois propres aux constructions navales peuvent être achetés à un prix fort inférieur à celui des bois de France, dans les pays dont la culture est moins avancée, ou à qui leur climat refuse d'autres produits. Ils ajoutent qu'il ne s'agit pas là d'une de ces deux branches d'agriculture qui ont besoin d'être protégées contre la concurrence étrangère, et qu'ainsi le droit accordé à notre marine a tout à-la-fois l'inconvénient de gêner la propriété, sans avantage pour elle, et d'imposer à l'État, pour ses achats, de plus grands sacrifices : ils invoquent l'exemple de l'Angleterre où ce droit n'est pas connu ; ils soutiennent enfin que si la marine doit être approvisionnée par les bois de France, il existe d'autres moyens de fournir à ses besoins.

Vous pressentez aisément, messieurs, les diverses réponses qui peuvent être faites à ces objections.

D'abord, il faut écarter l'exemple de l'Angleterre. Les exemples ne peuvent avoir quelque autorité que lorsqu'ils sont choisis dans des situations semblables ; et c'est ce qui n'est point ici.

L'Angleterre n'a pas, dans son territoire européen, les ressources que nous offre le nôtre ; d'autre part, elle exploite avec un grand succès celles que lui présentent ses nombreuses et diverses colonies. La position des deux états est donc tout-à-fait différente.

L'Angleterre doit recourir à d'autres procédés que nous, et notre législation, sur ce point, ne saurait ressembler à la sienne.

Il est très vrai que le gouvernement peut acheter, en pays étranger, des bois de construction au-dessous du prix de France ; aussi sommes-nous bien loin de vous proposer de renoncer à cette importante ressource utile à l'État sans être nuisible aux particuliers : il faut la conserver, au contraire ; mais il ne faut pas compter sur elle seule et demeurer ainsi imprudemment sous la dépendance des approvisionnemens extérieurs.

Chaque jour, les constructions militaires et commerciales prennent un développement plus considérable dans les différentes parties du monde civilisé, et préparent ainsi sur les marchés une concurrence plus redoutable. D'un autre côté, les lois qui statuent pour un avenir indéfini doivent être l'ouvrage de la prévoyance ; préparées au sein d'une paix dont tout fait présager l'heureuse durée, elles doivent pourvoir aux difficultés que font naître ces temps de crise où les besoins s'accroissent en même temps qu'on perd les moyens de les satisfaire au-dehors.

Il est donc du devoir d'un gouvernement prudent de ménager ses ressources intérieures sans renoncer aux avantages que peuvent lui offrir ses relations avec des pays amis.

On dit que notre sol forestier présente des moyens

plus certains et moins incommodes d'assurer pour l'avenir le service des constructions navales ; et des plans plus ou moins ingénieux, plus ou moins applicables ont été proposés à cet effet. Parmi ces plans se distingue celui qui tendrait à considérer le département de la marine comme usager dans les bois de l'État, et à lui appliquer le principe de *cantonnement*.

Il y aura lieu d'examiner avec soin ce système qui a été développé avec un talent remarquable, notamment par un ingénieur de la marine (1), et qui a été vivement combattu par des hommes versés dans la connaissance des forêts. En ce qui touche la loi qui nous occupe, il suffit de reconnaître que l'adoption de ce système ne pourrait donner que dans un temps très éloigné des résultats satisfaisans. Des essais sont ordonnés, d'autres le seront encore ; mais dans l'état où nous sommes, il ne serait pas raisonnable de fonder des dispositions législatives sur la substitution à un mode sûr et éprouvé d'une théorie dont l'application est au moins douteuse et dont les chances éventuelles ne peuvent se réaliser que dans un avenir difficile à déterminer.

Il a donc fallu conserver à la marine le droit de martelage dans les bois des communes et des particuliers ; mais, comme l'intérêt seul d'un service

______

(1) M. Bonnard.

important peut déterminer à maintenir l'exercice de cette faculté, on a dû le réduire dans les limites les plus étroites et le restreindre aux cas où l'intérêt réel et pressant de la marine s'y trouve lié.

C'est ce qu'on a eu soin de faire dans le projet qui vous est proposé.

Les propriétaires qui voudront abattre des arbres seront tenus, sous peine d'une amende proportionnelle, d'en faire la déclaration six mois d'avance; et le département de la marine aura, pendant les six mois qui suivront, le droit de faire marquer pour son service ceux qui lui paraîtront propres à ses constructions.

Voilà la règle maintenue; voici ses modifications:

La règle ne devant exister que pour les bois que le voisinage des rivières, des canaux et des grandes routes, permettra d'extraire et de transporter dans les chantiers de la marine, le gouvernement fera dresser et publier l'état des départemens qui n'y seront pas soumis;

Elle ne s'appliquera point aux arbres qui existeront dans les lieux clos attenant aux habitations, s'ils ne sont point aménagés en coupe réglée;

Elle ne portera que sur les chênes ayant *au moins* treize décimètres de tour;

La loi prévoit le cas d'urgente nécessité où le propriétaire peut avoir besoin de ses arbres pour son propre service, et elle autorise l'abattage sans déclaration, après que l'urgence a été constatée;

Enfin, pour les arbres qui demeurent assujétis à l'action de la marine, le projet veille aux intérêts des propriétaires et leur en assure un juste prix. Ce prix sera réglé de gré à gré, soit avec les particuliers, soit avec les maires pour les communes, et les administrateurs pour les établissemens publics. En cas de contestation, des experts seront appelés et les frais d'expertise seront supportés par moitié.

En examinant avec votre attention ordinaire, messieurs, ces diverses dispositions, vous reconnaîtrez, nous osons le croire, que tous les droits et tous les intérêts ont été aussi soigneusement ménagés qu'il était possible de l'espérer.

Vous remarquerez aussi une innovation importante en ce qui touche les bois de l'État soumis au martelage.

Lorsqu'une coupe doit avoir lieu dans les bois de l'État, le département de la marine en est averti, et il fait procéder par ses agens au choix et au martelage. Les arbres marqués sont compris dans l'adjudication, parce qu'il ne peut appartenir qu'à l'adjudicataire *responsable* d'exploiter dans l'étendue de sa coupe.

Dans l'état actuel des choses, la marine paie à l'adjudicataire les bois dont elle prend livraison, sur le pied déterminé par un tarif arrêté en 1816. Ce prix n'est plus en rapport avec la valeur réelle des bois ; et cette disproportion peut et doit être la source d'inconvéniens de toute espèce et d'abus faciles à concevoir.

On avait cherché un remède à ce mal, et dans le premier projet qui vous a été communiqué on avait proposé la création d'une commission qui devait se réunir chaque année dans chaque département pour fixer, d'après les prix courans du commerce, la valeur réelle des bois.

Des réflexions ultérieures ont fait abandonner cette combinaison : il a paru qu'elle serait d'une exécution difficile, et que ses inconvéniens ne seraient pas compensés par les avantages qu'on pouvait s'en promettre. Après beaucoup d'essais divers, on s'est arrêté à cette idée simple et naturelle, que la marine et les adjudicataires devaient traiter ensemble comme acheteurs et comme vendeurs ; et on vous propose de décider que le prix sera débattu ou réglé entre eux, comme il a été dit pour les particuliers.

Par ce moyen, on est sûr que la marine n'usera de son droit que pour des nécessités réelles, que le prix des coupes sera porté à sa juste valeur, et que les adjudicataires n'auront aucun préjudice à souffrir du privilège de la marine, et par conséquent, aucun intérêt à s'y soustraire.

C'est ainsi, messieurs, que nous vous proposons de régler cette partie difficile et importante du Code qui rattache les services publics à la propriété forestière. C'est à votre prévoyance pour les besoins de l'État et à votre attachement pour les principes conservateurs qu'il appartient de décider si cette proposition doit être accueillie et consacrée.

Nous ne vous arrêterons pas sur une section particulière du titre des services publics qui s'applique *aux travaux du Rhin*. Il n'y a pas là matière à une discussion de principes.

Le cours du Rhin est tellement inégal et irrégulier qu'il faut constamment lui opposer des efforts nouveaux. Pour se défendre contre lui, on est obligé, sur la rive française, de recourir chaque jour à des travaux d'*endiguage* et de *fascinage*. Tout est imminent dans le mal et par conséquent tout est urgent dans le remède. Il s'agit de sûreté publique et privée; il s'agit de charges nécessaires pour conserver, pour retenir le terrein même sur lequel ces charges doivent porter.

Le projet de loi oblige au besoin les propriétaires à fournir des bois et des oseraies; mais, d'une part, cette fourniture ne leur est demandée qu'en cas d'insuffisance des bois de l'État et de ceux des communes; d'un autre côté, le prix des bois requis est payé par l'administration des ponts-et-chaussées, et réglé d'accord ou par des experts.

Il n'y a donc là que des mesures commandées par la nécessité, et nul ne peut se plaindre d'un préjudice causé.

Parvenus à cette partie du Code, nous n'avons plus de questions graves à élever devant vous, et nous pouvons nous borner à jeter un coup-d'œil rapide sur les titres qu'il nous reste à parcourir.

Le titre X contient des *dispositions de police pour la conservation des bois et forêts* : mais ces dispositions sont et doivent être de deux natures différentes , celles qui sont applicables à tous les bois en général , et celles qui ne peuvent s'appliquer qu'aux bois soumis au régime forestier.

Les premières sont des mesures contre les éboulemens , contre les dégradations , contre les incendies , contre les élagages de lisières faites par les propriétaires voisins.

Les secondes tendent à prohiber les constructions de maisons , de fours ou d'usines dans l'intérieur , ou à une distance déterminée des forêts soumises au régime forestier.

Il ne suffisait pas de prescrire des mesures de police et de conservation , d'établir des peines destinées à assurer leur exécution , de tracer avec précision et fermeté les devoirs des agens de l'administration et les obligations des adjudicataires et des usagers ; il fallait encore que l'efficacité de ces dispositions fût garantie par un mode de poursuites qui en assurât l'effet. C'est l'objet du titre XI , qui traite des *poursuites en réparation des délits et contraventions.*

Ce titre est important comme tout ce qui tient à la justice , comme tout ce qui touche à la fortune et à la liberté des hommes , mais il n'est pas de nature à être analysé. Les articles dont il se compose forment un ensemble qui se conçoit et s'explique par une lecture attentive. Nous nous bornerons aujourd'hui à vous faire observer que les précautions prises pour donner aux poursuites une activité nécessaire n'ont porté aucune atteinte aux grands principes d'ordre et de justice qu'il n'est pas permis d'affaiblir.

Ainsi, les procès-verbaux dressés par deux gardes forestiers doivent faire foi jusqu'à inscription de faux : car, sans cette disposition, il n'y a pas de répression possible ; mais toutes les mesures que pouvait prescrire la loi ont été prises pour rassurer la justice sur la foi qu'elle doit à ces actes.

Des perquisitions peuvent être autorisées, car, sans cette autorisation, la trace des délits serait trop souvent perdue ; mais ces perquisitions n'entraînent pas la violation du respect dû au domicile, et le concours des fonctionnaires désignés par la loi commune en est une condition indispensable.

Ainsi, enfin, des poursuites peuvent être dirigées contre des individus accusés de contravention, et qui prétendraient n'avoir fait qu'user d'un droit de propriété ou d'usage, et, dans ce cas, les poursuites restent suspendues jusqu'à ce que les tribunaux compétens aient statué sur l'existence du droit allégué.

Vous pouvez par ces exemples, messieurs, juger de l'ensemble des dispositions.

Le même esprit qui les a dictées se retrouve dans

le titre suivant qui détermine *les peines et les condamnations.*

C'est ici qu'il a fallu s'écarter entièrement de
l'ordonnance de 1669. Elle prononce dans des cas
nombreux *des châtimens corporels* et des peines
arbitraires. Nos lois, d'accord avec nos mœurs,
ont rejeté les premiers, et le mot *arbitraire* a
été pour jamais rayé par nos rois de la législation
française.

Les amendes ont dû être conservées, mais dans
une proportion plus modérée.

Le taux de celles que prononce l'ordonnance est
encore infiniment élevé, malgré l'atténuation opérée
dans la valeur des monnaies depuis 1669. Il résulte
de cette disproportion entre le délit et les peines que
les tribunaux se décident difficilement à prononcer
des amendes qui peuvent ruiner des familles.

Le gouvernement accorde très fréquemment, il
est vrai, des modérations; mais ce remède lui-même
est une sorte de mal. Entre la rigueur obligée de
celui qui condamne et l'indulgence devenue nécessaire de celui qui doit recueillir le fruit de la condamnation, il ne reste plus rien de fixe ni de
régulier.

Pour rendre à la loi la puissance qu'elle doit
avoir, et sans laquelle elle ne saurait conserver
d'utilité, nous avons cherché à éviter dans la fixation des amendes toute espèce d'exagération, et,
pour y parvenir, nous avons eu soin de leur faire

suivre la variété des cas auxquels la loi a dû pourvoir.

Quelquefois elles sont proportionnelles et doivent être réglées selon l'étendue du dommage causé ; elles sont fixes dans tous les cas où le délit est positif et absolu. Dans d'autres , nous les avons déterminées par *minimum* et *maximum* , conciliant ainsi ce que la loi doit avoir de formel dans le principe avec la confiance que commandent dans l'application la prudence et l'équité du juge.

La justice réclamait encore une importante modification.

Les anciennes ordonnances avaient porté à l'excès le système des confiscations ; ce système rigoureux allait jusqu'à priver souvent le propriétaire du bois volé de la première de toutes les réparations qu'il avait droit d'attendre , la restitution de ce qui lui avait appartenu.

Le projet de loi établit sur ce point des principes différens. Il ne prononce la confiscation au profit de l'Etat qu'à l'égard des instrumens du délit , et il décide ensuite que les restitutions et les dommages-intérêts appartiennent toujours au propriétaire.

Cette règle aura votre approbation parce qu'elle est évidemment fondée sur l'équité.

Après avoir tracé la règle des jugemens , la loi doit s'occuper de leur *exécution* ; c'est ce qu'elle a fait dans son titre XIIIe.

L'administration chargée de la conservation des forêts , de leur police , de la poursuite des délits et

des contraventions, n'est point appelée par son organisation à percevoir des deniers publics. Le re-
couvrement des amendes et autres condamnations
pécuniaires sera effectué par les agens de l'administration des domaines. Vous reconnaîtrez là l'application des règles sur lesquelles est fondé notre système de finances.

Une seule innovation ayant quelque gravité se
fait remarquer dans ce titre, et vous n'en mécon-
naîtrez pas la nécessité.

Les jugemens qui ne prononcent que des peines
pécuniaires sont le plus souvent sans effet contre les
délinquans d'habitude qui n'offrent aucune propriété
susceptible d'être saisie. A la vérité, ces condamnations peuvent être ramenées à exécution par la voie
de la contrainte par corps; mais, d'une part, cette
exécution est aujourd'hui difficile; et de l'autre,
elle ne produit aucun résultat, parce que l'insolvabilité est aussitôt constatée, conformément à
l'article 420 du Code d'instruction criminelle, et
que cette formalité remplie entraîne la mise en
liberté.

Il résulte de là une impunité de fait qui multiplie
les délits en encourageant les coupables et en décou-
rageant ceux qui sont préposés à leur poursuite.

Le Code proposé remédie à cet abus en décidant
qu'en cas d'insolvabilité justifiée, l'amende se résoudra
en un emprisonnement fixé dans de justes propor-
tions.

La loi du 6 octobre 1791 prescrivait une mesure semblable pour les délits ruraux ; elle était bien plus nécessaire encore pour les délits forestiers.

Nous arrivons ainsi, messieurs, à la dernière des dispositions définitives dont se compose le projet de Code. Elle est ainsi conçue :

« Sont et demeurent abrogés *pour l'avenir* toutes « lois, ordonnances, édits et déclarations, arrêts du « Conseil, arrêtés et décrets, et tous réglemens inter-« venus à quelque époque que ce soit sur les matières « réglées par le présent Code. »

Cet article est le complément nécessaire d'un projet qui doit prendre le titre de *Code forestier*. Sans lui, ce Code ne serait qu'une loi de plus ajoutée à celles qui existent déjà, et le but qu'on se propose serait entièrement manqué.

Sans doute, malgré le soin religieux avec lequel toute la législation actuelle a été revue et méditée, il serait possible que quelque omission eût été faite et que quelque disposition négligée fût par la suite re-connue nécessaire ; mais d'une part, le projet renvoie aux Codes ordinaires pour tous les cas non prévus par lui et que le droit commun peut atteindre ; de l'autre, il vaut mieux se réserver de provoquer plus tard quelques mesures supplémentaires dont l'expérience constaterait l'utilité, que de laisser subsister le chaos de notre législation actuelle.

Le Code proposé est donc destiné à régir seul l'a-venir ; mais cette disposition ne porte aucune atteinte à celles par lesquelles il a été réglé que les lois existantes seront appliquées dans les instances relatives aux *affectations* et *au droit d'usage*. C'est une réserve expresse et spéciale, à laquelle la disposition générale ne déroge point.

Tel est, messieurs, dans son ensemble et dans ses principales dispositions, le Code que nous venons soumettre à vos délibérations, et qui, réuni à l'ordonnance d'exécution, complétera le travail que réclament nos forêts. Nous avons tâché de ne pas perdre les fruits de la sagesse des générations qui nous ont précédés en nous efforçant de ne blesser aucun des intérêts et de ne négliger aucun des besoins de l'époque à laquelle nous appartenons.

Vous remarquerez des différences notables entre le projet que nous vous apportons et celui qui vous fut communiqué à la fin de l'avant-dernière session des Chambres. Nous nous plaisons à le reconnaître et à le déclarer ; les améliorations opérées sont dues en très grande partie aux judicieuses observations de la magistrature française.

Lorsque Louis XIV voulut donner sur l'importante matière qui nous occupe une législation régulière et complète, il appela à lui toutes les expériences et s'entoura de toutes les lumières qui pouvaient rendre son ouvrage digne de la France et de lui. Appelé, après un siècle et demi, à remplacer cette législation célèbre, le roi a voulu aussi consulter le savoir, interroger les théoriciens, entendre l'expérience, afin que la loi nouvelle pût, à son tour, régir dignement les générations qui vont suivre.

Mais, messieurs, cette loi qu'il a préparée aura, de plus que l'ordonnance de son auguste aïeul, une grande et noble garantie: c'est le précieux concours de ces deux grands corps politiques que nos heureuses institutions appellent aujourd'hui à la confection de nos lois.

RAPPORT

Fait à la Chambre des députés au nom de la commission chargée de l'examen du projet de Code forestier, par M. le baron Favard de Langlade, *député du Puy-de-Dôme. Séance du 12 mars 1827.* (1)

MESSIEURS,

LA commission que vous avez chargée d'examiner le projet d'un nouveau Code forestier, a rempli sa tâche avec le zèle et la sérieuse attention qu'exigent en général les communications du gouvernement, mais que commandait plus impérieusement encore une loi qui se rattache aux plus graves intérêts de la société : je viens vous rendre compte du résultat de son travail, et vous offrir le tribut de ses observations.

L'ordonnance de 1669 était sans doute un monu-

---

(1) Nous avons intercalé dans le rapport même les errata que la commission avait fait imprimer séparément.

L'adoption des amendemens a été indiquée par les signes (*a. a.*); la simple modification par les signes (*a. m.*), et enfin le rejet par les signes (*a. r.*)

ment remarquable du règne d'un grand prince ; mais le long espace de temps qui s'est écoulé depuis sa publication, les grands changemens qui se sont opérés dans nos mœurs et dans notre législation, ont fait tomber en désuétude beaucoup de ses dispositions. La loi de 1791, quoique améliorée par des réglemens ultérieurs, n'aurait que faiblement remédié à cet inconvénient, si la sagesse et la fermeté des tribunaux n'étaient venues suppléer à son insuffisance. Il était donc urgent de faire cesser cet état de choses par une loi nouvelle sur la conservation des forêts du royaume.

Pénétré de cette vérité, le gouvernement s'est occupé d'un Code complet sur cette matière. En conservant avec soin ce que l'ordonnance de Louis XIV avait encore de bon et d'utile, il s'est appliqué à mettre ce Code en harmonie avec notre législation moderne, et à concilier tous les intérêts avec les besoins de la civilisation actuelle.

La commission a d'abord applaudi au mode suivi pour préparer et perfectionner ce grand ouvrage, avant de le soumettre à la délibération des Chambres. Les bonnes lois, vous le savez, messieurs, ne s'improvisent pas : elles sont le fruit de la méditation, si nécessaire pour leur imprimer le caractère de sagesse et de perfection sans lequel elles ne sauraient être durables. Cette réflexion est surtout incontestable lorsqu'il s'agit de combiner et de coordonner une série de dispositions nombreuses. Si, malgré quelques défauts, dont les conceptions de l'esprit humain sont trop rarement exemptes, notre Code civil a obtenu d'unanimes suffrages, sans doute ils sont dus aux élaborations successives auxquelles il fut soumis, et au concours de lumières qui jaillirent de toutes parts lors de sa confection.

La même marche a été heureusement suivie pour la préparation du projet de Code forestier : il ne vous a été présenté qu'après avoir subi les mêmes épreuves et les mêmes perfectionnemens.

En effet, messieurs, vous n'ignorez pas qu'un projet a d'abord été communiqué aux premières autorités de l'ordre judiciaire et administratif ; que toutes se sont empressées de soumettre au gouvernement les améliorations qu'elles ont jugées utiles ; que ces diverses améliorations ont été appréciées par une commission spéciale, et fondues dans un second projet, qui, lui-même, a subi la révision d'un conseil privé de S. M.

A toutes ces garanties, si vous joignez les considérations puissantes que l'orateur du gouvernement vous a exposées ; si vous y joignez aussi les discussions lumineuses qui ont eu lieu dans nos bureaux, l'empressement de la commission, dont j'ai l'honneur d'être l'organe, à recueillir vos observations et à les convertir en amendémens, nous osons espérer que vous recevrez avec une égale bienveillance, et le projet de loi, et les améliorations que, de concert avec vous, messieurs, nous avons cherché à y introduire.

Comme rapporteur de la commission, je sens que j'ai besoin de toute votre indulgence dans l'accomplissement d'un devoir difficile pour lequel j'ai moins consulté mes forces que mon dévoûment.

Pressé par le temps, je n'entrerai pas dans de longs développemens de la matière. Je m'abstiendrai aussi de reproduire de grandes considérations qui dominent toute la théorie du projet de loi, persuadé que l'exposé des motifs ne laisse rien à desirer à cet égard. Je me bornerai donc, en suivant l'ordre des divisions de ce projet, à présenter quelques idées générales sur chaque titre, et à justifier le travail de votre commission.

TITRE PREMIER.

Du Régime forestier.

Le premier article du projet désigne d'une manière expresse les bois et forêts qui sont soumis au régime forestier. Dans l'énumération qu'il contient, il indique, sous le n° 2, ceux qui font partie du domaine de la couronne ; mais au mot *domaine* il convient de substituer celui de *dotation*, consacré par la loi du 8 novembre 1814, sur la formation de la liste civile. (*a. r.*)

Les bois et forêts possédés à titre d'apanage se trouvant sous le n° 3, la commission a cru devoir y ajouter les mots : *ou de majorat reversible au domaine de l'Etat,* à cause de l'analogie de ces deux genres de possession. Qu'est-ce en effet qu'un majorat ?

C'est, comme l'apanage, une distraction du domaine public, destinée à y faire retour dans les cas prévus par les lois et réglemens. L'expectative de la reversion étant la même pour l'Etat, il est essentiel qu'elle soit assurée par les mêmes garanties et les mêmes précautions. (*à. a.*)

TITRE II.

De l'Administration forestière.

L'utilité d'une administration générale des forêts de l'Etat, des communes et des établissemens publics, est depuis long-temps sentie, et la création de celle qui existe aujourd'hui l'a justifiée par les bons résultats qu'elle a déjà obtenus.

La première disposition de ce titre fixe l'âge nécessaire pour l'admission aux emplois forestiers. Sous l'empire de l'ordonnance de 1669, il fallait avoir accompli sa vingt-cinquième année pour exercer l'emploi de maître particulier, de lieutenant, de garde-marteau, de greffier des maîtrises; et de précédens édits non abrogés exigeaient le même âge pour les gardes. La loi du 28 septembre 1791 n'a point changé cette fixation.

Le nouveau projet n'exige plus que vingt-un ans. Cette innovation a paru importante : la commission a dû la méditer.

En 1791, comme en 1669, la majorité étant réglée à vingt-cinq ans, c'était une conséquence juste et naturelle qu'on ne pût, avant cet âge, remplir des fonctions publiques. Il est vrai qu'en 1792, la majorité fut fixée à vingt-un ans, et que le Code civil a adopté le même principe; mais il ne s'ensuit pas que l'individu, majeur quant à ses intérêts, à l'administration de ses biens, et en général aux actes ordinaires de la vie, soit apte à occuper tous les emplois. La plupart des fonctions publiques ne peuvent être exercées que par des citoyens ayant complété leur vingt-cinquième année. Il en est de même des notaires, greffiers, huissiers, et en général de tous les officiers ministériels. Pourquoi créer une exception pour les agens forestiers? L'expérience leur est-elle moins nécessaire que dans une autre profession ? D'ailleurs, il ne faut pas perdre de vue que les gardes sont officiers de police judiciaire, et qu'en cette qualité, ils doivent présenter les garanties que l'on exige de ces sortes d'agens.

Nous avons donc pensé que la condition de vingt-cinq ans d'âge devait être maintenue.

Mais, en adoptant ce principe, nous avons reconnu l'avantage d'en tempérer l'inflexible rigueur par une exception qui, sans doute, obtiendra votre assentiment. Le roi a créé une école forestière, dans laquelle les jeunes gens pourront puiser de bonne heure l'instruction et les connaissances de l'état auquel ils se destinent. Les garanties qu'offrent, sous tous les rapports, ces études premières, nous ont paru pouvoir compenser avec avantage le défaut d'âge, et nous vous proposons, en conséquence, d'autoriser le gouvernement à accorder des dispenses aux élèves qui sortiront de l'école forestière, et qui auront mérité cette honorable exception. L'article 3 sera donc ainsi rédigé : « Nul ne peut exercer un emploi forestier, « s'il n'est âgé de vingt-cinq ans accomplis; néan-« moins les élèves sortant de l'école forestière pour-« ront obtenir des dispenses d'âge. » (*a. a.*)

L'article 4 du projet déclare les emplois de l'administration forestière incompatibles avec toutes autres fonctions, soit administratives, soit judiciaires. C'est le renouvellement d'une ancienne disposition dont la nécessité n'a pas besoin d'être justifiée. Rien ne doit distraire les agens des forêts de la surveillance active et continue que leur impose le devoir de leur place.

La commission n'a eu aucune objection à faire aux articles 5, 6 et 7 qui s'appliquent au serment des agens et préposés de l'administration forestière, à la responsabilité des gardes qui négligent de constater les délits commis dans leurs triages, au dépôt de l'empreinte des marteaux employés pour la marque des bois.

TITRE III.

Des bois et forêts qui font partie du domaine de l'État.

Ce titre s'occupe d'abord de la délimitation des forêts de l'État. Les propriétaires riverains peuvent, comme l'administration elle-même, provoquer le bornage, qui se fait à frais communs; les tribunaux sont chargés de juger les difficultés auxquelles il donne lieu; tout y est réciproque, tout rentre dans les principes du droit commun; rien n'est plus conforme à l'esprit de nos lois.

Ainsi se trouve abrogée cette disposition sévère de l'ordonnance de 1669, portant (titre XXVII, art. 4): « Tous les riverains possédant bois joignant nos fo- « rêts et buissons, seront tenus de les séparer des « forêts par des fossés ayant quatre pieds de largeur « et cinq de profondeur, qu'ils entretiendront en cet « état, *à peine de réunion.* »

En reconnaissant toutefois le droit égal des parties à provoquer la séparation des immeubles limitrophes, il a paru dans l'intérêt de la justice d'autoriser l'État à suspendre le cours des actions partielles en bornage, pourvu qu'il offre d'y faire droit dans un délai déterminé, au moyen d'une délimitation générale de la forêt. Il ne faut pas, en effet, que des instances particulières puissent entraver la marche d'une grande opération souvent propre à les prévenir: c'est l'intérêt privé qui cède à l'intérêt de tous.

Les articles 10, 11, 12 et 13 règlent les formalités à suivre pour la délimitation. Le premier de ces articles est le seul qui ait donné lieu à discussion. Il porte que l'opération sera annoncée par un arrêté du préfet, publié et affiché dans les communes limitrophes, un mois d'avance, pour tenir lieu de signification à domicile.

Une pareille disposition a paru contraire aux principes de la propriété, en ce que les formes qu'elle indique ne donnent pas aux riverains une garantie suffisante. Il faut qu'un citoyen ne puisse jamais être dépouillé d'une portion quelconque de sa propriété, par l'emploi des moyens administratifs, dont il pourrait très facilement, surtout dans les campagnes, n'être pas instruit en temps utile.

La commission a pensé que, pour prévenir de si graves inconvéniens, il était nécessaire de modifier la rédaction de l'article 10, en supprimant les mots *un mois d'avance*, et en leur substituant ceux-ci : « Cette opération sera annoncée deux mois à l'avance « par un arrêté du préfet, qui sera publié, affiché « dans les communes limitrophes, et signifié au do- « micile des propriétaires riverains, ou à celui de leurs « fermiers, gardes ou agens; après ce délai, les agens « (le reste comme au projet). » (*a. a.*)

Elle propose aussi de faire une légère modification à l'article 11, en supprimant le dernier paragraphe de cet article pour y substituer celui-ci : « La décla- « ration du préfet sera rendue publique de la même « manière que le procès-verbal de délimitation. »

La commission approuve le premier et le second paragraphes de l'article 14, d'après lesquels la partie qui, au lieu de se contenter d'un simple bornage, veut un fossé de séparation, est tenue de creuser le fossé sur son propre terrein, et de supporter tous les frais d'une clôture extraordinaire que l'autre partie ne juge pas utile à la conservation de ses droits. Mais elle croit juste de supprimer le troisième paragraphe, qui donne à l'administration seule, la faculté de s'opposer à la clôture, lorsque le fossé exécuté de la manière indiquée, dégraderait les arbres de lisière. Ce privilège accordé à l'administration serait une atteinte portée aux droits des propriétaires riverains ; la commission a pensé que l'administration et les simples propriétaires devaient être soumis aux mêmes règles, et que les contestations qui pourraient s'élever sur l'exécution des fossés, devaient être jugées de part et d'autre, d'après les principes du droit commun.

Après le bornage, vient *l'aménagement*. C'est là que commence, dans le projet, une importante distinction qui se reproduit dans plusieurs autres dispositions. Une loi délibérée en 1827 ne doit être entièrement semblable, ni à l'ordonnance émanée d'un monarque qui réunissait le pouvoir exécutif au pouvoir législatif, ni au décret d'une assemblée qui tendait à empiéter sur les prérogatives de l'autorité royale. Dans l'ordre actuel des choses, la loi ne doit renfermer que des principes, que des règles stables ; tout ce qui prend le caractère de dispositions réglementaires et d'exécution, tout ce qui est mobile et variable rentre dans le domaine des ordonnances.

Nul doute que l'aménagement ne soit une mesure de cette dernière espèce. Il ne saurait en effet se plier à des règles absolues : il demande des modifications qui tiennent à la nature des lieux, à l'âge et à l'essence des bois; et il est incontestablement un acte d'administration. Nous ne doutons donc pas, messieurs, que vous ne donniez, comme nous l'avons fait, votre approbation à l'article 15 du projet, portant que l'aménagement des forêts de l'État sera réglé par des ordonnances royales.

L'article suivant est aussi à l'abri de la critique. Il interdit toute coupe extraordinaire qui ne serait point autorisée par une ordonnance du roi.

Les art. 17 et suivans jusques et compris l'art. 28, règlent le mode d'adjudication des coupes, et classent avec beaucoup de précision les agens, fonctionnaires et autres personnes qui ne peuvent prendre part aux ventes d'une manière directe ou indirecte.

Nous espérons que la Chambre verra, comme nous, dans ces articles, toutes les garanties désirables dans l'intérêt public, sans aucune lésion des droits privés, et qu'elle adoptera des dispositions qui seront d'ailleurs complétées par des ordonnances réglementaires.

Les dispositions du même titre qui régissent les *exploitations*, les *réarpentages* et *récolemens*, les *adjudications de glandée, panage et paisson* nous ont paru sagement conçues, et nous les avons adoptées sans aucun changement.

L'article 34 a subi un léger retranchement : à la fin des premier et deuxième paragraphes, nous avons supprimé le mot *essence*, parce qu'à l'art. 192, on n'admet qu'une classe d'arbres; ce paragraphe doit être ainsi terminé : « Toutes les fois que la circonférence des arbres pourra être constatée. » (*a. r.*)

Le mot *essence* doit aussi être supprimé dans le second paragraphe, et par le même motif. (*a. r,*)

Nous avons remarqué que l'art. 37, qui prononce des amendes pour contraventions aux clauses et conditions du cahier des charges, ne parle pas des dommages-intérêts qui peuvent être dus dans certains cas. Cette mention, insérée dans l'art. 198, a paru devoir l'être aussi dans l'art. 37, qui sera terminé par ces mots : *sans préjudice des dommages-intéréts.* (*a. a.*)

Nous arrivons, messieurs, à des questions qui touchent à de graves intérêts, nous voulons parler des concessions connues sous le nom d'*affectations.*

Le projet de loi paraît supposer que ces concessions sont révocables comme ayant été faites contrairement à l'ordonnance de 1669, et il déclare en conséquence qu'elles cesseront d'avoir leur effet à compter du 1er septembre 1837 ; mais il ne juge point les titres constitutifs des diverses affectations, et il laisse aux concessionnaires, qui croiraient avoir des droits irrévocables, la faculté de se pourvoir devant les tribunaux.

Les affectations, vous le savez, messieurs, consistent en général dans la faculté attribuée à des établissemens industriels, de prendre dans une forêt le bois nécessaire à leur alimentation ; les unes sont à perpétuité, d'autres pour un temps limité, toutes ont été accordées dans le double but de favoriser le développement de l'industrie, et de créer des moyens nou-

veaux de consommation pour des forêts qui en man-
quaient. C'est plus particulièrement dans les anciennes provinces de la Lorraine, de la Franche-
Comté et de l'Alsace, que ces affectations ont eu lieu.

Ainsi caractérisées, elles diffèrent, sous plusieurs
rapports, des simples droits d'usage en bois. D'abord
elles ont une origine moderne, par cela seul qu'elles
se rattachent aux progrès de l'industrie, tandis que
les usages remontent aux époques les plus reculées;
elles portent sur des coupes déterminées ou sur des
quantités de cordes de bois fixées par les actes de concession, tandis que les usages s'exercent dans toute
l'étendue de la propriété; enfin, elles sont en si petit
nombre, que l'administration forestière n'en compte
pas plus de onze à *perpétuité* et de six à *terme* dans tout
le royaume, au lieu qu'il y a une multitude d'usages.

Malgré ces différences, les affectations ne peuvent-
elles pas être considérées comme une espèce de droit
d'usage? L'ordonnance des eaux et forêts semble permettre de le croire ainsi, puisqu'elle les comprend sous
la dénomination générale *d'attribution de chauffage.*

Cependant l'exposé des motifs n'envisage pas sous
le même point de vue les droits des concessionnaires
à titre d'affectation, et ceux des usagers.

Nous avons dû examiner, avec une sérieuse attention, le principe de cette distinction, et les conséquences qui en dérivent pour les affectations.

L'invalidité dont on frappe ce genre de concessions,
est puisée dans la prohibition de l'ordonnance de

1669, et dans l'inaliénabilité de l'ancien domaine de la couronne. On la fortifie par le double inconvénient qui résulte du prix déraisonnable auquel les bois sont livrés aux affouagistes, et du privilège dont ceux-ci sont investis au préjudice de la concurrence, que toutes les industries pareilles sont en droit de réclamer.

Nous avons d'abord écarté ces dernières considérations. Ce ne peut jamais être une raison de cesser un contrat que d'alléguer que l'exécution en est nuisible à l'une des parties, et qu'il attribue à l'autre des droits trop étendus et exclusifs.

Quant à la prohibition de l'ordonnance, qui forme l'article 11 du titre 20, elle porte : « Ne sera fait à « l'avenir aucun don ni *attribution de chauffage*, « pour quelque cause que ce soit ; et si, par impor- « tunité ou autrement, aucunes lettres ou brevets en « avaient été accordés et expédiés, défendons à nos « cours de parlement, chambre des comptes, grands- « maîtres et officiers d'y avoir égard. »

Mais vous remarquerez, messieurs, que rien n'indique qu'une telle disposition soit exclusivement applicable aux affectations dans le sens restreint que leur donne le projet de Code ; qu'au contraire elle embrasse, d'une manière absolue, tous les genres de droits de chauffage, et que ds-lors tous devra ient être également maintenus ou frappés d'une même suppression.

D'un autre côté, les concessionnaires disent : C'est le gouvernement lui-même qui a enfreint ses propres défenses, et qui les a enfreintes, tantôt pour protéger de grandes et utiles entreprises, tantôt pour assurer la vente de produits forestiers, qui peut-être auraient péri dans ses mains. Le même pouvoir qui avait interdit les affectations, en a établi de nouvelles, et s'il a dérogé à une loi, il l'a fait dans une forme légale. Enfin les concessions sont appuyées d'une possession plus ou moins ancienne, mais réelle.

A l'égard de l'inaliénabilité du domaine public, elle était constante ; mais doit-on voir une aliénation contraire aux lois domaniales dans une affectation qui, comme le droit d'usage, n'est qu'une concession de fruits ?

Cette question, il n'appartient pas à la Chambre de la résoudre. Le législateur n'est appelé qu'à poser des principes, et il doit s'abstenir de descendre dans les détails de leur application. Il proclame des règles, des maximes générales ; il ne juge point les actes. Le pouvoir qui fait les lois se garde avec soin de tout empiétement sur les attributions du pouvoir judiciaire qui les interprète et les applique. Il évite surtout d'enfreindre cette grande et salutaire vérité : que les lois n'ont jamais d'effet rétroactif, et que les actes doivent toujours être appréciés d'après celles sous l'empire desquelles ils ont été faits.

Le projet de loi rend hommage à ces principes, puisqu'il autorise les concessionnaires qui croiraient avoir des droits irrévocables, à recourir à la justice des tribunaux.

Mais la rédaction de l'article 58 pourrait faire

craindre que ce recours ne fût illusoire. Car que décideraient les tribunaux, en présence d'une loi nouvelle qui aurait elle-même déclaré toutes les affectations contraires aux lois antérieures, et qui en aurait prescrit la cessation à partir d'une époque déterminée sans aucune distinction?

La commission, pénétrée de la pensée du projet, et desirant conserver aux concessionnaires l'efficacité du recours qui leur est réservé, a cru qu'il était nécessaire de retrancher du paragraphe de l'article tout ce qui pourrait établir un préjudice contre leurs droits.

En ce qui concerne le délai pendant lequel le pourvoi devant les tribunaux devra avoir lieu, à peine de déchéance, nous avons jugé convenable de l'étendre à un an.

Enfin il nous a paru utile de donner à l'État tous les moyens justes et raisonnables d'affranchir ses forêts des affectations nuisibles à leur conservation, et nous avons été d'avis de l'investir du droit d'user de la voie du cantonnement. La Cour de cassation avait indiqué l'avantage de cette mesure, comme propre à concilier les intérêt opposés et à faire cesser les difficultés. Rien en cela ne blesse les principes de la matière; les affectations pouvant être considérées comme des droits d'usages en bois, il est naturel de les soumettre au cantonnement dont ces usages sont passibles.

D'après ces considérations, l'article 38 serait ainsi rédigé :

« Les affectations des coupes de bois ou délivrances,
« soit par stères, soit par pieds d'arbres, qui ont été
« concédées à des communes, à des établissemens in-
« dustriels ou à des particuliers, continueront d'être
« effectuées jusqu'au 1er septembre 1837, et cesseront
« d'avoir leur effet à l'expiration de ce terme. »

« Ceux des concessionnaires qui prétendraient que
« leur titre n'est pas atteint par les prohibitions résul-
« tant des lois et ordonnances existantes, et qu'il leur
« confère des droits irrévocables, devront, à peine de
« déchéance, se pourvoir dans l'année qui suivra la
« promulgation de la présente loi, par-devant les tri-
« bunaux, pour en réclamer l'exécution.

« Le gouvernement pourra affranchir les forêts de
« l'État des affectations de toute nature, moyennant
« un cantonnement, qui sera réglé de gré à gré, ou,
« en cas de contestation, par les tribunaux. L'action
« en cantonnement n'appartiendra qu'au gouverne-
« ment, et non aux concessionnaires d'affectation. »
(a. m.)

A l'égard de l'article 60, qui interdit pour l'avenir
toute affectation ou délivrance de bois du genre de
celle dont nous venons de parler, nous n'avons pu
qu'applaudir au renouvellement d'une salutaire prohibition qui, nous l'espérons, sera exécutée avec plus
de rigueur que celle de l'ordonnance de 1669.

Droits d'usage.

Les dispositions relatives aux droits d'usage dans les forêts de l'Etat, ne sont pas moins dignes de votre attention que celles qui concernent les affectations.

Ces usages, ainsi que nous l'avons déjà dit, sont d'une très ancienne origine, et c'est même une des causes qui les ont rendus si nombreux et si nuisibles. Lorsque la France possédait une quantité de bois bien supérieure aux besoins de sa consommation, les produits forestiers n'ayant qu'un prix médiocre, on multipliait avec facilité des concessions qui n'entraînaient que des dommages pour ainsi dire inaperçus.

En 1669, les abus, dont on sentit alors la gravité, étaient poussés si loin, que les sages sévérités de l'ordonnance n'apportèrent qu'un remède inefficace et tardif à des maux trop profondément invétérés. Ces servitudes dévorantes, comme on les appelle justement, ont continué d'exister, et jamais le danger n'en a été plus grand et plus généralement reconnu qu'à l'époque actuelle, où l'on s'effraie avec raison de la destruction toujours croissante des bois du royaume.

C'est au milieu de ces circonstances qu'ont été reçus les articles du nouveau Code qui s'appliquent aux droits d'usage.

L'article 1ᵉʳ du titre XX de l'ordonnance révoquait et supprimait tous droits de chauffage, sauf à dédommager pécuniairement les usagers porteurs de

titres réguliers ou appuyés d'une possession antérieure
à 1560. L'article 61 du projet actuel, renouvelant
cette disposition et la généralisant, veut que nul ne
soit admis à exercer un droit d'usage quelconque dans
les bois de l'Etat, que ceux dont les droits auront
été, au jour de la promulgation de la présente loi,
reconnus fondés, soit par des actes du gouvernement,
soit par des jugemens ou arrêts définitifs, ou seront
reconnus tels par suite d'instances administratives ou
judiciaires actuellement engagées, *lesquelles seront
jugées conformément aux dispositions de l'ordonnance de* 1669 *et des lois des* 19 *mars* 1803 *et*
5 *mars* 1804.

La commission a pensé qu'il ne fallait pas enchaî-
ner les tribunaux, en les obligeant à prononcer d'a-
près telle ou telle loi, et qu'il fallait, au contraire,
leur laisser la liberté de se déterminer d'après toutes
les lois applicables à la matière, et par les considérations qu'ils croiraient devoir accueillir. Elle vous propose donc de supprimer la fin de l'article, à compter
de ces mots : *lesquels seront jugés*, etc.

Les lois dont nous vous proposons de supprimer
l'indication, ne conservent pas moins tout leur effet ;
mais la commission a pensé qu'il serait trop sévère
de laisser peser la déchéance qu'elles prononcent,
sur les usagers que le gouvernement n'a point troublés dans l'exercice de leurs droits, et qui en ont encore la jouissance paisible. Il est juste et convenable
de les relever de cette déchéance, et de les autoriser,

par une prorogation de délai, à intenter toute action utile à la conservation de leurs intérêts.

Par ces motifs, la commission vous propose d'ajouter après les mots, *actuellement engagées*, ceux-ci : « ou qui seraient intentées devant les tribunaux, « dans le délai de deux ans, à dater du jour de la pro-« mulgation de la présente loi, par des usagers actuel-« lement en jouissance. » (*a. m.*)

L'article 62 ne peut qu'obtenir votre assentiment, comme il a obtenu celui de la commission : il prohibe expressément toute nouvelle concession d'usages dans les forêts de l'Etat.

Le gouvernement est autorisé, par l'article 63, à affranchir les forêts de l'Etat des usages en bois, par la voie du cantonnement réglé de gré à gré ou fixé par les tribunaux.

Cette disposition n'est pas susceptible d'objection ; mais il n'en est pas ainsi de la seconde partie du même article, portant : « L'action en affranchissement d'u-« sages par voie de cantonnement, n'appartiendra « qu'au gouvernement et non aux usagers. »

La commission a examiné avec une sérieuse attention cette proposition qui déroge aux principes actuellement en vigueur, puisqu'elle fait cesser le droit de réciprocité en matière de cantonnement, et elle a cherché à se rendre compte de cette innovation.

On admettait très anciennement un moyen de réduire l'étendue, non pas du droit d'usage en lui-même , mais du territoire sur lequel il s'exerçait, afin d'en débarrasser le surplus de la forêt , et on appelait cela *un réglement , un aménagement ;* mais ce mode n'attribuait aucun droit de propriété à l'usager sur le sol de la circonscription qui lui était assignée. Ce ne fut que long-temps après la promulgation de l'ordonnance de 1669, que la jurisprudence seule introduisit le cantonnement , qui rend l'usager propriétaire incommutable du canton qui lui est abandonné. De la jurisprudence , le cantonnement passa dans la législation. La loi du 19 septembre 1790 , qui prononça l'abolition du droit seigneurial de triage , déclara qu'il n'était point *préjudiciable aux actions en cantonnement* de la part *des propriétaires , contre des usagers de bois.*

Avant comme après la publication de cette loi , l'action en cantonnement ne compétait qu'au propriétaire , et jamais à l'usager ; mais le décret du 28 août 1792 établit la réciprocité , et déclara que le *cantonnement pourrait être demandé , tant par les usagers que par les propriétaires.*

Telle est la législation qui nous régit encore aujourd'hui. La Chambre aura à décider entre le principe de la réciprocité et le droit exclusif demandé pour le gouvernement.

Pour nous , messieurs , nous avons cru devoir donner la préférence au système du projet de Code, et voici les raisons pour lesquelles la commission s'est déterminée.

Le principe de la réciprocité a pu être pris, soit dans la maxime que nul n'est tenu de rester dans l'indivision, soit dans cette règle de droit, que l'une des parties ne peut, sans le concours de l'autre, changer la nature d'une convention.

Mais l'état d'indivision ne s'applique qu'à une chose dont la substance même appartient en commun à plusieurs individus ; il faut que les droits de chaque intéressé affectent l'objet possédé ; en un mot, il faut qu'il y ait pour tous copropriété. Or, comment reconnaître ces caractères dans le conflit des droits d'un propriétaire et des intérêts d'un usager ? Loin que *l'usage*, qui n'est qu'un usufruit restreint, emporte l'idée de propriété, il l'exclut, au contraire ; on ne saurait avoir un droit d'usage que sur le fonds d'autrui.

D'un autre côté, c'est une vérité incontestable que lorsqu'une convention est formée, elle ne peut être résolue ou modifiée que du consentement des parties contractantes. Mais, toute générale qu'elle est, cette vérité n'en admet pas moins des exceptions. Par exemple, la faveur de la libération attribue souvent au débiteur des droits qui sont refusés au créancier. N'est-il pas certain que le débiteur d'une rente perpétuelle est autorisé à s'en affranchir, en remboursant le capital, malgré le créancier, quoique ce dernier ne puisse jamais exiger ce remboursement ?

L'article 701 du Code civil ne confère-t-il pas au

propriétaire du fonds grevé d'une servitude, la faculté d'en transporter l'exercice dans un autre endroit, si elle lui est devenue plus onéreuse, ou si elle l'empêche de faire des réparations avantageuses? Ne lui donne-t-il pas la liberté d'user de ce droit malgré le propriétaire du fonds auquel la servitude est due? On ne peut donc étayer la réciprocité du cantonnement ni sur l'une ni sur l'autre des deux règles d'où nous la supposons tirée.

Mais on peut l'exclure par les principes mêmes que nous venons de rappeler touchant la libération et les servitudes.

Si, en effet, comme on n'en saurait douter, l'usage, ou en d'autres termes, le droit de prendre une portion des fruits de la propriété d'autrui, n'est qu'une servitude, celui qui en subit la charge doit être seul admis à s'en plaindre, et à en rendre l'exercice moins nuisible à son héritage.

Le cantonnement d'ailleurs expose le propriétaire à diviser sa propriété, et à l'aliéner en partie : lui imposer le cantonnement, le forcer à le subir, ce serait le contraindre à morceler son immeuble, et à en vendre une portion. Or, les principes généraux du droit ne s'opposent-ils pas à une telle doctrine? N'est-il pas certain que nul ne peut être dépouillé malgré lui de sa propriété, hors le cas d'utilité publique ; et ce qui est vrai en thèse générale, ne l'est-il pas davantage encore en ce qui concerne le domaine de l'Etat? Voudriez-vous, messieurs, que les usagers vinssent, selon leurs caprices, démembrer les forêts nationales ? La commission ne l'a pas supposé ; elle a pensé que l'action en cantonnement devait être réservée à l'Etat. Elle n'a vu dans l'innovation de la loi de 1792, qu'une disposition que les circonstances d'alors pouvaient avoir dictée, mais que l'état actuel des choses ne saurait plus admettre.

Passons à l'art. 64. Il renferme deux dispositions bien distinctes : d'une part, il interdit la conversion de pâturage en cantonnement; et de l'autre, il autorise le rachat de ce droit d'usage à prix d'argent.

Nous remarquerons d'abord qu'on a oublié d'y comprendre les droits de *panage*, de *glandée* et autres droits d'usage qui sont de la même nature que le pâturage, et nous proposons de les ajouter pour compléter la disposition.

En considérant le véritable caractère de ces droits, on sent qu'il serait difficile de leur attribuer les mêmes effets qu'à ceux dont il est question dans l'art. 63. Ceux-ci, affectant le bois et consommant une partie des produits forestiers, ce n'est point, à proprement parler, en changer la nature, que d'en resserrer l'exercice dans des limites plus étroites : le gouvernement aliène, il est vrai, une portion du fonds pour affranchir l'autre, et les usagers la reçoivent en compensation de la réduction du sol sur lequel ils en usaient ; mais, à cela près, l'usage est toujours en bois.

Les droits de pâturage, au contraire, ne portent

point sur les arbres de la forêt, ils n'affectent que les fruits de ces arbres, ou les herbages qui croissent sous leur ombrage. Il n'y a donc point les mêmes raisons pour leur appliquer le cantonnement par lequel l'Etat se dépouillerait d'une propriété forestière pour les racheter, et intervertirait tellement les droits des usagers, que ces derniers, ne pouvant plus trouver une pâture suffisante dans un territoire circonscrit par le cantonnement, auraient réellement du bois en échange du pâturage. Le projet repousse donc avec raison l'application du cantonnement à ces droits d'usage.

Mais ces droits constituent une servitude toujours onéreuse ; et si l'Etat n'a point la faculté de la faire cesser par le cantonnement, il faut qu'il puisse s'en rédimer d'une autre manière : autrement on lui enleverait un moyen de conservation dont il serait dangereux de le priver. D'ailleurs, la loi du 6 octobre 1791, titre 1er, section IV, article 8, déclare rachetable, à dire d'expert, entre particuliers, le droit de vaine pâture, *même dans les bois*. La commission a pensé qu'on ne pouvait pas refuser l'application aux bois de l'Etat, d'un principe admis pour ceux des particuliers.

En adoptant la proposition du gouvernement pour le rachat des droits de pâturage, la commission ne s'est pas dissimulé que l'exercice rigoureux de cette faculté pourrait, dans certains cas, produire de fâcheuses conséquences. Il est, vous le savez, messieurs, des localités où le pacage est tellement indispensable aux habitans, que ceux-ci n'ont d'autre revenu, d'autre ressource que les produits des bestiaux qu'ils élèvent. Si vous leur enlevez cet unique moyen d'existence, vous les forcez à abandonner le sol qui les a vus naître, où ils mènent une vie laborieuse et paisible, où ils exercent un genre d'industrie utile, non-seulement à eux-mêmes, mais encore au commerce. Quelle compensation trouveraient-ils dans la somme d'argent que leur offrirait l'Etat? Quel emploi pourraient-ils en faire dans l'intérêt commun? Dans les lieux où le pacage n'est qu'un accessoire de la fortune communale, les usagers ont la faculté de le remplacer par des prairies artificielles; mais là où il est tout pour les habitans, il ne saurait y avoir de moyen de remplacement.

Sans doute, le gouvernement paternel de Sa Majesté n'userait point de la faculté de rachat contre des communes que cette mesure plongerait dans la misère; mais la loi qui pose des principes stables, doit en fixer les exceptions, et elle le doit surtout lorsqu'il s'agit de donner à des populations intéressantes une garantie qui tient à leur repos et à leur existence.

Nous avons donc pensé qu'il convenait d'ajouter à l'article 64 la disposition suivante : « Néanmoins le « rachat ne pourra être requis par l'administration, « dans les lieux où le droit de pâturage est devenu « d'une nécessité absolue pour les habitans d'une ou « de plusieurs communes. Si cette nécessité est con-

« testée par l'administration forestière, la contesta-
« tion sera portée devant le conseil de préfecture
« qui, après une enquête *de commodo et incom-*
« *modo*, statuera, sauf le recours au Conseil d'E-
« tat. (*a. a.*) »

Cette addition doit rassurer pleinement les communes usagères, puisque les conseils de préfecture qui connaîtront bien les localités seront juges de la question de savoir s'il y a lieu au rachat.

Nous proposons de donner la même garantie aux usagers dans le cas prévu par l'art. 65, c'est-à-dire, lorsqu'il s'agit de réduire l'exercice des droits d'usage suivant l'état et la possibilité annuelle des forêts. L'administration pourra, d'après l'article, faire cette réduction; mais la commission propose d'y ajouter :
« en cas de contestation sur la possibilité et l'état des
« forêts, il y aura lieu à recours devant le conseil de
« préfecture. » (*a. a.*)

Vous remarquerez, messieurs, qu'il ne s'agit ici que d'une modification au mode de jouissance de la propriété, et que sous ce rapport le conseil de préfecture doit en connaître.

Les articles qui suivent, jusques et compris l'article 85, règlent l'exercice des droits d'usage; ils énoncent une série de sages précautions pour imposer aux usagers toutes les limites qui peuvent se concilier avec leurs droits et le grand intérêt de la conservation de l'Etat; la commission en propose l'adoption avec quelques amendemens dont je vais rendre compte.

L'article 67 ne contient pas de sanction ; on propose d'y ajouter ces mots : « à peine d'une amende de *dix à cent francs.* » (*a. r.*)

Le premier paragraphe de l'article 71 a été adopté. On fait observer, sur le second, que l'obligation imposée aux usagers de faire des fossés des deux côtés des routes par lesquelles passeraient leurs bestiaux, serait une telle charge pour eux, que cette rigueur pourrait les contraindre, à leur grand préjudice, d'abandonner leurs droits : cette crainte est d'autant mieux fondée, qu'en indiquant aux usagers des chemins fort longs, qu'on pourrait changer chaque année, ce serait autoriser à ordonner arbitrairement des dépenses considérables. Pour parer à cet inconvénient, la commission propose de régler que les fossés seront faits à moitié frais par les deux parties : elle demande en conséquence, qu'après les mots *futaies non défensables,* on remplace ceux qui suivent par ceux-ci : « Il pourra « être fait à frais communs, entre les usagers et « l'administration, et d'après l'indication des agens « forestiers, des fossés, etc. » (La suite comme à « l'article.) (*a. a.*)

L'article 72 a également été adopté, sauf l'addition des mots : *et section de commune,* à la première ligne, après les mots : *de chaque commune.* (*a. a.*)

La même addition doit avoir lieu dans chacun des deux autres paragraphes, à la suite des mots : *chaque commune.* (*a. a.*)

Il y a souvent des sections de communes qui jouissent séparement d'un droit de pacage dans les forêts de l'Etat; il est dès-lors nécessaire de les désigner dans l'article d'une manière spéciale, parce que leur droit est étranger au chef-lieu de la commune.

On a pensé, sur le troisième paragraphe, qu'il serait injuste que les communes fussent responsables des délits qui pourraient être commis en d'autres lieux que les portions de forêts affectées aux parcours. La commission propose en conséquence, d'ajouter à la fin de l'article, après ces mots : *de leurs services*, ceux-ci : *et dans les limites du parcours*. (*a. r.*)

Elle propose aussi qu'après les mots : *pour chaque commune* du second paragraphe de l'article 75, il soit ajouté ceux-ci : *ou section de commune* (*a. a.*)

A l'article 76, il a été remarqué que le *minimum* de l'amende était trop au-dessus de l'importance des délits, et qu'elle pourrait porter à ne pas poursuivre les délinquans pour quelques fautes légères. Au lieu du mot *cinq*, on propose de mettre celui de *trois à trente francs.* (*a. a.*)

La commission a reconnu, à l'article 78, que la mesure d'empêcher les chèvres de pacager dans les bois était sage et indispensable pour la conservation des forêts ; mais cependant elle a jugé que si cet usage était fondé sur des titres positifs, il était impossible d'admettre que le possesseur du droit ne fût pas indemnisé ; elle a également remarqué que, dans quelques provinces, et particulièrement dans le midi de la France, il y avait à peine d'autres bestiaux que des moutons, et pas d'autres lieux de pacage que les forêts; qu'alors il était important d'accorder au gouvernement, comme on l'a fait par l'article 110, le droit de modérer la rigueur de l'article 78, pour les lieux où il pourrait croire que ce serait sans danger.

Il convient, en conséquence, d'ajouter à la fin de l'article 78, qui conserve sa rédaction, les deux paragraphes suivans :

« Ceux qui auront titres ou possessions contraires « pourront réclamer une indemnité qui sera réglée « de gré à gré, et en cas de contestation, par les « tribunaux.

« Le pacage des moutons pourra néanmoins être « autorisé dans certaines localités par des ordon- « nances du roi. » (*a. a.*)

On a remarqué, sur l'article 81, que s'il n'était pas réglé par qui serait nommé l'entrepreneur dont il est parlé, il pourrait l'être par l'administration fores- tière, et être tout-à-fait opposé à l'intérêt des com- munes, tandis qu'il serait payé par elles.

Pour prévenir toute crainte à cet égard, la com- mission propose d'ajouter à la fin du premier para- graphe, après les mots, *entrepreneur spécial*, ceux- ci : *nommé par eux et agréé par l'administration forestière.* » (*a. a.*)

En examinant l'article 83, la commission a trouvé trop rigoureux de prononcer une amende contre les délinquans, et de les priver en outre de leurs droits d'affouage : comme souvent la pauvreté aura pu les porter à vendre leur bois de chauffage pour acheter des objets de première nécessité, il y aurait de la cruauté à les priver, l'année suivante, de leur chauffage ; ce serait accroître leur misère et les porter peut-être à commettre de nouveaux délits forestiers. L'amende a paru suffisante et sera plus proportionnée au délit. D'après ces motifs, la commission propose de supprimer, à la fin du deuxième paragraphe de l'article, ces mots : *et à la privation de l'affouage pendant une année.* (a. a.)

La commission a pensé sur l'article 84, qu'il pourrait arriver que les usages, soit par force majeure, soit faute de moyens pécuniaires, ne pussent employer les bois qui leur auraient été délivrés, sans pour cela avoir la moindre culpabilité à se reprocher. Elle propose, au lieu de la peine portée au projet, de supprimer les mots, *à peine*, etc., et de mettre à la place « lequel pourra néanmoins être prorogé par « l'administration forestière ; ces délais expirés, elle « pourra disposer des arbres non employés. »

TITRE IV.

Des bois et foréts qui font partie du domaine dela couronne.

La dotation immobilière de la couronne est un démembrement du domaine de l'Etat, comme la liste civile est une portion distraite du trésor public. Mais ces deux institutions ont entre elles une grande différence. La liste civile, qui ne se compose que d'une somme fixe payée annuellement par le trésor royal, est essentiellement liée à la durée du règne, et suivant la loi du 8 novembre 1814, elle doit être fixée de nouveau à chaque avènement au trône. La dotation, au contraire, est permanente et perpétuelle; elle n'est pas attachée à la personne du roi comme la liste civile; elle est inhérente, ainsi que sa dénomination l'indique, à la couronne qui ne périt point. Aussi la loi du 15 janvier 1825, qui règle la liste civile de S. M. Charles X, n'a-t-elle, par aucune disposition, reconstitué la dotation : elle en a reconnu d'une manière positive la préexistence, puisqu'elle s'est bornée à y ajouter les immeubles acquis à titre singulier par le feu roi Louis XVIII.

C'est par une conséquence de ce caractère de perpétuité et d'irrévocabilité, que la loi du 8 novembre 1814 a conféré au ministre de la maison du roi la régie et l'exploitation des biens qui composent la dotation. Les agens de l'Etat n'interviennent et ne doivent intervenir en aucune manière dans cette administration : mais comme la dotation est une fraction du domaine public, il est essentiel que les mêmes règles de conservation et d'exploitation s'appliquent aux forêts de l'Etat et à celles de la dotation, ainsi que la loi du 8 novembre en a posé le principe, sauf toujours l'entière indépendance du ministre et des agens de la maison du roi, à l'égard de l'administration des forêts de l'Etat.

La commission a reconnu que la rédaction du projet de Code est conforme à cette doctrine, et elle vous propose, en conséquence, l'adoption pure et simple des articles 86, 87 et 88 ; elle propose, toutefois, de changer dans l'intitulé de ce titre le mot *domaine* et d'y substituer le mot *dotation* qui, comme nous l'avons remarqué sur l'article 1er, est l'expression convenable. Les mêmes changemens devront avoir lieu dans les articles 86 et 87. (*a. r.*)

TITRE V.

Des bois et forêts qui sont possédés à titre d'apanage,

Il n'en est pas des apanages comme de la dotation de la couronne. Les bois et forêts qui les composent sont destinés à rentrer dans les mains de l'Etat, en cas d'extinction de la postérité mâle du prince apanagé. L'Etat est donc essentiellement intéressé aux mesures qui se rattachent à la conservation de la propriété. Ainsi le projet de Code soumet avec raison ces bois et forêts au régime forestier, *quant à la propriété du sol et à l'aménagement des bois :* c'est avec raison encore qu'il charge les agens de l'administration forestière d'y faire toutes les opérations relatives à *la délimitation, au bornage, et à l'aménagement,* et d'y exercer leur surveillance, pour s'assurer de la régularité de l'exploitation, ainsi que de la complète exécution des règles prescrites par le présent titre. Il a paru également juste de rappeler ici, comme le fait l'article 89, l'application des articles 60 et 62 qui interdisent toute nouvelle affectation ou concession d'usage.

Vous avez remarqué, messieurs, que la commission a proposé d'ajouter à l'article 1er du *projet, les forêts possédées à titre de majorat reversible à l'État.*

C'est une conséquence nécessaire qu'il y ait dans l'article 89 une semblable addition, afin d'assujétir aux mêmes règles prescrites pour les forêts possédées à titre d'apanage. (*a. a.*)

Cette addition doit avoir également lieu dans l'intitulé du présent titre. (*a. a.*)

La commission propose de déclarer la disposition de l'article 87 applicable en partie aux bois et forêts qui constituent, soit un apanage, soit un majorat, ainsi que cela se pratique depuis 1814 pour ce qui concerne les apanages.

Elle propose enfin d'ajouter à la fin de l'article 89, les deux paragraphes suivans : « Les agens et gardes « des forêts dépendantes des apanages et des majorats « réversibles à l'Etat, seront assimilés aux agens et « gardes de l'administration forestière tant pour l'exer- « cice de leurs fonctions, que pour la poursuite des « délits et contraventions.

« Ils seront nommés par les princes apanagés ou « par les titulaires des majorats, et ne pourront, « toutefois, entrer en fonctions qu'après avoir reçu « l'institution de l'administration forestière. » (*a. r.*)

6.

TITRE VI.

Des bois des communes et des établissemens publics.

Les biens que possèdent les communes et les établissemens publics sont administrés par des mandataires légaux dont il serait imprudent que les pouvoirs ne fussent pas limités. La prospérité des agrégations diverses concourant au bien général de la grande communauté qui les réunit toutes, il importe au gouvernement d'imprimer une bonne direction à la gestion de leur fortune, et de les préserver des conséquences dangereuses d'une administration trop indépendante. La protection dont elles ont besoin a toujours pris sa source dans une sage fiction qui, les regardant comme mineures, justifie la prévoyance du législateur, et l'intervention tutélaire de l'autorité dans le maniement de leurs propres affaires. Mais, il ne faut pas le perdre de vue, cette protection ne doit s'exercer et ne s'exerce en effet, que pour vérifier les opérations que les fonctionnaires de l'ordre administratif sont appelés à approuver ou à improuver. La loi du 14 décembre 1789, qui définit les attributions données au pouvoir municipal, déclare qu'elles consistent à régir, sous la *surveillance* et *l'inspection* des assemblées administratives, les biens et revenus communs : ainsi elle est conforme à ces principes qui ont continué de faire la base de cette législation spéciale.

Quant aux établissemens publics, ils sont soumis à-peu-près aux mêmes règles, et on les trouve toujours confondus avec les communes, lorsqu'il s'agit de déterminer le mode de leur administration.

Ces principes n'ont pas été oubliés dans le projet de loi qui vous est présenté. Nous avons reconnu, et vous reconnaîtrez sans doute avec nous, messieurs, que ses rédacteurs leur ont rendu un juste hommage, en en faisant la base des dispositions concernant le régime des bois qui appartiennent aux communautés d'habitans et aux établissemens publics. Quoique convaincus de la nécessité de surveiller plus attentivement, dans l'intérêt même de l'Etat, la régie et l'exploitation de cette classe de propriété, ils ont élargi autant qu'ils ont cru pouvoir le faire, la part qu'il est convenable d'y laisser prendre aux représentans des établissemens et des communes.

Le projet ne réserve au gouvernement, comme on vous l'a dit dans l'exposé des motifs, qu'une administration de précaution et de garantie, qui ne doit être exercée que pour le compte et au profit des communes.

Votre commission s'est empressée d'applaudir à des mesures si sages. Elle a pensé que dans le système du gouvernement représentatif il importait de proclamer en quelque sorte l'émancipation des communes, quant à la gestion de leurs biens, et de ne borner la liberté de leur administration intérieure que là où elles pourraient en abuser au détriment de la chose publique ou d'elles-mêmes.

Examinant donc cette partie du projet de Code avec le même esprit de justice qui a présidé à sa rédaction, nous noussommes appliqués à vérifier si les règles qui y sont tracées sont dans une entière harmonie avec les idées premières qui leur servent de fondement : nous allons vous rendre compte des observations qui nous ont été suggérées à ce sujet.

L'article 90, qui est le premier du titre **VI**, soumet au régime forestier les bois taillis ou futaies appartenant aux communes et aux établissemens publics, et reconnus susceptibles d'aménagement ou d'exploitation régulière.

En se livrant à l'examen de cette disposition, la commission, pénétrée de la nécessité de repeuplemens qui puissent dans l'avenir réparer le mal des défrichemens passés, a chargé son rapporteur d'émettre le vœu que le gouvernement favorise par tous les moyens d'encouragement qui sont en son pouvoir, et surtout par des exemptions ou réductions d'impôt, les semis et la formation des futaies.

Elle a ensuite trouvé que le même article appliquait d'une manière trop absolue aux bois des communes le système établi pour la conservation des forêts de l'Etat. Elle sait que, dans plusieurs localités, il existe des terreins communaux sur lesquels se trouvent quelques arbres épars, mais qui ne sont proprement que des pâturages parsemés d'arbres ; que ces terreins sont même connus sous la dénomination de *prés-bois* ; qu'ils sont, pour diverses communes, l'occasion d'un genre d'industrie et même un moyen d'existence dont elles se trouveraient dépouillées par l'application des prohibitions forestières, et surtout de celles qui sont relatives aux droits d'usage ; elle a d'ailleurs pris lecture de plusieurs pétitions du département du Doubs, et d'une autre que les habitans d'une commune de l'arrondissement de Nîmes ont adressée à la Chambre, pour réclamer contre les prétentions de l'administration forestière, de convertir en bois des terreins communaux où il ne pousse que des broussailles ; elle a enfin pris en considération le vœu exprimé dans les bureaux par plusieurs membres de la Chambre pour que les communes soient maintenues dans le droit de jouir en pâturages des terreins qui, depuis long-temps, y ont été affectés.

Mais, en même temps, elle a pris des précautions contre l'abus facile qu'on pourrait faire de la dénomination de prés-bois ou de pâturage, et elle indique le moyen de résoudre les difficultés qui s'éleveraient à cet égard. Elle propose donc d'ajouter à l'article 90, la disposition suivante : « Lorsqu'il « s'agira de la conversion en bois et de l'aménage- « ment de terreins en pâturage, la décision de l'ad- « ministration forestière sera communiquée au maire « ou aux administrateurs des établissemens publics. « Le conseil municipal, ou les administrateurs seront

« appelés à en délibérer ; et , en cas de contestation,
« il sera statué par le conseil de préfecture , sauf
« le pourvoi au Conseil d'État. » (*a. a.*)

Les art. 91 et 92 n'ont donné lieu à aucune difficulté.

A l'égard de l'article 93 , la commission a pensé
que des réserves trop petites seraient facilement dé-
vastées ; et elle propose en conséquence d'ajouter au
premier paragraphe ces mots : « Lorsque ces com-
« munes ou établissemens posséderont au moins dix
« hectares de bois réunis ou divisés. » (*a. a.*)

L'article 94 veut que les communes ou établissemens publics entretiennent pour la conservation de
leurs bois , le nombre de gardes particuliers qui sera
déterminé par *l'administration forestière.*

Votre commission n'a point donné son assentiment à cette dernière disposition. Il lui a paru que
les communes et les établissemens devaient déterminer eux-mêmes le nombre de gardes qu'ils auraient
à payer , sauf le contrôle de leurs résolutions par
l'autorité supérieure. Elle a donc rédigé la fin de
l'article ainsi qu'il suit : « Sera déterminé par le
« maire et les administrateurs , sauf l'approbation
« du préfet , sur l'avis de l'administration fores-
« tière ». (*a. a.*) Elle vous propose aussi de modifier
l'article 95 , qui règle le mode de nomination des
gardes , et d'ajouter à la fin du second paragraphe :
en cas de dissentiment , le préfet prononcera. (*a. a.*)

Ces modifications ont été jugées essentielles , dans

l'intérêt des communes et des établissemens publics ,
pour mettre ces dispositions du projet en harmonie
avec les principes dont nous avons déjà parlé , et
qui sont même présentés dans l'exposé des motifs.
Les préfets étant les tuteurs que la loi donne aux
communes et aux établissemens publics , il est juste
et naturel de leur conférer le droit d'approuver la
fixation et la nomination des gardes. L'administration forestière qui n'a qu'une surveillance spéciale ,
ne doit intervenir que pour exprimer son avis et
pour expédier les commissions.

Nous avons également cru devoir modifier l'article 96 , d'après lequel , à défaut par les communes
et établissemens publics de faire choix d'un garde
dans le mois de la vacance de l'emploi, l'administration forestière y pourvoira.

Nous avons pensé qu'il n'était pas possible de laisser à l'administration forestière le droit de pourvoir
aux remplacemens après l'expiration du délai d'un
mois ; qu'en effet, ayant la faculté de retarder son
avis, nécessaire pour les nominations , elle aurait
toujours le moyen de s'assurer ces nominations ;
qu'il était plus convenable de confier au préfet le
droit de remplir la vacance ; que d'ailleurs c'est une
conséquence des modifications qui précèdent.

Nous vous proposons donc de substituer à ces
mots: *l'administration forestière y pourvoira* , ceux
ci : « le préfet nommera sur la demande de l'admi—
« nistration forestière. » (*a. a.*)

Par l'article 97, l'administration forestière se trouverait seule investie du droit de décider s'il est convenable de confier à un même individu la garde d'un canton appartenant à l'Etat, et d'un autre canton appartenant à des communes ou établissemens publics. Mais pourquoi cette attribution exclusive? N'est-il pas plus juste que chacune des parties intéressées participe à la délibération? Nous proposons donc de commencer l'article par ces mots : « Si l'adminis-« tration forestière, les communes ou établissemens « publics jugent convenable de confier, etc. » (*a. a.*)

Nous proposons aussi de compléter la disposition en ajoutant : « Son salaire sera payé proportionnellement « par chacune des parties intéressées. » (*a. a.*)

Les mêmes principes nous ont conduits à reconnaître la nécessité d'une autre limitation aux droits attribués par le projet à l'administration forestière. Elle ne doit pas avoir la faculté de destituer des gardes qui ne sont pas les siens. Nous sommes donc d'avis de supprimer ce qui, dans le premier paragraphe de l'article 98, suit les mots : *établissemens publics*, et d'y substituer ces expressions : « S'il y a lieu à « destitution, le préfet la prononcera après avoir « pris l'avis du conseil municipal, des administra-« teurs des établissemens propriétaires, ainsi que de « l'administration forestière. » (*a. a.*)

La commission a adopté sans observations l'art. 99, qui assimile les gardes des communes et des établissemens publics à ceux de l'Etat pour la prestation de leur serment et l'exercice de leurs fonctions.

Nous ne pouvons que vous proposer l'admission des articles 100, 101, 102, 103 et 104 qui s'appliquent à l'adjudication des coupes, et qui nous ont paru offrir aux communes et aux établissemens toutes les garanties desirables.

Dans l'article 102, nous proposons de substituer au mot *administration* ceux-ci : *l'autorité administrative*. (*a. a.*)

La rédaction de l'article 105 n'ayant pas été jugée suffisamment claire, nous l'avons commencée par ces mots : « S'il n'y a titre ou usage contraire », et après les mots : *dans la commune*, nous avons ajouté ceux-ci : « et s'il n'y a également titre ou usage contraire, la valeur des arbres, etc. » (*a. a.*)

L'addition du mot *usage* a paru nécessaire. L'article fixe le principe que le partage des bois d'affouage doit s'exécuter par feu ; mais si un mode différent est établi par un usage ou une possession immémoriale équivalant à un titre, il faut les respecter.

L'article 106 porte que, pour indemniser le gouvernement des frais d'administration des bois des communes et des établissemens publics, il sera payé au profit du trésor, par les adjudicataires des coupes, tant ordinaires qu'extraordinaires, un décime par franc en sus du prix principal de l'adjudication.

Il est dit aussi qu'il sera perçu par le trésor un vingtième de la valeur des bois délivrés.

Cette double rétribution ayant donné lieu à de

vives réclamations dans les bureaux de la Chambre, votre commission a dû en faire l'objet de son attention particulière ; elle a d'abord remarqué que les plaintes élevées contre la perception du décime venaient de ce qu'on ne connaissait ni son véritable produit ni le montant de la dépense à laquelle il était affecté; que cependant il était essentiel que l'un ou l'autre fussent connus pour établir que le produit du droit perçu par le trésor , n'excédait pas la portion pour laquelle les communes et les établissemens publics devaient contribuer dans la partie des dépenses de l'administration des forêts, qui doit être supportée proportionnellement par leurs bois et par ceux de l'Etat.

Il a été de plus remarqué que le prélèvement d'un vingtième de la valeur des bois délivrés serait trop onéreux, et que d'ailleurs, pour l'opérer , il y aurait lieu à des estimations coûteuses qui feraient naître beaucoup de difficultés.

Je ne fatiguerai pas votre attention , messieurs, par tous les calculs dans lesquels nous sommes entrés pour fixer notre opinion sur la nécessité de supprimer le décime perçu sur les adjudications, et le vingtième que l'on propose de percevoir sur la valeur des bois délivrés ; je vous dirai seulement qu'il résulte des états que M. le directeur général des forêts s'est empressé de nous communiquer : 1° que le produit annuel des bois des communes et des établissemens publics est d'environ 3o millions, tant pour les coupes affouagères que pour les coupes vendues; 2° que les bois de l'Etat produisent environ 25 millions.

D'après cet aperçu, si la dépense générale de l'administration monte à 3,699,000 fr., comme l'annonce le budget de l'Etat, il faut en distraire les frais spéciaux pour les bois de l'Etat, c'est-à-dire ceux qui sont exclusivement à sa charge; cette distraction opérée, il reste la somme applicable à la surveillance de tous les bois, et dans cette somme, les communes et les établissemens publics doivent supporter leur contingent qu'il convient de fixer d'après des bases dont la justice soit bien connue.

C'est pour payer ce contingent que la commission, de concert avec M. le directeur général des forêts, a cru convenable d'adopter un nouveau mode plus simple et plus juste que celui dont il est question dans le projet de Code. Ce nouveau mode consiste à frapper les bois des communes et des établissemens publics, d'une contribution supplémentaire égale au montant des frais de gestion que ces bois doivent supporter. Cette contribution supplémentaire sera réglée chaque année par la loi des finances; elle sera déterminée d'une manière positive et pourra être débattue en parfaite connaissance de cause lors de la discussion du budget. Par ce moyen, les communes auront l'assurance de ne payer que la portion pour laquelle elles devront contribuer dans les dépenses de l'administration des forêts, et la perception en sera aussi facile que celle des impôts en général.

La commission a communiqué ce projet à M. le ministre des finances, qui l'a adopté. Voici la rédaction de l'article proposé en remplacement de l'article 106.

« Pour indemniser le gouvernement des frais d'ad-
« ministration des bois des communes et des établis-
« semens publics, il sera ajouté annuellement à la
« contribution foncière établie sur ces bois, une
« somme équivalant à ces frais. Cette somme sera
« réglée chaque année par la loi des finances, elle sera
« répartie au marc le franc de ladite contribution et
« perçue de la même manière. » (*a. a.*)

Nous avons adopté l'article 107 avec l'addition, après les mots *droits de vacation* au troisième paragraphe, de ces expressions : « de décime ou prélève-
« ment quelconque d'arpentage ou de réarpentage,
« par les agens, etc. » Cette addition est une conséquence de la nouvelle rédaction de l'art. 106. (*a. a.*)

Cette nouvelle rédaction exige encore dans l'article 108, le retranchement des mots, *et la rétribution des arpenteurs*, parce que cette rétribution doit, d'après le projet de la commission, être payée par l'administration forestière. L'article sera donc ainsi conçu : « Le salaire des gardes particuliers restera à la charge
« des communes et des établissemens publics. » (*a. a.*)

Il faut aussi, par la même raison, supprimer, dans le premier paragraphe de l'article 109, les mots : *et d'arpentage*, et dans le second, ces expressions finales : *les ventes de cette nature*, etc. (*a. a.*)

Le dernier paragraphe de l'article 109, sera ainsi conçu :

« En conséquence il n'y aura lieu à exiger à l'a-
« venir des communes et établissemens publics, ni
« aucun droit de vacation, d'arpentage, de réar-
« pentage, de décime, de prélèvement quelconque,
« pour les agens et préposés de l'administration fo-
« restière, ni le remboursement de frais des instances
« dans lesquelles l'administration succomberait, soit
« de ceux qui tomberaient en non-valeurs par l'in-
« solvabilité des condamnés. » (*a. a.*)

Quant aux prohibitions portées par l'article 110,
nous avons pensé qu'elles ne devaient recevoir leur
exécution que dans deux ans à compter de la publication du Code, afin que ceux qu'elles concernent
aient le temps de prendre les précautions convenables.

La commission vous propose en conséquence de
faire à la fin du premier paragraphe l'addition suivante : « Cette prohibition n'aura son exécution que
« dans deux ans, à dater de la promulgation de la
« présente loi. » (*a. m.*)

Il a été observé que l'article 112 appliquait aux
bois des communes tous les articles de la huitième section du titre III, excepté les dispositions de l'article 42 ; mais il a paru nécessaire d'en excepter aussi
les articles 73, 74, 83 et 84 : l'indication des deux
premiers a pour objet d'exempter les communes et les
établissemens publics de l'obligation de marquer d'une
marque spéciale les bestiaux qui pacagent dans leurs
propres forêts : l'énonciation des deux autres nous a
paru nécessaire ; car il serait injuste, si un des habi-

tans propriétaires ne brûlait pas tout le bois qui lui serait délivré, de le priver de disposer de l'excédant. On doit faire une grande différence entre les droits d'usage qu'ont les habitans d'une commune dans les forêts de l'Etat, et celui qu'ils ont dans leurs bois communaux, l'un étant un droit sur une chose qui ne leur appartient pas, et l'autre, un droit qui n'est qu'un mode de jouissance de leur propre chose.

TITRE VII.

Des bois et forêts indivis qui sont soumis au régime forestier.

La dernière classe de bois que le projet de Code soumet au régime forestier se compose de ceux que l'Etat, la couronne, les communes ou les établissemens publics possèdent indivisément avec des particuliers; il leur applique toutes les dispositions relatives à la conservation des bois de l'Etat.

Ces bois seront ainsi protégés avec plus d'efficacité; et comme les particuliers auront toujours la faculté de se soustraire au pouvoir de l'administration forestière en faisant cesser l'indivision, nous avons pensé que rien ne s'opposait à l'admission des articles 113, 114, 115 et 116.

Nous proposons cependant de faire à la fin de l'article 113 l'addition suivante : « Sauf les modifi-« cations portées par le titre VI pour les bois des com-« munes et des établissemens publics. » (*a. a.*)

Vous remarquerez, messieurs, que si un bois appartient indivisément à l'Etat et à un particulier, ou bien à la couronne et à un particulier, il est tout simple d'appliquer les règles relatives aux bois de l'Etat; mais il faut que ces règles soient modifiées par celles relatives aux bois des communes et des établissemens publics, lorsqu'il s'agit d'un bois qui appartient par indivis à une commune ou établissement public et à un particulier. L'Etat y est alors étranger, et il ne peut avoir plus de droit sur un bois ainsi possédé par indivis entre une commune et un particulier, que s'il appartenait à la commune seule.

Par suite des changemens qu'a subis l'article 106, il est devenu nécessaire de supprimer dans l'article 116 les mots *décimes compris.* (a. a.)

TITRE VIII.

Des bois des particuliers.

Le respect de la propriété, les droits qui en dérivent, les principes généraux qui la consacrent, semblent, au premier abord, devoir attribuer aux possesseurs de bois la liberté d'en user et d'en disposer comme des autres immeubles qui constituent les fortunes particulières. Mais quelle que soit l'étendue du droit de propriété, il est des circonstances où il reçoit des restrictions, dans l'intérêt public, cette nécessité puissante qui fait souvent fléchir l'avantage de quel-

7

ques-uns pour le tourner au profit de tous. Le Code civil reconnaît la possibilité de ces modifications dans le titre même où il définit la propriété, non-seulement en autorisant l'expropriation pour cause d'utilité publique, mais même en statuant que nul ne peut faire de sa propre chose, *un usage prohibé par les lois ou par les réglemens*, ce qui suppose nécessairement que le législateur a le pouvoir de limiter l'exercice du droit de propriété. Or, personne ne saurait douter que la possession des bois ne doive subir des limitations de ce genre, soit par les difficultés de leur conservation, soit par la diminution à laquelle de longs désordres ont amené la superficie du sol forestier en France.

Tel est, messieurs, l'esprit qui règne dans les articles qui concernent les bois des particuliers. Le projet donne aux propriétaires toute la latitude possible; il ne circonscrit leurs droits que lorsqu'il en sent la nécessité, et le plus souvent il leur offre, par ses prohibitions même, une protection réelle et utile plutôt qu'une contrainte gênante et nuisible à leurs intérêts bien entendus : c'est une vérité dont vous avez dû vous convaincre par la lecture du projet et de ses motifs.

Quant aux dispositions elles-mêmes qui régissent les bois des particuliers, l'examen que nous avons fait de chacune d'elles nous a conduits à vous soumettre quelques observations.

D'après l'article 117, les particuliers ont le choix de leurs gardes; seulement ils doivent le faire agréer par l'agent forestier local. Si celui-ci refuse son agrément, le propriétaire se pourvoit devant le préfet, qui statue sur la difficulté.

La Chambre aura sans doute remarqué l'intervention assez fréquente du préfet et du conseil de préfecture, dans l'intérêt des communes et des particuliers; sans doute elle n'en aura pas conclu que le projet s'écarte beaucoup du système de l'ordonnance de 1669, et qu'il réduit trop les attributions des agens forestiers.

Autrefois, en effet, il existait au-dessus de ces agens des tribunaux particuliers et généraux, tels que les gruries, assises et tables de marbre, qui jugeaient toutes les contestations, et où les intérêts privés étaient convenablement défendus. Aujourd'hui cette juridiction n'existant plus, il a paru indispensable de porter les différends relatifs à la propriété particulière ou communale devant l'autorité administrative ou devant les tribunaux, selon qu'il s'agit d'actes de pure administration ou de questions de propriété.

Aucune objection ne s'est élevée dans le sein de la commission sur l'article 118, qui assimile les particuliers à l'Etat pour l'affranchissement des droits d'usage en bois par la voie du cantonnement: il est juste que tous ces droits soient jugés d'après les principes également applicables à l'Etat et aux particuliers, dont la qualité de propriétaire est la même aux yeux de la loi.

L'article 119 règle convenablement l'exercice des autres droits d'usage. Toutefois, il nous a paru incomplet en ce qu'il n'énonce que le pâturage ; nous vous proposons, messieurs, d'en rédiger ainsi le commencement: *Les droits de glandée, panage, pâturage, parcours et autres de cette nature*, etc. (*a. a.*)

Par cette rédaction, toute espèce de droits d'usage encore existans se trouve comprise ; d'où il résulte que tous les intérêts sont conservés, et que la sollicitude de plusieurs membres de la Chambre pour quelques droits spéciaux dont ils ont parlé dans les bureaux, doit être pleinement rassurée.

Nous vous proposons de donner votre approbation à l'article 120.

L'article 121, qui rend les tribunaux ordinaires juges des contestations qui s'éleveront entre le propriétaire et l'usager, est conforme au droit commun et ne présente dès-lors aucune difficulté.

Venons à un des titres les plus importans du projet, surtout pour ce qui concerne les bois des particuliers.

TITRE IX.

Affectations spéciales des bois à des services publics.

Ce titre se divise en deux sections.

La première concerne les bois destinés au service de la marine.

L'approvisionnement de la marine en bois de

constructions navales est d'un intérêt trop majeur pour n'avoir pas fixé toute l'attention de la commission.

La marine française venait d'être créée par Louis XIV, lorsque l'ordonnance de 1669 conféra au gouvernement le droit de choisir et de prendre, dans les forêts des particuliers, comme dans celles de l'Etat, les bois propres à la construction des vaisseaux. Plusieurs arrêts du Conseil, et enfin un réglement du 16 décembre 1786, intervinrent pour confirmer ce droit et en régulariser l'exercice.

La loi du 27 septembre 1791, qui mit les bois des particuliers en dehors du régime forestier, les affranchit de cette servitude ; mais telle fut l'imprudence de cette dérogation aux dispositions antérieures, que le gouvernement, réduit à approvisionner la marine par des réquisitions violentes, se trouva dans la nécessité de provoquer les lois des 9 et 28 floréal an XI, qui rétablirent les anciennes règles.

Ces principes ont continué d'être et sont encore en vigueur.

Les changerons-nous pour revenir au système de liberté indéfinie introduit par la loi de 1791.

Autrefois la marine trouvait des ressources abondantes, non-seulement dans les forêts royales, mais encore dans celles des communautés religieuses et des communautés d'habitans que la loi obligeait à laisser et à conserver des réserves.

Les bois des particuliers offraient un autre moyen facile et sûr d'approvisionnement. L'industrie et les constructions étant loin d'avoir atteint le degré de développement qu'elles ont aujourd'hui : les arbres avaient peu de valeur ; et l'intérêt, qui dirige souvent les propriétaires, ne les poussait pas à détruire leurs futaies.

Mais cet état de choses n'existe plus. Ces belles et antiques réserves ont disparu ; ces vieux arbres isolés sont abattus ; la masse des bois du royaume a été diminuée par de trop funestes défrichemens, et des spéculations de la propriété privée ont mis le comble à ces ravages. Aujourd'hui trois millions d'hectares de bois seulement, appartenant à l'Etat, aux communes et aux établissemens publics, sont soumis au régime forestier.

Si la masse de ces forêts était aménagée de manière à être convenablement assortie en futaies, elle serait sans doute suffisante pour les besoins annuels de la marine, qui n'excèdent pas trente-six mille stères de bois ou environ quarante-huit mille arbres.

Mais telle a été jusqu'ici le genre d'exploitation de ces forêts, qu'elles sont en ce moment hors d'état de satisfaire aux besoins de ce service public.

Il faut donc chercher à créer un système d'aménagement affecté à ce grand intérêt, auquel se rattachent la prospérité de notre commerce et l'honneur de notre pavillon. Que l'on conserve, dans tous les taillis soumis au régime forestier, les arbres essentiellement propres aux constructions navales , ou que , par des réserves exclusivement en futaies et traitées par la méthode des éclaircies , on assure l'avenir de la marine. Votre commission est d'autant mieux fondée à en manifester le desir que , si ces mesures eussent été prises dans les temps antérieurs, elle n'aurait pas à vous entretenir du martelage dans les bois des particuliers. Elle est également convaincue qu'il est de la plus grande urgence que , par un accord naturel entre M. le ministre de la marine et l'administration forestière , il soit fait des dispositions pour que l'aménagement des forêts de l'Etat , et même de toutes celles soumises au régime forestier , soit dirigé spécialement dans le but de l'approvisionnement de la marine ; c'est un vœu qu'elle m'a spécialement chargé de vous exprimer.

Nous sommes loin de nier , messieurs , que le martelage dans les bois des particuliers ne soit une servitude , peu en harmonie avec notre droit public actuel, qui veut que chacun ne contribue aux charges de l'Etat que dans la proportion de ce qu'il possède , et qui n'exige le sacrifice d'une propriété pour raison d'utilité publique que dans des cas exceptionnels et nullement dans le sens d'une main – mise sur toute une classe de propriété. Nous ne vous parlerons point des nombreux inconvéniens qu'entraîne l'exercice de cette servitude et des plaintes trop fondées qu'elle occasione de la part des propriétaires de forêts ; nous vous ferons seulement remarquer qu'elle est nuisible à l'intérêt bien entendu de la marine, en ce qu'elle détourne les propriétaires d'élever des futaies, et qu'elle les conduit naturellement à des calculs qui ne sont point favorables à leur conservation.

C'est dans la conviction qu'un aménagement bien entendu des bois soumis au régime forestier peut seul affranchir ceux des particuliers d'une entrave si gênante et si onéreuse, que votre commission vous propose de n'admettre cette servitude que comme *charge temporaire*, et non comme principe immuable, et qu'elle croit devoir la limiter à dix ans : elle a saisi cette idée avec d'autant plus de confiance qu'elle est persuadée de l'empressement de M. le ministre de la marine à prendre tous les moyens propres à la réaliser.

Votre commission, en amendant, d'après ce principe, l'article 124 du projet, a cru devoir y ajouter d'autres modifications.

Convaincue que la fixation de treize décimètres mentionnée à l'article 125 est trop restrictive, et qu'il faut laisser au moins aux propriétaires la libre disposition de leurs arbres, elle a pensé qu'il était convenable d'élever la dimension des arbres soumis au martelage de treize à quinze décimètres, et d'appliquer la même disposition à tous les arbres d'essence de chêne destinés à être coupés, lesquels seront mesurés à un mètre du sol.

L'article 124 sera dès-lors ainsi rédigé : « Pendant

« dix ans, à compter de la promulgation de la pré-
« sente loi, le département de la marine exercera le
« droit de choix et le martelage sur les bois des parti-
« culiers, futaies, arbres de réserve, avenues, lisières
« et arbres épars. Ce droit ne pourra être exercé que
« sur les arbres en essence de chêne, qui seront des-
« tinés à être coupés, ayant au moins quinze déci-
« mètres de tour, mesurés à un mètre du sol.

« Les arbres qui existeront dans les lieux clos atte-
« nant aux habitations, et qui ne sont point aména-
« gés en coupe réglée, ne seront point assujétis au
« martelage. » (*a. a.*)

L'article 125 a été également amendé : il renferme
plusieurs questions importantes. Votre commission,
après une discussion approfondie, ne s'est arrêtée
qu'aux précautions que réclamait impérativement le
maintien du droit de propriété ; c'est dans cet esprit
qu'elle a substitué aux mots *urgente nécessité*, ceux
de *besoins personnels pour réparations et constructions*. Vous sentirez comme nous qu'il serait trop dur
de n'admettre le propriétaire à jouir de la chose qui
lui appartient que dans le cas le plus restrictif de
l'urgente nécessité.

Si nous avons maintenu le délai de six mois pour
la déclaration, c'est parce qu'en définitive ce n'est
qu'une formalité dont nous ne contestons pas la gêne
et les inconvéniens, mais que, dans la plupart de ces
circonstances, il doit paraître indifférent de faire
quelques mois à l'avance ; mais comme il est inutile

d'aggraver les difficultés de cette déclaration, nous avons pensé qu'elle pouvait se faire à la sous-préfecture, parce que les agens de la marine étant peu nombreux, les propriétaires qui ont des déclarations à faire ne savent souvent où les trouver, et sont trop éloignés de leur résidence, tandis qu'il n'est personne qui, par la correspondance administrative des maires, n'ait des moyens habituels d'envoyer sa déclaration à la sous-préfecture, où il existe un secrétariat pour l'enregistrer et lui imprimer une date certaine.

Le second paragraphe de l'article 125, relatif à la dimension des arbres épars, doit être supprimé, puisque nous y avons pourvu par l'article 124. (*a. a.*)

Enfin, nous nous sommes occupés de l'amende pour défaut de déclaration, et nous vous proposons de réduire le taux exorbitant de 45 francs par mètre de tour, pour chaque arbre non déclaré, à 18 francs par mètre, fixation qui nous a paru plus que suffisante pour arrêter les propriétaires contrevenans. (*a. a.*)

Nous avons donc arrêté, pour l'article 125, la rédaction suivante :

« Tous les propriétaires sont tenus, sauf l'excep-
« tion énoncée en l'article précédent et hors le cas de
« besoins personnels pour réparations et construc-
« tions, de faire six mois d'avance, à la sous-préfec-
« ture, la déclaration des arbres qu'ils ont l'intention
« d'abattre et des lieux où ils sont situés.

« Le défaut de déclaration sera puni d'une amende

« de 18 francs par mètre de tour, pour chaque arbre
« susceptible d'être déclaré. » (*a. a.*)

L'article 126 autorise les particuliers à disposer librement des arbres déclarés par eux, si la marine ne
les a pas fait marquer pour son service dans les six
mois à compter du jour de la déclaration ; mais si la
marine a marqué des arbres, il est utile pour les
propriétaires d'avoir officiellement connaissance de ce
martelage dans le plus court délai possible, afin qu'ils
puissent disposer de ce qu'on leur laisse, et en tirer
parti en temps opportun pour la vente. Il n'est pas
moins important pour eux de faire constater la date
certaine de ce martelage pour jouir du bénéfice de
la loi, à l'expiration du délai qui suit le martelage.

C'est pour obtenir ce double avantage que votre
commission vous propose, messieurs, de faire viser les
procès-verbaux de martelage par le maire de la commune où sont situés les bois, et d'obliger les contre-
maîtres à lui en laisser copie, le tout à peine de nullité du martelage. Par le décret du 15 avril 1811,
confirmé par l'ordonnance du 27 septembre 1819,
les contre-maîtres sont bien obligés de laisser un
double du procès-verbal du martelage au propriétaire ; mais le délai n'est pas fixé, et il peut arriver
que cette notification n'ait pas lieu.

Nous vous proposons donc d'ajouter à la fin de
l'article 126 le paragraphe suivant :

« Les agens de la marine seront tenus, à peine de

« nullité de leurs opérations , de dresser des procès-
« verbaux du martelage des arbres dans les bois de
« l'Etat , des communes , des établissemens publics
« et des particuliers , de faire viser ces procès-verbaux
« par le maire dans la huitaine , et d'en déposer im-
« médiatement une expédition à la mairie de la com-
« mune où le martelage aura eu lieu. Aussitôt après ce
« dépôt, les adjudicataires , communes , établissemens
« ou propriétaires , pourront disposer des bois qui
« n'auront pas été marqués. » (*a. a.*)

L'article 127 maintient les particuliers dans le
droit qu'ils ont aujourd'hui : ils continueront à traiter de gré à gré avec la marine; seulement en cas de
discordance et d'expertise , le président du tribunal
nommera le tiers-expert : c'est une garantie de plus
qui leur est donnée et qui doit être appréciée par les
propriétaires. Le même avantage est accordé aux
communes et aux établissemens publics.

Cet article étend ce mode de traiter aux adjudicataires des bois de l'Etat et de tous ceux qui sont soumis au régime forestier. Nous ne nous sommes point
dissimulé toute la gravité de cette disposition , relativement aux bois de l'Etat; mais la commission a
pensé que cette question était essentiellement du domaine de l'administration , qu'elle seule pouvait apprécier la préférence qui devait être accordée à ce
mode d'approvisionnement dans l'intérêt du trésor ,
et que, puisque le gouvernement jugeait que les facilités
accordées aux adjudicataires des bois de l'Etat com-

penseraient les conséquences qui pourraient résulter du changement du mode actuel, il l'avait fait sans doute avec connaissance de cause. D'après ce motif, la commission n'a pas cru devoir proposer des modifications à cet article.

L'article 128 a dû fixer toute son attention. Dans les six mois d'intervalle entre la déclaration et l'abatage dans tous les bois quelconques, la marine a le droit de marteler ainsi que celui d'annuler.

Dans les six mois, suivant le projet, après que l'abatage lui a été notifié par le propriétaire ou l'adjudicataire, elle a le droit de prendre livraison ou d'abandonner les arbres par elle marqués. Le propriétaire ou l'adjudicataire restent, pendant ces deux intervalles, dans l'indécision la plus complète. La marine peut annuler tout ou partie de son martelage pour les arbres qui sont debout; elle peut également annuler tout ou partie de son martelage pour les arbres qui sont abattus. Le propriétaire ou l'adjudicataire, pendant ce temps, ne peuvent disposer d'aucun des arbres marqués. Toutes chances commerciales, toutes spéculations sont évanouies pour eux; ils sont complètement à la merci des agens de la marine.

Le droit qu'elle exerce ne pouvant être avec raison considéré que comme un droit de préférence, il serait naturel de forcer ses fournisseurs à prendre tous les arbres qui ont été marqués par ses agens ou abattus pour son service. On n'en use pas autrement avec tous les marchands de bois : on leur vend sur pied ; ils font abattre eux-mêmes à leurs risques et périls, et doivent le prix de tout ce qu'ils ont fait abattre. C'est à eux de juger des arbres sur pied, et il est de fait qu'ils se trompent rarement.

Si, au lieu de ce mode naturel et auquel tous les marchands et adjudicataires n'ont jamais eu la pensée de se soustraire, les fournisseurs de la marine conservaient le droit de choisir parmi les arbres abattus, et de mettre au rebut, sous de vains prétextes, une partie de ces arbres, ce serait ordonner par la loi la continuation des abus sans nombre qui ont donné lieu à de si nombreuses réclamations ; ce serait maintenir la possibilité de toutes ces transactions clandestines au moyen desquelles les propriétaires cherchent à échapper à l'exercice d'un droit qui trop facilement peut dégénérer en vexations, quels que soient les soins et les précautions de l'administration supérieure pour y porter remède.

Votre commission s'est convaincue qu'il ne peut être dans l'intention du législateur de porter atteinte aux principes de notre droit public actuel, en transformant un droit de préférence déjà très ancien en un droit de préhension et de réquisitions payées, à la vérité, mais trop dommageable envers le propriétaire. Elle pense que dès l'instant que les arbres ont été martelés par la marine qui, pendant les longs délais de la déclaration, a eu tout le temps nécessaire pour faire ses choix et les rectifier, il serait trop dur de maintenir les fournisseurs dans le droit de faire un nouveau triage parmi les arbres abattus.

Il n'est personne qui ne sache que les arbres ainsi mis au rebut à tort ou à raison, comme nous l'avons dit, restent trop souvent en pure perte entre les mains du propriétaire ou de l'adjudicataire, et forment un véritable déficit dans le produit de l'adjudication dont les marchands ne manquent jamais de faire la déduction au propriétaire dans la fixation du prix principal de la vente.

Votre commission pense donc que l'on ne peut consacrer un pareil état de choses dans un Code qui doit être empreint du caractère de la justice : elle croit que la marine doit prendre en livraison tous les arbres qu'elle a choisis en grande connaissance de cause et qu'elle a marqués et fait abattre, et elle lui réserve l'immense avantage d'abandonner la totalité des arbres portés sur la même déclaration, dans le cas où, trois mois après l'abatage, elle jugerait convenable de le faire dans ses intérêts.

Ce serait en vain que les partisans du privilège sans limites de la marine prétendraient que ses intérêts seraient lésés par cette mesure protectrice pour les propriétaires ; nous pouvons assurer qu'il n'est pas un marchand de bois qui ne payât très cher le droit de choisir ou de faire abattre et de prendre à son choix ou d'abandonner la totalité des arbres abattus après un long délai.

C'est par ces considérations majeures que la commission vous propose, messieurs, d'amender les deux articles 128 et 129 , et de les rédiger ainsi :

Dans l'article 128 il faut supprimer les mots, *si dans les six mois*, et ce qui suit, pour *les remplacer* par ceux-ci : «Si dans les trois mois, après qu'ils en « auront fait notifier l'abatage à la sous-préfecture, « la marine n'a pas pris livraison de la totalité des « arbres marqués appartenant au même propriétaire « et n'en a pas acquitté le prix. » (*a. a.*)

Quant à l'article 129 , il faut également supprimer la phrase qui se trouve après les mots *pour son service*, et la remplacer par celle-ci : « Mais, confor- « mément à l'article précédent, elle devra prendre « tous les arbres marqués qui auront été abattus, ou « les abandonner en totalité. » (*a. a.*)

Les articles 131 et 132 n'ont été amendés par la commission que pour remplacer le mot trop restric- tif d'*urgence* par ceux *de besoins personnels pour réparations et constructions*. Elle vous propose de prescrire que les besoins seront constatés par le maire de la commune : c'est aujourd'hui ce qui se fait dans ce cas d'urgence; il était important de conserver expli- citement cette forme dans la loi, afin de ne pas ex- poser les propriétaires à des variations de formalités préjudiciables à leurs intérêts. (*a. a.*)

Nous vous proposons de réduire l'amende portée par l'article 133 , à 45 francs, d'après les mêmes rai- sons qui nous ont engagés à réduire l'amende pronon- cée pour le défaut de déclaration; il ne faut pas perdre

de vue qu'il n'y a ici que des contraventions au droit
de servitude imposée à des propriétaires, qu'il serait
trop dur de punir avec la même sévérité que des délinquans qui dérobent le bien d'autrui. (*a. a.*)

Enfin, pour prévenir quelques abus dont on s'est
plaint dans les bureaux de la Chambre, la commission propose d'ajouter à la fin de l'article un second
paragraphe ainsi conçu :

« Les arbres marqués pour le service de la marine
« ne pourront être équarris avant la livraison, ni être
« détériorés par des agens avec des hachés, scies,
« sondes ou autres instrumens, à peine de la même
« amende. » (*a. a.*)

Telles sont les différentes modifications portées à
cette partie importante du projet : elles ont le double
avantage de ne rendre que *temporaire* la servitude
accordée à la marine, et d'empêcher que l'exercice en
soit aussi nuisible qu'il l'a été jusqu'à présent.

Travaux du Rhin.

Nous avons maintenant à vous entretenir d'une
autre affectation de bois à un service public, qui
forme la deuxième section du titre IX.

Le cours du Rhin, inégal, irrégulier, impétueux,
menace sans cesse les propriétés voisines du danger
de ses débordemens. Pour les préserver d'une destruction imminente, on est forcé de contenir le torrent
par des obstacles qu'il renverse, qu'il brise et que

bientôt il faut renouveler. La possibilité et la crainte des accidens étant permanentes, il est indispensable que les moyens de salut le soient aussi, et le législateur ne peut se dispenser de mettre à la disposition de l'autorité un remède qui, pour être efficace, doit être aussi prompt que le mal. Tel est le but de l'art. 136, portant que dans tous les cas où les travaux d'endiguage et de fascinage sur le Rhin exigeront une prompte fourniture de bois ou oseraies, le préfet, en constatant l'urgence, pourra en requérir la délivrance, d'abord dans les bois de l'Etat, ensuite dans ceux des communes et des établissemens publics, et enfin dans ceux des particuliers, le tout dans un rayon de 15 kilomètres du point où le danger se manifeste. C'est tout à-la-fois une mesure de sûreté publique et d'intérêt privé, que commande une nécessité réelle et pressante, et à laquelle la Chambre n'hésitera pas sans doute à donner son assentiment.

Comme il s'agit d'une dérogation au droit de propriété, il était essentiel de la limiter autant que le péril pourrait le permettre, de la combiner avec les divers genres d'intérêt qu'elle est destinée à protéger, d'en renfermer l'exécution dans le territoire menacé ; et c'est ce que les rédacteurs du projet de Code nous paraissent avoir fait.

Mais, pour apprécier cette disposition en plus grande connaissance de cause, nous avons cru devoir en conférer avec nos collègues du Haut et du Bas-Rhin, qui ont des notions plus précises sur les localités. Il est résulté des explications qu'ils ont bien voulu nous donner, que l'énonciation d'un rayon de quinze kilomètres du point où le danger se montre, emporterait la faculté de requérir des bois à cette distance dans les terres, tandis qu'il se trouve toujours assez de bois propres à ces sortes de travaux dans une espace de cinq kilomètres au plus : en conséquence, nous vous proposons, de concert avec nos collègues, de supprimer la fin de l'article 136, à compter de ces mots : *le tout dans le rayon*, etc., et de dire, *le tout à la distance de cinq kilomètres des bords du fleuve.* Par ce moyen, on aura la faculté de prendre du bois en amont et en aval du fleuve, dans l'étendue fixée par la loi. (*a. a.*)

A l'égard de l'article 137, qui exige de la part des particuliers dont les propriétés sont comprises dans la circonscription déterminée, la déclaration des coupes qu'ils se proposent de faire, elle est nécessaire pour que l'administration ne soit pas privée inopinément des ressources dont elle peut avoir besoin. Il sera rédigé ainsi qu'il suit : « En conséquence, tous particu- « liers propriétaires de bois taillis ou autres dans les « îles, sur les rives, et à une distance de cinq kilomètres « des bords du fleuve, seront tenus de faire, trois mois « d'avance, à la sous-préfecture, une déclaration des « coupes qu'ils se proposeront d'exploiter.

« Si, dans le délai de trois mois, les bois ne sont « pas requis, le propriétaire pourra en disposer li- « brement. » (*a. a.*)

8.

L'amende de 4 fr. par are de bois, portee dans l'article 138, a paru trop forte ; on propose de la réduire à 1 fr. par are de bois ainsi exploité. (*a. a.*)

L'adoption des articles 139 et 140 n'a souffert aucune difficulté.

Quant à l'article 141, qui règle le mode d'expertise et de paiement des bois requis, il nous a paru devoir être admis tel qu'il est rédigé.

Mais comme il arrive que l'urgence des travaux exige des coupes à des époques où cela nuit essentiellement à la végétation, la commission pense qu'il y a lieu d'ajouter à cet article un second paragraphe conçu en ces termes : « Les communes, les établisse-« mens publics et les particuliers seront en outre in-« demnisés, de gré à gré ou à dire d'experts, du tort « qui pourrait être résulté pour eux de coupes exé-« cutées hors des saisons convenables. » (*a. a.*)

Enfin l'article 143, qui termine la section relative aux travaux du Rhin, n'a été l'objet d'aucune observation, et nous en proposons l'adoption pure et simple.

TITRE X.

Police et conservation des bois et foréts.

Les dispositions comprises sous ce titre sont de deux espèces. Les unes s'appliquent à tous les bois et forêts en général ; les autres aux bois et forêts soumis au régime forestier seulement.

Nous allons d'abord vous entretenir des premières.

L'article 144 punit toute extraction non autorisée, de pierre, sable, minéral, terre ou gazon, etc. Nous vous proposons de compléter cette énumération par l'addition du mot *tourbe*, qui sera placé après celui *minérai*.

La prohibition portée par cette disposition étant générale et absolue, il était nécessaire de dire qu'elle ne dérogeait point aux droits conférés à l'administration des ponts-et-chaussées, par les lois et réglemens, et c'est ce qui a été fait par l'article 145.

La commission ne s'est pas dissimulé que ces lois et réglemens sont susceptibles d'améliorations fort desirables ; mais elle n'a pas cru qu'elle dût s'en occuper à l'occasion d'un Code sur les forêts, et elle a donné son adhésion à l'article proposé par le gouvernement.

Nous proposons à la Chambre d'adopter sans aucun changement les articles 146, 147, 148 et 149, qui ne sont que le renouvellement de sages dispositions de l'ordonnance de 1669.

Une discussion s'est élevée dans le sein de la commission sur l'article 150, qui repousse l'application de l'article 672 du Code civil aux bois et forêts, en ce qui concerne l'élagage des arbres de lisière.

Les uns étaient d'avis d'admettre la disposition du projet, alléguant l'importance de conserver les lisières des forêts où se trouvent en général les plus beaux arbres, à la croissance desquels l'élagage serait toujours préjudiciable : ils invoquaient aussi le droit de prescription, pour ainsi dire acquis aux propriétaires de ces forêts.

Les autres soutenaient au contraire, que la règle posée par Code civil était absolue, et ne devait souffrir aucune exception; qu'elle était fondée sur l'intérêt respectif des propriétaires riverains; qu'il serait injuste d'attribuer à l'un de ces propriétaires un droit qui serait refusé à l'autre, à raison de la seule différence existant dans la nature de leurs immeubles; qu'il est impossible d'admettre, par exemple, que le possesseur d'un verger puisse être contraint de couper les branches de ses arbres fruitiers, tandis qu'il n'aurait pas le droit réciproque d'exiger de son voisin l'élagage des lisières de son bois; que sans doute la conservation de beaux arbres de lisière est importante, mais qu'elle ne saurait être assez puissante pour déterminer une exception rigoureuse à un principe de justice et d'équité.

Après cette divergence d'opinions, tous les membres de la commission se sont réunis pour un terme moyen, qui leur a semblé devoir concilier les divers intérêts.

Ce terme moyen consiste à laisser subsister le paragraphe premier de l'article 150, mais en y ajoutant ces mots: *si les arbres de lisière ont plus de trente ans.* (*a. a.*)

Par là, le principe de droit commun est maintenu avec une modification qui favorisera la conservation des arbres forestiers, et que justifiera le silence du propriétaire limitrophe pendant le cours de trente années.

Quant au deuxième paragraphe du même article, nous vous en proposons le maintien, comme servant de sanction à la règle posée dans le premier.

Après ces dispositions conservatrices, viennent celles *qui sont exclusivement relatives aux bois et forêts soumis au régime forestier.*

Les prohibitions contenues dans les articles 151, 152 et 153 du projet existent dans l'ordonnance de 1669. On en sentit alors la nécessité, et une longue expérience n'a servi qu'à les justifier.

Cependant elles ont été combattues par plusieurs membres de la commission. On a prétendu qu'elles étaient une espèce de violation du droit de propriété, qu'il fallait les faire disparaître du projet, et laisser à chaque propriétaire la liberté d'élever des constructions de toute nature sur son terrein, quelle qu'en fût d'ailleurs la situation.

Mais cette opinion n'a point prévalu, et ceux même qui l'avaient exprimée se sont enfin réunis à la majorité de la commission pour adopter, avec quelques modifications, les dispositions des trois articles reconnus essentiels à la conservation des forêts.

Ces modifications ne s'appliquent qu'à l'art. 153. Elles ont pour objet :

1° De réduire à cinq cents mètres le rayon d'un kilomètre dont il est question au premier paragraphe, réduction dont la justice a été reconnue par un avis du Conseil d'Etat du 13 novembre 1805, relatif aux constructions voisines des forêts;

2° D'intercaler un second paragraphe ainsi conçu : « Il sera statué dans le délai de six mois sur les de- « mandes en autorisation : passé ce délai, si le refus « de l'autorisation n'a pas été notifié, la construction « pourra être effectuée; » (*a. a.*)

3° Enfin, d'ajouter après le deuxième paragraphe de l'article du projet, lequel est devenu le troisième par l'intercalation qui précède, une disposition finale portant :

« Ces maisons ou fermes pourront être réparées « ou reconstruites sans autorisation. » (*a. a.*)

Les articles 154, 155 et 156 n'ont pas éprouvé de difficulté; mais il convient d'ajouter dans ce dernier, après les mots *villes, villages,* ceux-ci : *ou hameaux.* (*a. a.*)

L'article 157 n'a paru susceptible que d'un léger changement. Nous avons pensé que le respect du domicile demandait que l'agent ou garde-forestier qui se présente seul pour visiter une usine ou tout autre établissement, fût accompagné de *deux témoins* au lieu d'*un.* (*a. a.*)

Enfin, quant à l'art. 158, nous proposons deux additions :

Après ces mots *marqué de son marteau,* il sera ajouté : *ce qui devra avoir lieu dans les cinq jours de la déclaration qui en aura été faite.* (*a. a.*)

Et après les mots *en cas de récidive,* il sera dit :

« L'amende sera double, et la suppression de l'usine
« pourra être ordonnée par le tribunal. (*a. a.*)

TITRE XI.

Des poursuites en réparation de délits et contra-
ventions.

Il ne suffit pas pour la conservation des forêts
d'établir des règles et des principes, et d'organiser
une surveillance régulière et active, il faut encore
assurer l'exécution des mesures prescrites par des
dispositions pénales, dont l'application appartienne
aux tribunaux. La prompte et sévère répression des
délits est en effet le moyen le plus efficace d'empêcher la dévastation des bois.

Le titre XI est destiné à atteindre ce but.

Il a pour objet les poursuites judiciaires concernant les bois soumis au régime forestier, et celles qui
sont relatives aux bois des particuliers.

Les premières sont confiées à l'administration forestière qui les exerce par le ministère de ses agens :
il était essentiel de les centraliser dans les mains du
gouvernement, intéressé à la conservation de ses
forêts, comme à celle de bois appartenant aux communes et aux établissemens publics dont il est le tuteur. Il fallait toutefois admettre une exception à
l'égard des bois et forêts compris dans la dotation de

la couronne, lesquels, comme nous l'avons dit, sont administrés exclusivement par le ministre secrétaire-d'Etat de la maison du roi; et c'est ce que fait sagement l'article 159, en harmonie sous ce rapport avec les dispositions du titre IV du projet.

Ce même article conserve d'ailleurs, au ministère public, le droit qui lui appartient de poursuivre d'office tous les délits et contraventions qui viennent à sa connaissance. Ainsi, aucune garantie n'est négligée pour la recherche et la punition de toute dégradation commise dans les forêts.

Les articles suivans, jusques et y compris l'article 187, déterminent les diverses formalités à suivre pour constater les délits, et pour traduire les délinquans devant les tribunaux correctionnels dont ils déclarent la compétence en cette matière. Le système de poursuites qu'ils organisent nous a paru aussi complet que bien conçu. Plusieurs lacunes ont été remarquées à ce sujet dans la législation existante. Elles sont remplies par le projet de Code, dans lequel se trouvent les améliorations introduites par la jurisprudence.

La commission a donc l'honneur de vous proposer l'adoption de ce titre, avec une seule modification de l'article 176. Cet article attribue à certains procès-verbaux réguliers, l'effet de faire foi jusqu'à inscription de faux, *des faits relatifs aux délits et contraventions qu'ils constatent.*

Cette disposition nous a semblé trop générale; elle pourrait faire croire qu'aucune preuve n'est admise contre une déclaration quelconque consignée dans un procès-verbal, tandis qu'elle ne doit s'appliquer qu'à la *matérialité* du délit ou de la contravention. Vous sentez, messieurs, combien il serait dangereux d'admettre que des énonciations relatives à des injures, à des violences ou à toute autre circonstance extérieure au délit, pussent interdire au prévenu la faculté d'administrer la preuve contraire.

Pour lever toute espèce de doute sur ce point, nous proposons de dire dans l'article : *faits matériels.* Cette addition est conforme à une jurisprudence consacrée par la Cour de cassation. (*a. a.*)

Nous passons *aux poursuites exercées au nom et dans l'intérét des particuliers.*

Là doit cesser l'intervention de l'administration forestière. Il s'agit d'intérêts qui lui sont étrangers et dans lesquels il importe qu'elle ne puisse pas s'immiscer. C'est aux propriétaires eux-mêmes, qu'il appartient de défendre leur propre chose, et de demander à la justice la réparation du tort qu'ils éprouvent par des délits et des contraventions. Cependant, même dans ce cas, rien ne doit paralyser l'action du ministère public, dont la vigilance s'étend aux atteintes coupables portées à la propriété privée, comme à celles qui blessent les intérêts de l'Etat, des communes et des établissemens.

En nous livrant à l'examen de cette partie du projet, nous nous sommes d'abord arrêtés à l'article 188, portant que les procès-verbaux dressés par les gardes

des bois et forêts de particuliers, feront foi jusqu'à preuve contraire.

Cette disposition renouvelle un principe reconnu par la législation existante.

La commission a examiné s'il ne serait pas convenable d'introduire une innovation sur ce point, et d'assimiler les gardes des particuliers à ceux de l'Etat, des communes et des établissemens publics, quant à l'effet de leurs procès-verbaux.

Elle a considéré que le choix des gardes particuliers est fait par des propriétaires qui ont un grand intérêt à une bonne et exacte surveillance de leurs bois ; qu'il est à croire qu'ils y apportent la même attention que l'administration forestière met dans ses propres choix ; que d'ailleurs la nomination de ces gardes est soumise par l'article 117 du projet à l'agrément et à l'approbation de cette administration ; qu'ils prêtent le même serment que ceux de l'Etat et des communes, qu'ainsi la même foi semblerait devoir être ajoutée à leurs actes.

Mais, d'un autre côté, elle a été forcée de reconnaître que les gardes particuliers sont, relativement aux propriétaires qui les désignent, dans une sorte de rapports qui n'existent point entre les autres gardes et l'administration forestière, les communes et les établissemens publics ; que si l'administration forestière agrée leur nomination, elle n'a le droit ni de les révoquer ni même de les suspendre ; qu'ils sont dès-lors affranchis de cette constante surveillance qui

maintient dans la ligne du devoir les agens inférieurs
de l'administration forestière; que d'ailleurs il n'y a
que la puissance publique qui puisse conférer le droit
d'être cru jusqu'à inscription de faux; que c'est sans
doute par ces raisons que la loi du 29 septembre 1791,
ne l'a accordé qu'aux gardes des forêts soumis au
régime forestier, tandis que le Code rural du 6 octobre suivant, dispose que les procès-verbaux dressés
par les gardes-champêtres, auxquels on a toujours
assimilé en ce point les gardes-forestiers des particuliers, peuvent être combattus par la preuve contraire;
que cette même distinction est admise dans l'exercice
des fonctions d'officiers de police judiciaire dont tous
les gardes-forestiers et les gardes-champêtres sont investis; qu'en effet, l'article 154 du Code d'instruction
criminelle porte : « Nul ne sera admis, à peine de
« nullité, à faire preuve par témoins outre ou contre
« le contenu aux procès-verbaux et rapports des
« officiers de police, ayant reçu de la loi le pou-
« voir de constater les délits ou les contraventions,
« jusqu'à inscription de faux. Quant aux procès-ver-
« baux et rapports faits par des agens, préposés ou
« officiers auxquels la loi n'a pas accordé le droit
« d'être crus jusqu'à inscription de faux, ils pourront
« être débattus par des preuves contraires. »

Au milieu de ces circonstances, la majorité de la
commission a pensé qu'il ne fallait rien changer à
l'ensemble de ces principes dont l'application est
constante; qu'il importait, au contraire, dans l'in-

térêt de la société, de maintenir l'harmonie des lois qui les consacrent ; et par ces motifs, elle a l'honneur de vous proposer l'adoption de l'article 188 du projet.

L'article 189 rappelle les dispositions du projet de Code qui doivent être appliquées aux poursuites relatives aux bois des particuliers.

Pour le rendre plus complet, la commission propose d'y ajouter l'indication de l'article 163, qui enjoint aux gardes d'arrêter et de conduire devant le juge-de-paix, ou devant le maire, tout individu surpris en flagrant délit, et de l'article 165 qui règle la forme des procès-verbaux constatant des délits ou des contraventions. (*a. a.*)

Vous avez vu, messieurs, que, d'après l'article 171 du projet, toutes les actions exercées au nom de l'administration forestière, soit pour les délits, soit pour de simples contraventions, doivent être indistinctement portées devant les tribunaux correctionnels. L'article 190 modifie cette règle de compétence à l'égard des poursuites qui intéressent les particuliers. Il se réfère au Code d'instruction criminelle, qui attribue aux tribunaux de police correctionnelle, la connaissance des délits, mais qui, par son article 159, investit les juges-de-paix du droit exclusif de prononcer *sur les contraventions forestières poursuivies à la requête des particuliers.*

Cette distinction exige une addition à l'article 191, afin que les procès-verbaux dressés par les gardes des particuliers, soient remis au procureur du roi, ou au *juge-de-paix*, selon qu'il s'agit de délit ou de contravention. (*a. a.*)

TITRE XII.

Des peines et condamnations pour tous les bois en général.

Si l'ordonnance de 1669 a mérité les éloges dont elle a été l'objet, ce n'est ni par la fixation ni par la nature des peines. Sous ce rapport, elle se ressent du vice de notre ancienne législation criminelle. Elle prononce fréquemment des *punitions corporelles* que nos lois et nos mœurs repoussent également, et des *peines arbitraires*, dès long-temps proscrites. Elle est même tombée à l'égard des amendes, dans une exagération telle que, malgré la dépréciation qu'ont subie les monnaies depuis Louis XIV, le taux en est encore trop élevé, ce qui entraîne quelquefois l'impunité des coupables, ou met le gouvernement dans la nécessité d'accorder des réductions qui déposent sans cesse contre l'imperfection de la loi.

Le projet de Code a donc dû adopter une nouvelle classification de délits, et des pénalités différentes : c'est, messieurs, ce qu'on a fait, ainsi que peut vous en convaincre la lecture des diverses dispositions du nouveau Code, et particulièrement des articles dont se compose le titre XII.

La nature de chaque délit et la peine qui doit lui être appliquée nous ont paru sagement combinées ; cependant, nous ne vous en proposons l'adoption qu'avec quelques changemens.

Le premier article de ce titre a été l'objet d'une discussion assez longue, à la suite de laquelle la commission s'est déterminée à en changer la rédaction.

Nous avons pensé qu'en modérant les amendes, il convenait de n'admettre qu'une seule classe d'arbres 1° parce que les bouleaux, très propres à faire des sabots et des cercles de cuve, sont d'une grande valeur dans les pays où ils se plaisent ; 2° parce que les tilleuls servent aux tourneurs ou menuisiers pour les moulures, et aux mécaniciens pour les métiers à coton ; 3° enfin, parce que dans le département du Nord, les trembles et peupliers ont une grande valeur à cause de l'absence des bois plus durs.

La commission a ensuite pensé que ces arbres devaient être mesurés à un mètre de terre parce qu'elle a considéré qu'en les mesurant à cinq décimètres, on s'exposait à ne point obtenir leur véritable dimension, attendu qu'à cette distance du sol les arbres se trouvent augmentés de grosseur par des espèces de côtes accidentelles qui disparaissent à une élévation supérieure.

Nous avons joint à l'art. 192 un tarif des amendes à prononcer par chaque décimètre de tour et par arbre, afin d'en faciliter l'application. Cet article sera rédigé de la manière suivante :

« La coupe ou l'enlèvement d'arbres ayant deux
« décimètres de tour et au-dessus, donnera lieu à
« des amendes qui seront déterminées dans les pro-
« portions suivantes, d'après la circonférence de ces
« arbres.

« Si les arbres ont deux décimètres de tour, l'a-
« mende sera de un franc pour chacun des deux dé-
« cimètres, et elle s'accroîtra ensuite progressivement
« de dix centimes pour chacun des autres décimètres,
« conformément au tableau.

« La circonférence sera mesurée à un mètre de
« terre. » (*a. r.*)

Nous proposons aussi d'intercaler dans l'art. 205,
après ces mots : *seront déclarées nulles,* ceux-ci :
pour cause de fraude ou collusion. Il serait en effet
trop rigoureux qu'un adjudicataire, à qui on ne pourrait reprocher ni fraude ni mauvaise foi, subît la
même peine que celui qui aurait encouru ce reproche. (*a. a.*)

Nous avons jugé indispensable la suppression du
mot *amendes* dans l'article 206. L'amende est une
peine personnelle au coupable, et les père, mère,
tuteur et autres, qui ne sont que *civilement* responsables, ne sauraient en être garans, sans porter atteinte
aux principes consacrés par le Code civil. (*a. a.*)

TITRE XIII.

De l'exécution des jugemens.

Vous avez remarqué, messieurs, que le projet a établi une distinction entre la poursuite des délits commis dans les forêts soumises au régime forestier, et la poursuite des délits qui ont lieu dans les bois des particuliers. La même distinction devait être suivie dans l'exécution des jugemens : elle se trouve reproduite dans ce titre, dont les diverses dispositions ont obtenu l'approbation unanime de la commission. Nous avons même remarqué avec satisfaction que l'article 213 créait un moyen de punir les délinquans qui échappent au paiement des condamnations pécuniaires par la constatation de leur insolvabilité, en leur faisant subir une détention de quinze jours ou d'un mois, suivant l'importance des condamnations, et même du double en cas de récidive.

TITRE XIV.

Dispositions générales.

L'abrogation des lois résulte nécessairement de la promulgation de dispositions nouvelles sur les mêmes matières; cependant, pour prévenir toute difficulté, il importe de déclarer expressément cette abrogation; c'est ce qui a eu lieu pour nos divers Codes, et c'est ce qui vous est proposé par l'art. 218 du projet actuel.

Cet article abroge d'une manière générale toutes lois, ordonnances, édits et déclarations, arrêts du Conseil, arrêtés et décrets, et tous réglemens intervenus, à quelque époque que ce soit, sur les matières réglées par le présent Code, en tout ce qui concerne les forêts : conforme au grand principe qui proscrit la rétroactivité des lois, il n'efface les dispositions anciennes que *pour l'avenir*, leur laissant ainsi tout leur effet pour le passé.

La conséquence naturelle d'une semblable disposition est sans doute que, si les lois anciennes perdent leur autorité par la publication du nouveau Code, à l'égard de tout ce qui se fera à partir de cette époque, au moins, elles seront toujours la règle, et la règle unique des transactions passées et des droits acquis sous leur empire. Elles seront le guide obligé des tribunaux, même pour les contestations dont ces transactions et ces droits pourraient être l'objet par la suite.

Toutefois, le langage du législateur, ne pouvant jamais être trop précis ni trop explicite, nous proposons d'ajouter à l'article du projet un second paragraphe ainsi conçu : « Cependant, en cas de contes-
« tation, tous les droits acquis antérieurement à la
« présente loi seront jugés d'après les lois, ordon-
« nances, édits et déclarations, arrêts du Conseil, ar-
« rêtés, décrets et réglemens, ci-dessus mentionnés. »

TITRE XV.

Dispositions transitoires.

En vous entretenant des bois des particuliers, nous avons applaudi à la liberté d'exploitation que le projet laisse aux propriétaires. Les restrictions anciennes par lesquelles les droits de ces derniers étaient enchaînés, prenaient leur source dans de puissantes considérations d'intérêt public; mais, on ne peut se le dissimuler, elles étaient portées trop loin , et le gouvernement a dû , comme il l'a fait, écarter ces entraves, désormais inconciliables avec le respect et le droit de propriété.

Parmi ces prohibitions de l'ordonnance de 1669, celle du défrichement était la plus étendue et la plus importante. La législature de 1791 crut devoir la révoquer, et dès ce moment tout citoyen devint libre de détruire ses bois et de changer la nature de ses propriétés.

Quel est celui des deux systèmes qu'il convient d'adopter aujourd'hui? La sévérité de l'ordonnance est-elle préférable à la liberté absolue accordée par le décret de 1791? Ou bien vaut-il mieux affranchir les propriétaires d'une condition qui les gêne, que de les laisser soumis à une limitation rigoureuse dans l'exercice de leurs droits?

Lorsque des idées nouvelles s'introduisirent dans

notre législation, elles y portèrent souvent la lumière ; mais quelquefois aussi elles amenèrent des changemens qui ne furent pas heureux. Que chaque propriétaire, disait-on alors, soit juge du genre de culture qui convient à ses biens ; qu'il transforme à son gré un terrein complanté en une terre labourable : son intérêt est un guide qui ne saurait l'égarer : il n'arrachera ses bois qu'avec l'espérance d'un meilleur produit.

Messieurs, l'expérience, cette pierre de touche de toutes les entreprises humaines, a prouvé qu'on se trompait. L'espoir d'un accroissement de revenus a précipité de nombreux propriétaires de bois dans la manie des défrichemens. Ils ont défriché sans consulter la nature et la position du sol ; les bois assis sur le penchant des montagnes, n'ont pas même échappé à ce genre de dévastation légale. La plupart ont été cruellement punis de leur imprévoyance : la couche légère de terre végétale qui couvrait un sol aride a disparu, emportée par les pluies et par les vents, et ils ont vu leurs propriétés, naguère productives, frappées tout-à-coup d'une éternelle stérilité.

Ce fut dans de telles circonstances, et sur des réclamations élevées de toutes parts par les administrations départementales, qu'intervint la loi du 9 floréal an 11, portant prohibition, pendant vingt-cinq ans, d'effectuer un défrichement quelconque sans l'autorisation du gouvernement.

Rétablirons-nous aujourd'hui une cause de désordre

et de ruine que la sagesse du législateur s'est vu forcée de détruire dans l'intérêt public, comme dans l'intérêt privé ?

L'avis de votre commission a été que cette question n'était pas susceptible d'une solution affirmative; elle regarde la prohibition de défrichement comme d'autant plus inévitable, que les déboisemens successifs opérés de 1791 à 1803, ont amené une grande diminution dans les produits forestiers.

Elle considère en outre que l'Etat, la couronne, les communes et les établissemens publics ne possèdent qu'à-peu-près la moitié des forêts du royaume; que ces forêts n'offrent que d'insuffisantes ressources aux divers services publics, et aux besoins de la consommation générale; qu'ainsi il est de la prudence du législateur de maintenir l'intégrité des bois possédés par des particuliers, et de conserver des produits dont la France ne peut se passer. La faculté *d'user* et *d'abuser*, inhérente au droit de propriété, et qu'il faut en général se garder de méconnaître, fléchira ici devant des considérations d'intérêt social. « C'est à ce prix, « comme l'a dit l'orateur du gouvernement, que la « société garantit à ses membres leur sûreté et leur « propriété. C'est un sacrifice que l'intérêt de chacun « doit faire à l'intérêt de tous, et qui profite ainsi à « ceux mêmes à qui il est imposé. »

Toutefois, le projet du Code n'érige pas la prohibition en principe fixe et permanent. Il se borne à un remède semblable à celui qu'on employa en 1803, et

il propose de proroger, pendant vingt ans, la prohibition de défricher sans autorisation.

Vous savez, messieurs, que cette autorisation est
accordée toutes les fois que la nature du sol paraît
l'exiger; mais, pour l'obtenir plus facilement, les
propriétaires n'auront qu'à offrir de convertir en bois
une quantité de terrein à-peu-près semblable à celle
qu'ils voudront défricher. Par cette compensation, la
masse des bois ne sera pas diminuée; elle pourra
même être augmentée par une foule de moyens d'encouragement qui sont dans les mains d'une bonne administration : il y a dès-lors lieu de croire qu'après
l'expiration de vingt ans, l'interdiction proposée
pourra être levée. Tout au moins fait entrevoir cet
heureux avenir : un meilleur mode d'exploitation,
des agens plus instruits, des repeuplemens exécutés
avec soin et discernement, l'abondance de nos mines
de charbon et de houille, la consommation du combustible diminuée par des procédés nouveaux, l'établissement de canaux et de grandes routes préparent
une répartition plus égale de nos produits forestiers ;
enfin, les progrès toujours croissans de l'agriculture,
des sciences et des arts.

Pénétrée de la force de ces diverses considérations,
la commission a l'honneur de vous proposer d'accep-
ter les dispositions transitoires sur le défrichement,
toutefois avec trois amendemens.

Le premier accorde au sous-préfet le droit de recevoir la déclaration; le second a pour objet d'attribuer

au conseil de préfecture le droit que le projet de Code confère au préfet, de statuer sur l'opposition de l'administration forestière au défrichement, et de substituer à la fin du paragraphe premier de l'article 219, aux expressions, *par le préfet, sauf le recours au ministre des finances,* ces mots : *par le conseil de préfecture,* sauf le recours au Conseil d'Etat.

La disposition ainsi modifiée a le double avantage de présenter plus de garantie aux intérêts privés, et d'être en harmonie avec les articles 64 et 65 , tels qu'ils ont été amendés par la commission. Il s'agit en effet, dans ces deux articles comme dans celui qui nous occupe, d'apprécier des circonstances et de constater des faits qui ont entre eux une analogie évidente.

D'ailleurs, messieurs, vous remarquerez que des tiers peuvent être intéressés à s'opposer au défrichement, et que, sous tous les rapports, il est convenable que la question soit jugée administrativement par la voie contentieuse. La décision étant rendue par le conseil de préfecture sous la présidence du préfet, sauf le recours au Conseil d'Etat, tous les intérêts sont pleinement conservés, et personne ne sera fondé à se plaindre.

Le troisième amendement s'applique au n° 3 de l'article 225; il consiste à doubler l'étendue des bois non clos qui doivent être exceptés de la prohibition portée par l'article 219 : ainsi au lieu des mots *deux hectares,* répétés deux fois, il faut dire aux deux endroits, *quatre hectares*. Un bois d'une étendue de *quatre hectares* nous a paru être de trop peu d'importance pour en interdire le défrichement avec sévérité.

Parvenue au terme de ses travaux, plus convaincue que jamais de la sagesse des dispositions dont se compose le nouveau Code soumis à vos délibérations, la commission cède au besoin d'exprimer le vœu que la discussion publique n'en change point les combinaisons. Un projet de loi de peu d'étendue s'améliore par des amendemens; mais il n'en est pas ainsi d'un système complet de législation spéciale formant un Code de 224 articles, et dont les diverses parties sont tellement liées entre elles, que des changemens utiles en apparence, pourraient en rompre l'harmonie, et altérer l'unité des vues qui a présidé à sa confection.

S'il est vrai, messieurs, comme on n'en saurait douter, que les bonnes lois font la gloire des princes en même temps que le bonheur des nations, il nous est permis d'espérer que cette grande et utile mesure signalera le règne de S. M. Charles X, et lui donnera de nouveaux droits à l'amour de ses sujets.

On n'oubliera jamais qu'il en conçut la pensée au moment même de son avènement au trône; et que deux années entières ont été consacrées à l'exécution d'un monument qui doit l'associer à la gloire de ses prédécesseurs.

DISCOURS

Prononcé par M. le Baron DU TEIL *, député de la Moselle , dans la discussion générale sur le projet de Code forestier.*

Si je n'avais consulté que le sentiment de mes forces, je me serais défendu de paraître à cette tribune où je monte pour la première fois, et lorsque tant d'orateurs en ont déjà rendu l'abord si difficile ; mais d'autres motifs devaient me déterminer, et ceux-là me rassurent.

Appelé par ma position à connaître de tout ce qui touche à l'importante discussion ouverte devant vous, j'ai pu penser qu'en parlant sur une matière depuis vingt-cinq ans l'objet presque exclusif de mes études et de mes travaux, je remplirais un devoir que d'avance la Chambre m'avait imposé, et que rendaient encore plus nécessaire les motifs de convenance qui ont déterminé M. le commissaire du roi, directeur général des forêts, à ne point prendre la parole dans la discussion générale. D'ailleurs, comme le sujet qui nous occupe est un de ceux qui ne demandent rien à l'imagination ou à l'éloquence, et voulant y apporter surtout des intentions droites et une entière franchise, si quelques lumières peuvent sortir de ce que j'ai à dire, j'aurai toujours assez bien dit ; pour tout le reste, c'est en l'indulgence de la Chambre que je me confie. Examiner ce qu'étaient autrefois les forêts ; combien elles se sont successivement réduites, ce qu'elles sont de nos jours ; de quelle importance il est pour le pays de conserver et améliorer ce qui nous en reste ; les inquiétudes et les mesures dont, à diverses époques, elles ont été l'objet ; si un nouveau code était nécessaire ; si celui qui vous est présenté aura l'effet qu'on en attend ; enfin, si les exceptions qu'il consacre sont indispensables et suffisamment justifiées, voilà, messieurs, ce que je me propose.

Ce n'est plus assez de connaître ce que sont aujourd'hui nos forêts, ce que nous en possédons ; il faut encore savoir ce que nous en avons perdu, et comment ; car, ou je m'abuse, ou c'est là, et là surtout, que nous devons trouver de graves et utiles leçons pour conserver ce qui nous reste.

Sous ce point de vue, trois périodes bien distinctes se partagent leur histoire.

Dans les premiers temps de la monarchie, nous les voyons disputer pour ainsi dire le sol à une population à demi nomade, qui y pénètre de toutes parts pour asseoir, étendre ou assurer ses établissemens. Et un seul trait peut suffire à caractériser cette époque reculée. Au temps de Charlemagne et de Louis-le-Débonnaire, alors que durant quatre siècles les guerres intestines et étrangères, les invasions prolongées des Huns et des Maures, avaient porté partout l'incendie et la destruction, ces deux princes encourageaient les défrichemens ; leurs capitulaires de 802 et 847 en font foi.

Du neuvième au quatorzième siècle, l'invasion des Normands, les calamités de tout genre dont le pays fut affligé sous la seconde race, achèvent le tableau de cette période, qui nous conduit jusqu'à Philippe-le-Bel.

Dans ce long intervalle, l'absence de réglemens généraux sur les forêts atteste qu'elles furent peu l'objet de la sollicitude du gouvernement. Mais, en 1302 et 1318, parurent des ordonnances qui apprennent qu'enfin le moment d'une inquiète prévoyance était venu.

C'est ici, messieurs, que commence la seconde période.

C'est ici que se présentent, avec les temps calamiteux du règne des Valois, de nouvelles invasions, de nouvelles guerres, traînant toujours à leur suite cet incendie destructeur qui, selon l'énergique expression de Mézeray, *faisait flamber le royaume.*

C'est ici que prennent leur origine ces nombreuses ordonnances de police ou de réformation des forêts, qui signalent, de règne en règne, et l'intensité toujours croissante du mal, et l'impuissance des efforts tentés pour le suspendre ou l'affaiblir.

Sans nous engager dans l'examen d'une législation qui ne peut plus rien pour nous, ne dédaignons pas, messieurs, d'y jeter un coup-d'œil : les préambules de plusieurs de ces réglemens, exposés naïfs et fidèles des circonstances qui les firent naître, pourront encore nous éclairer.

Après Philippe-le-Long, nous trouvons, dans l'ordre des temps, un acte du roi Jean, où il est parlé *des grands outrages et défaut de bon gouvernement ès forêts de son royaume.*

En 1388, Charles V dit que *çà et en arrière, les forêts ont été petitement visitées et grandement foulées et endommagées.* En 1442, Charles VI reconnaît le besoin d'ajouter encore aux sages réglemens de son père.

Mais, durant plus d'un siècle, de Charles VI à François 1er, l'affaiblissement ou le silence de l'autorité laissent les forêts sans protection. Toutes les causes de ruine s'étendent et s'aggravent.

Avec François 1er arrivent de meilleurs jours. Sous son règne, l'histoire des forêts prend tout-à-coup une nouvelle face : on touchait encore au chaos, mais l'ordre allait renaître et s'affermir.

Jusque-là, l'autorité des réglemens ne s'était étendue qu'aux bois de la couronne et à ceux du domaine. François 1er, *informé qu'au grand détriment de la chose publique et de ses sujets, la ruine et la dé-*

population allaient toujours croissant, non-seule-ment ès foréts royales, mais encore en tous les autres bois et foréts du royaume, se hâta d'y pourvoir.

Pour la première fois, les nouvelles ordonnances furent rendues applicables *aux foréts des princes, prélats, églises, seigneurs, nobles, vassaux et autres.*

C'est surtout sous les règnes de Henri II , de Fran-çois II et de Charles IX , que le système restrictif prit consistance et se développa. Il ne fut plus permis aux particuliers de couper avant dix ans , et l'obli-gation de certaines réserves leur fut imposée. Les communes durent laisser croître en futaie une por-tion de leurs bois, dont Louis XIV fixa définitive-ment l'étendue au quart de la masse.

En nommant Louis XIV , messieurs, j'ai déjà ramené votre attention sur une ordonnance fa-meuse, l'un des monumens de son époque, huit ans méditée par le ministre du grand roi , et tout à-la-fois si bien appropriée aux besoins du temps, si fortement empreinte d'une haute prévision de l'avenir , qu'après un siècle et demi , au milieu des mille vicissitudes de notre fortune et de notre légis-lation , elle est restée debout et presque entière.

Et certes , messieurs, ce n'est pas dans cette en-ceinte que je pourrais hésiter à m'en exprimer ainsi, lorsque naguère encore les paroles descendues du trône ont rendu un si éclatant hommage à cette œuvre du génie de Colbert, qui, échappé à la plus rude tourmente, se montre à nous aujourd'hui comme le faîte d'un vaste édifice que les outrages du temps n'ont pas épargné, mais qu'ils n'ont pu détruire.

Ce beau réglement de 1669 a été à son origine le premier et le seul obstacle devant lequel l'esprit de destruction ait enfin consenti à s'arrêter.

Plus tard et progressivement il a reconquis aux grandes cultures forestières près de 100,000 hectares de terrein, que de si longs désordres avaient condamnés à la stérilité; et à cent cinquante ans de là nous en ressentons encore les heureux effets.

Non cependant que je prétende, messieurs, attribuer à ce réglement une perfection chimérique, que je ne lui ai jamais accordée, et que comportent d'ailleurs si peu les œuvres humaines. J'avouerai même, tout en reconnaissant le bien qu'il a fait, et qui ne saurait être contesté, j'avouerai qu'à mes yeux du moins il a produit un mal réel, celui d'avoir créé une routine étroite qui a mis obstacle aux progrès de la science forestière, et de nous avoir coûté la perte de 150,000 hectares de nos plus riches futaies, successivement converties en taillis par l'appât du plus grand produit actuel.

C'est dans cet état d'appauvrissement que nous surprirent les premiers jours de nos troubles. Ils ouvrent la troisième période.

Ici , messieurs , tous les faits vous deviennent familiers , et ma tâche est plus facile.

Acteurs ou témoins de cette grande scène politique, si tant d'autres évènemens qui s'y sont produits ont plus puissamment maîtrisé votre attention , aucun de vous n'a pu rester étranger à nos désastres forestiers : ils y ont aussi marqué leur place ; et , pour vous les retracer , il me suffirait peut-être d'invoquer vos souvenirs.

Mais dès long-temps une main plus exercée avait pris soin d'en préparer le tableau ; et quand je l'emprunte ici au rapporteur de l'une de nos assemblées républicaines , dont aucun préjugé d'Etat ou de position ne peut faire suspecter les paroles , vous reconnaîtrez , je n'en doute pas , que je veux surtout être sincère dans l'appréciation des faits qui doivent nous éclairer. Voici, messieurs , comment s'exprimait , en l'an VII (1799), au conseil des Cinq-cents , le rapporteur d'une commission spéciale chargée de préparer un projet de Code forestier.

« Au moment du réveil de la liberté , la licence se plaça à côté d'elle pour défigurer son image. Alors on vit des citoyens de bonne foi se servir des armes que la conquête de la liberté avait mises dans leurs mains pour repousser les gardes et dévaster les forêts. La malveillance leur avait persuadé que les bois nationaux étaient dévenus le domaine de tous, et que la propriété rendue à quelques communes entraînait avec elle une jouissance affranchie de toutes les règles auxquelles elle avait été assujétie.

« L'Assemblée constituante voulut arrêter ces excès. Inaccessible à la crainte de se dépopulariser, elle prit les mesures les plus sévères pour mettre les forêts à l'abri des voies de fait qui les menaçaient d'une prompte destruction. Mais elle en confia la surveillance aux municipalités; elle les autorisa à constituer prisonniers les hommes pris en flagrant délit, et cette disposition fit croire à un grand nombre d'entre elles qu'elles étaient investies du pouvoir d'administrer les forêts : les gardes furent écartés, les agens forestiers méconnus; les municipalités ne furent pas assez fortes par elles-mêmes pour arrêter les délits, et les plus grands désordres furent la suite de cette attribution inconsidérée.

« D'un autre côté, plusieurs districts, plusieurs administrations départementales, destituèrent les anciens agens, nommèrent des conservateurs provisoires, ordonnèrent des coupes extraordinaires, permirent le pâturage dans les forêts, et autorisèrent les communes à se faire délivrer leurs bois par les juges-de-paix. Tel agent forestier était remplacé par un district, et avoué par un autre; en sorte qu'il régna dans cette partie une telle confusion, que l'autorité supérieure resta sans communication avec les nouveaux agens, et ignora jusqu'au titre qu'elle devait leur donner.

« Les dégâts résultant d'un tel ordre de choses ne

sont pas le seul mal sur lequel nous ayons à gémir. Le pillage a démoralisé une grande partie des hommes qui s'y sont livrés, et l'impunité leur en a fait contracter la dangereuse habitude.

« A ces causes premières des dégradations, qu'ont éclairées les plus beaux jours de la révolution, d'autres ont succédé, et, par une fatalité qui semble s'être attachée aux propriétés nationales les plus précieuses, l'intérêt général a été le prétexte des dégradations dont elles sont devenues la proie.

« La coupe extraordinaire ordonnée par la loi du 13 pluviose an II, a fait aux forêts une plaie que l'on ne peut espérer de voir cicatriser de sitôt.

« La loi du 29 septembre 1791, qui laisse aux citoyens la libre disposition de leurs bois; celles des 13 novembre et 28 ventose an IV, qui permettent l'aliénation de ceux de trois cents arpens et au-dessous, en ont fait disparaître une quantité prodigieuse du sol de la France.

« Mais de toutes les dévastations qui se sont commises au nom de la loi, il n'en est pas qui aient porté plus de préjudice aux forêts que celles qui ont été la suite des opérations des agens de la marine. Le décret du 27 juillet 1793, qui les a autorisés à marquer dans les forêts nationales tous les bois propres à la construction des vaisseaux, a été l'arme meurtrière à l'aide de laquelle ils ont abattu sans règle, sans mesure, sans précaution, les arbres de la plus belle espérance.

« Il est possible, comme on l'assure, que les circonstances difficiles dans lesquelles on s'est trouvé, aient forcé de confier l'exécution du décret du 27 juillet 1793 à des hommes étrangers à la marine; mais il n'en est pas moins vrai que des martelages faits sans discernement sur des arbres qui tombaient de vétusté ou qui n'avaient pas atteint leur maturité, des exploitations réitérées sans besoin, sans moyens de transport, ont eu les suites les plus funestes, et que la plupart des bois abattus sont gisans sur place, pourrissent sous la feuille, et prolongent, en nuisant à la renaissance du taillis, le dommage irréparable dont ils ont été l'objet.

« Il est aisé de se convaincre, en jetant les yeux sur ce tableau déchirant, qu'aucune partie de l'administration publique n'a autant souffert de la révolution que celle des forêts nationales. »

Voilà donc jusqu'où nous étions tombés en l'an VII, à la suite du bouleversement général.

Si depuis long-temps le retour de l'ordre et le raffermissement de l'autorité ont sauvé les forêts de leur ruine, ils n'ont pu les défendre d'une autre cause d'appauvrissement.

A ces entreprises violentes, à ces coupes si multipliées, si abusives, qui n'étaient elles-mêmes qu'un pillage plus destructeur; à cette absence d'ordre, de police, de répression, ont succédé, pour les forêts de l'État, les approvisionnemens extraordinaires des places, des arsenaux et des armées, les besoins sans mesure du trésor, les aliénations;

Pour celles des communes, des besoins aussi, et des besoins excessifs, nés de leur imprévoyance passée, de leur détresse présente;

Pour les bois des particuliers, les exigences impérieuses du malheur, et avec elles la dévorante avidité des spéculations.

Partout enfin les ravages de la guerre et les désordres qu'elle entraîne s'y sont joints; et c'est au milieu de tous les élémens du repos et de la prospérité que notre situation forestière s'est encore aggravée.

Ainsi, messieurs, nous avons vu dans les premiers âges de la monarchie les forêts, cernant de toutes parts la population, lui disputer le sol et mettre obstacle à son industrie et à ses labeurs.

Aujourd'hui, cette population, après avoir poussé les forêts devant elle, tend à les refouler jusque sur les sommités que le climat lui rend encore inaccessibles, et à ne leur laisser, en quelque sorte, que ce que la dent des troupeaux ne peut atteindre, ou ce que le soc de la charrue se refuse à envahir.

C'est dans cet état de choses, messieurs, que vous êtes appelés à délibérer sur un nouveau Code.

Ce Code était-il nécessaire? ce Code satisfait-il à tout ce qui l'a rendu nécessaire?

Ce sont là les questions qui restent à examiner et à résoudre.

On s'accorde généralement à reconnaître que, prise dans son ensemble, la législation forestière est tout à-la-fois incohérente et incomplète. D'autres rapports s'étant établis, les habitudes aussi bien que les mœurs ayant changé avec les institutions en plusieurs points, elle a cessé d'être applicable ; ce qui le plus souvent favorise l'impunité et nuit à la répression.

La propriété, l'administration, les magistrats, tous avaient un égal intérêt à sortir de cette espèce de chaos.

Le Code était donc nécessaire. Sur l'autre point, messieurs, je ne saurais m'attendre à la même unanimité.

Le problème venant à se compliquer, les opinions se divisent, et c'est ici que la controverse va s'établir.

Quelques-uns consentiront sans peine les conditions mises aux usages, la tutelle imposée aux communes, mais demanderont un affranchissement plus complet de la propriété et une moins sévère répression.

D'autres, au contraire, se montrant assez faciles sur les restrictions et la pénalité, réclameront plus d'indépendance, et peut-être une entière indépendance, pour les communes.

Ceux-ci se résoudront malaisément au sacrifice de quelques privilèges accordés à l'industrie ; ceux-là, au réglement obligé ou à la limitation des droits d'usage.

Mais au-dedans comme au-dehors de cette Chambre, et pour tous, messieurs, l'importance de la discussion, l'intérêt et la vivacité des débats, viendront se concentrer dans les trois questions fondamentales que j'aborde.

Les exceptions, les communes, la pénalité. A ce mot *d'exception* (et j'ai dû le pressentir), les scrupules, les doutes, les répugnances se font jour ; une attention plus vive semble se manifester.

Père de famille, propriétaire de bois, appartenant, par mes relations et ma fortune, à l'une des contrées les plus industrieuses du royaume, comme vous je repousse de tous mes efforts toute exception qu'aucun intérêt ne réclame, qu'aucune nécessité ne justifie.

Mais il en est d'autres que le bien général commande et dont il y a prudence à ne pas le frustrer : les sacrifices qu'elles imposent étant de ceux que l'individu doit à la société en échange de la protection qu'il en reçoit, comme elles prêtent secours à l'intérêt de tous sans porter dommage réel aux droits d'aucun, en tout temps la sagesse les avoue et peut même les conseiller.

Je dirai plus, messieurs, et je croirai ne pas trop dire : la société tout entière ne se constitue et ne subsiste que par des exceptions.

Où que vous portiez vos regards, dans la famille, dans l'Etat, dans la vie publique, dans la vie privée, vous les retrouverez partout.

Deux dispositions principales prises hors du droit commun, le droit de martelage réservé à la marine, et la prohibition du défrichement, restreinte, mais maintenue, ont surtout été controversées, et pour les combattre, les susceptibilités de l'intérêt privé, s'aidant de l'esprit de système, n'ont dédaigné aucun secours.

Pour écarter la prohibition, on a plus spécialement argué de cette faculté d'user et abuser, constitutive du droit de propriété, et l'on a dit que la raison aussi bien que l'équité s'opposaient à ce qu'un particulier ne pût pas disposer d'un terrein planté en bois aussi librement qu'il dispose d'une vigne, d'une prairie, d'un champ de maïs ou de blé.

Personne plus que moi ne respecte ce principe, et ne met un intérêt plus sincère à ce qu'il ne soit jamais compromis : mais, abstraction faite de tant de motifs d'un ordre plus élevé devant lesquels il doit fléchir, qui ne voit, messieurs, qu'on s'égare ici dans l'application, et qu'il n'y a réellement aucune parité à établir entre des cultures dont quelques mois suffisent à mûrir et à récolter les fruits, et cette autre culture qui, soumise à toutes les chances d'une incertaine et lente reproduction, n'accorde ses produits qu'à de longs intervalles ?

Une considération plus décisive se présente.

Comme objet de première nécessité, les bois ne sont plus seulement d'intérêt privé ; la société tout entière a droit à leur conservation : elle peut et doit donc y veiller, dans l'intérêt de tous ; car ici les besoins de tous deviennent forcément la suprême loi.

Ce qui n'est pas moins incontestable, c'est que déjà, et depuis long-temps, et en tout genre, les produits ont cessé d'être au niveau de la consommation.

A une époque où, dans l'état de presque nullité de notre marine marchande, on calculait à sept millions de pieds cubes les bois employés pour l'entretien de nos constructions maritimes (en l'an IV et en l'an V), le déficit annuel du bois de feu seulement, y compris la consommation des usines existantes, était évalué à 2,620,600 cordes.

Depuis lors, messieurs, notre marine marchande a repris son utile activité, notre marine militaire s'est accrue; les usines, les manufactures se sont multipliées; le luxe des constructions et des chauffages s'est étendu : et cependant de nouveaux défrichemens ont eu lieu ; un million d'hectares restitués ou aliénés se sont dégarnis de leurs plus précieuses futaies; les nécessités et les ravages de la guerre nous ont encore appauvris.

Faut-il vous dire que nous n'en sommes plus aujourd'hui à pouvoir prendre pour point de départ le déficit signalé en l'an V ?

Je ne m'arrêterai pas davantage à la possibilité de nous réduire à ne brûler que de la houille.

On a déjà tenté un emploi plus étendu de ce combustible, auquel le prix très élevé du bois et l'espèce de charlatanisme qui se mêle à tout ce qui est nouveau, semblaient un moment avoir acquis faveur; le succès n'a pas eu de durée, et je m'en étonne peu.

Si tout y pousse chez nos voisins, chez nous tout y répugne : ce ne serait donc là qu'un sacrifice imposé à tous dans l'unique avantage de quelques-uns, et ce n'est pas dans de telles hypothèses qu'on peut chercher les élémens d'une bonne loi.

Voilà, messieurs, sans exagération et sans détour, les véritables données de la question qui vous est soumise; vous n'ignorez plus rien de ce qui peut vous aider à la résoudre; et si, comme moi, vous avez la profonde conviction que désormais nous ne pouvons plus défricher un hectare de bois sans ôter l'abri et le feu à une famille, vous l'avez déjà résolue.

Entre trop interdire et tout permettre, il y a des tempéramens que la prudence accueille, que souvent elle conscille: l'habileté consiste à les choisir.

Le droit de martelage réservé à la marine a trouvé de non moins rigides censeurs.

Vous approuverez sans doute que je m'abstienne d'entrer en lice avec ceux qui nous promettent des vaisseaux en fer, et je ne sais quelle longue suite d'autres merveilles que l'industrie se charge d'enfanter.

Mais on se prévaut de l'exemple de l'Angleterre et de la Hollande qui, toutes deux dépourvues de forêts, ont créé et entretenu des marines formidables ; d'où l'on arrive à conclure que, notre approvisionnement pouvant se faire de même par la voie d'un commerce libre, rien ne justifie plus cette espèce de servitude imposée à la propriété.

Ici il faut répondre.

Et d'abord il y a dissemblance complète entre les positions.

Mais, les positions fussent-elles semblables, pour que ce fait exact devînt concluant, il faudrait établir qu'avec la possession d'une vaste masse de forêts sur leur territoire, la puissance maritime de ces deux pays ne serait ni plus solide ni plus assurée contre les retours de fortune.

Les Anglais eux-mêmes n'ont pas été les derniers à reconnaître qu'en cela leur constitution maritime est menacée dans son principe vital! et ils se le dissimulent si peu, que depuis vingt ans ils travaillent avec persévérance à se recréer sur leur territoire des ressources forestières.

L'un d'eux, M. Knowh, dans son ouvrage sur la conservation des vaisseaux, nous révèle la sorte d'avertissement qui les y a conduits à une époque où, sur les mers, leur prépondérance était loin de décliner.

En 1807, selon cet auteur, le blocus continental avait mis de tels obstacles aux approvisionnemens de l'Angleterre, qu'elle fut contrainte de les compléter avec les bois du Canada. Mais ceux-ci se trouvèrent de si mauvaise qualité, que, dans le court intervalle de cinq années, tous les bâtimens qu'ils avaient aidés à construire furent reconnus en état de détérioration.

Avec un immense matériel à entretenir ou à renouveler, que fût-il donc advenu pour elle si la France,

moins oublieuse de ce qui avait fait une si belle portion de sa gloire sous Louis XIV, et venant tout-à-
coup à mettre dans la balance l'action d'une puissante marine, avait pu disputer alors à la riche et
superbe Angleterre les accès de ce Canada où la re-
foulait avec tant de désavantage son exclusion des
autres marchés du continent.

Vous le voyez, messieurs, il n'y a absolument
rien à conclure de l'exemple qu'on oppose, sinon que,
dans une position et des circonstances données, il est
possible de créer et d'entretenir une marine, encore
que l'on ne possède pas de forêts.

Deux faits décisifs, et hors de doute aujourd'hui,
dominent toute cette discussion.

1° Les forêts de l'Etat, de la couronne et des communes, réunies, sont insuffisantes pour assurer les
services publics et la consommation privée.

Pour les bois de service surtout, l'insuffisance est
telle, que, malgré la ressource de ses martelages dans
les bois des particuliers, la marine est réduite à chercher au-dehors une partie de ses approvisionnemens.

2° Au-delà de certaines limites que la difficulté
d'abriter les bois et de les conserver sains rend très
étroites, des approvisionnemens de prévoyance ne
sont plus possibles et cessent d'être profitables.

Négligés ou méconnus, ces faits peuvent avoir les
conséquences les plus graves, que la sagesse vous
commande de prévenir.

On voudrait néanmoins que le droit de martelage

fût retiré à la marine, et que le commerce demeurât seul chargé d'approvisionner ses chantiers.

Je n'ignore pas, messieurs, que les martelages de la marine ont donné lieu à beaucoup d'abus, qu'ils ont excité de vives plaintes, souvent exagérées, il est vrai, mais rarement sans motifs réels; et c'est pour avoir vu les choses de très près et pour les bien connaître, que j'appelle de tous mes vœux le moment où la propriété des particuliers sera affranchie de cette servitude.

Mais je sens aussi que le moment de ces concessions desirables n'est point arrivé, et que, dans notre situation actuelle, il y aurait plus que de l'imprudence à se conduire comme s'il était venu ou même prochain.

Si, à beaucoup d'égards, le titre VI du projet de loi appartient encore à un régime d'exceptions, nous avons du moins quitté le terrein difficile de la propriété privée, et ces mots *communes, établissemens publics,* nous avertissent qu'il ne s'agit plus d'individus, mais de réunions ou de corps d'individus placés sous une tutelle nécessaire et permanente qui, relativement aux forêts dont l'administration matérielle exige une pratique et des connaissances spéciales, a dû être déléguée à des agens spéciaux.

Plusieurs cependant inclinent à penser que la libre administration de leurs bois devrait être laissée aux communes, comme celle de toute autre partie des biens communaux, et, concluant ainsi par induction de la propriété privée à la propriété communale, semblent attribuer aux communes cet esprit d'ordre, de conservation et de prévoyance que les particuliers n'ont pas toujours, mais qu'eux seuls peuvent avoir.

Vous avez vu, messieurs, quelle était à cet égard l'opinion de M. Poulain-Grandpré, député d'un département riche en bois communaux, et qu'à coup sûr on ne soupçonnera pas d'avoir voulu attaquer les intérêts ou les droits des communes.

Ce qu'exposait en l'an VII le rapporteur du conseil des Cinq-cents, M. le commissaire du roi a pris soin de le confirmer, et vous a dit à son tour que les communes avaient profité des désordres de la révolution et de l'insuffisance de la législation, pour anticiper les coupes de leurs bois, pour les livrer aux désastreux abus du pâturage, et pour effectuer aussi de nombreux défrichemens.

Inclinerez-vous à croire que tant d'incurie n'appartient qu'à des époques de confusion et de troubles? Non, messieurs, pour qu'elle se reproduise, il suffit que les ressorts de l'autorité se relâchent ou s'affaiblissent; et, hors de quelques points où l'administration forestière trouve tous les genres de secours et son principal appui dans la prudente sollicitude, dans le zèle éclairé de MM. les maires, ce dont elle a encore le plus à se défendre, ce qui pour elle met le plus d'entraves à la fructueuse gestion des bois communaux, c'est toujours cet incurable oubli du lendemain; c'est cette tendance opiniâtre aux anticipations, qui, sur le plus léger prétexte, et partout, et sans cesse, porte les communes à vouloir attaquer ce que leur imprévoyance a déjà si fort appauvri.

Avouons-le, d'ailleurs, il doit en être ainsi de toute indivision, où chacun étant appelé à jouir sans posséder, les individus ne sacrifient qu'avec peine ce présent qui est tout pour eux, à un avenir qui n'est réellement quelque chose que pour la masse.

Aucune préoccupation d'Etat ne m'abuse, messieurs, et c'est dans la sincérité de ma conviction que je le dis : rendre aux communes la libre administration de leurs bois, ou même seulement priver plus ou moins l'autorité forestière des moyens d'en assurer la bonne gestion, ce serait les condamner à une prochaine et affligeante détresse, et encourir le blâme de n'avoir pas su la prévenir.

Mais cette question, je la crois déjà résolue dans votre esprit comme dans celui de tous les hommes éclairés ; aussi ai-je quelque peine à comprendre quel a pu être le but de votre commission en vous proposant d'introduire dans le titre VI des modifications qui tendent à affaiblir le principe sur lequel il s'appuie, ou qui du moins en rendraient souvent l'application illusoire ; et, sur ce point comme sur quelques autres, je me réserve de vous soumettre au besoin des observations spéciales, lorsque nous en serons venus à discuter les articles.

Les titres X, XI et XII, embrassent ce qu'il y avait peut-être de plus difficile à aborder dans la conception de la loi, et leur importance est universellement sentie.

Mais dans ce qu'ils ont à régler, l'intérêt général ne demande rien qui ne puisse aider aussi à l'intérêt privé; ils seront donc bien moins débattus.

Le besoin d'une efficace répression n'est mis en doute par personne.

On s'accorde encore à reconnaître qu'il faut éviter le double écueil des peines trop fortes, qui favorisent l'impunité; des peines trop faibles, qui l'assurent et deviennent de véritables primes aux délits.

On a reproché à l'ordonnance de 1669 l'énormité de ses peines et sa fiscalité; on ne s'est pas assez reporté au temps où elle a été rendue : on ne s'est pas assez rappelé combien toutes ses rigueurs étaient devenues nécessaires. Mais le reproche de fiscalité surtout ne peut lui être adressé. Qu'on examine attentivement la gradation des peines qu'elle prononce, et l'on reconnaîtra que celles qui nous paraissent le plus exorbitantes s'appliquent principalement à ce qui intéresse l'avenir, à ce qui compromet la reproduction.

Ainsi à l'enlèvement des graines et des plantes, qui en fait disparaître les germes et la première espérance;

A celui des terres, qui l'attaque dans sa source par le bouleversement et la destruction du sol;

A celui des feuilles, qui prive le sol d'un engrais fertilisant, et les germes, d'un abri protecteur;

Au faucillage et au pâturage, qui ruinent en un instant cette reproduction déjà assurée;

Au feu, enfin, qui détruit à-la-fois toute repro-duction et tout produit.

Si les forêts doivent périr, c'est par le pâturage qu'elles périront, et la hache n'y aura que peu aidé.

Ce n'est donc pas sans de justes motifs que toutes les rigueurs de l'ordonnance portent sur ces sortes de délits.

Aurait-elle dépassé le but et poussé la sévérité trop loin? Je n'entrerai pas, messieurs, dans l'examen de cette question délicate; mais ce qui m'est démontré, et ce que je dois dire, c'est qu'il y a danger, et imminent danger, à se jeter dans l'excès contraire.

A cet égard, le projet du Code me paraît conçu dans un trop grand esprit d'indulgence, et il est à craindre que les moyens de répression, qu'il a beaucoup trop affaiblis, ne deviennent, entre les mains de l'administration, une arme impuissante contre le plus fréquent et le plus destructeur de tous les délits.

Je vous ai, messieurs, franchement exposé mon opinion sur les choses; il me reste maintenant à remplir un devoir de conscience et de position envers les personnes.

Le régime forestier touche à tant d'intérêts, et y touche par tant de points; les attributions qui s'y rattachent sont de telle nature, qu'en faisant une large part aux griefs les mieux fondés, partout les agens chargés de cette partie des services publics ont dû se trouver en butte à d'injustes préventions ou à d'active animosité.

Sans parler de quelques insinuations qu'un examen plus consciencieux leur eût sans doute épargnées, y a-t-il vérité ou justice à ne voir dans les agens forestiers, *comme on l'a dit*, que des hommes appliqués au seul soin de grossir l'épargne publique et s'endormant au branle de leur obscure routine.

Non, messieurs, ils ne se sont point endormis : on leur a, au contraire, imposé d'assez rudes veilles, et il n'a pas tenu à eux qu'on en retirât de meilleurs fruits.

Pris en grand nombre et comme au hasard dans des conditions si diverses, privés de l'appui qu'ils eussent trouvé dans une instruction spéciale qu'ils n'ont pu acquérir qu'avec le temps . ils n'ont eu d'abord de moyens que pour un genre de bien, et celui-là ils s'y sont voués sans réserve : ils ont veillé pour l'avenir ; ils ont conservé.

J'en appelle avec confiance à tous ceux que des jours de réconciliation et de paix ont remis en possession de leurs bois : qu'ils disent dans quel état prospère ils les ont retrouvés. Et je dirai à mon tour que conserver dans ces temps difficiles, c'était peut-être plus qu'améliorer.

Mais des fautes ont été commises, des abus graves ont eu lieu ; il s'est même trouvé des hommes assez malheureusement nés pour rendre leur influence fâcheuse en mêlant à tout l'inquiétude ou la rudesse de leur caractère. Soit ; mais qui cela peut-il accuser ? quelques hommes. Et de nos jours où tout cela ne

s'est-il pas rencontré? quelle partie de l'administration en a été exempte?

A la suite d'une révolution si fertile en désordres
de toute espèce, serait-il sage d'imputer à tous, les
torts de quelques-uns? et comme nation, quel
triste spectacle ne nous serions-nous pas à nous-
mêmes et aux autres, si nous nous laissions aller à
faire des griefs contre les individus, un préjugé ou une
accusation contre la masse!

Ce que la sagesse nous commande, c'est de faire
mieux que le passé, sans nous montrer ingrats envers
lui, et de nous dépouiller de nos préventions d'un
moment, lorsqu'il s'agit de stipuler pour l'avenir.

Une loi, et surtout un code, dispose pour plus
d'un jour. Les hommes dont on se plaint disparaî-
tront; la loi qui se prépare restera. Ne la faisons donc
ni pour eux ni contre eux; mais faisons-la pour le
pays.

En retrouvant dans l'histoire des forêts de la France
tant de monumens de la sollicitude de nos rois, nous
avons vu les plus remarquables d'entre eux succédant
toujours à quelqu'une de ces grandes calamités qui
menacent de tout livrer au même naufrage.

Et aujourd'hui, parvenus au terme d'une cata-
strophe presque sans exemple, à peine relevés de ce
long désastre qui, après avoir mis à nu les fondemens
de la monarchie, semblait nous séparer à toujours
des nobles fils du saint roi; aujourd'hui, messieurs,
c'est encore aux descendans du héros de Damiette et

de Massour, c'est à ses Bourbons que la France doit l'un de ces actes réparateurs auxquels s'attachent la reconnaissance et le respect des peuples.

Je vote pour le projet de loi, en me réservant de combattre au besoin ceux des amendemens de la commission qui me semblent affaiblir plus ou moins les principes que le Code a eu en vue de consacrer ou de faire prévaloir.

RÉSUMÉ

De la Discussion générale du projet du Code forestier à la Chambre des députés, par M. le baron Favard de Langlade, *Rapporteur*. (Séance du 21 mars 1827).

LE Code forestier, bien conçu avant sa présentation, amélioré, nous sommes autorisés à le répéter, par les amendemens de la commission, n'a point heureusement rencontré d'adversaires dans cette Chambre. Un petit nombre d'orateurs s'est fait inscrire, et ceux mêmes qui ont parlé contre le projet, ont eu la loyauté d'en faire l'éloge. Aucun d'eux n'en a combattu la théorie, aucun d'eux ne l'a repoussée. Quelque divergence exprimée avec une modération toute parlementaire s'est manifestée sur les droits d'usage, sur le martelage de la marine, les bois des particuliers, la prohibition du défrichement et la nomination des gardes-forestiers. Les objections qu'on a faites à cet égard ont subi le double examen, et des conseils qui ont préparé la loi, et de votre commission elle-même qui les a écartées par les considérations que j'ai eu l'honneur de vous soumettre.

Que pourrai-je donc vous dire, dans un résumé, qui ne fût la répétition de ce que vous connaissez déjà ? Vous approuverez sans doute que, m'écartant de l'usage dans cette circonstance, je ne dérobe point, pour un travail superflu, le temps et l'attention que réclament plus utilement les articles du projet de ce Code. C'est lorsque la Chambre s'occupera des parties de ce Code auxquelles quelques reproches sont adressés, que les membres de votre commission s'empresseront de défendre, s'il en est besoin, les amendemens qu'elle a eu l'honneur de vous proposer.

CHAMBRE DES DÉPUTÉS.

Extrait de la discussion sur les articles. (1)
(Commencée à la séance du 21 mars 1827).

ARTICLE 1ᵉʳ.

Extrait du discours de M. Descordes.

AUJOURD'HUI on entend par *domaine de la couronne* la portion du domaine public qui fait partie de la liste civile, et dont les revenus se versent au trésor de la couronne elle-même; et par *domaine public,* les biens qui appartiennent à l'Etat, et dont les revenus se versent au trésor.

---

(1) Cet extrait contient 1° la mention des amendemens de la commission, qui ont été rejetés ou qui ont reçu des modifications. Nous ferons observer que tous les autres amendemens ont été adoptés. 2° Les amendemens qu'a fait naître la discussion, avec cette différence, quant aux propositions rejetées, que l'on s'est borné à faire mention du rejet, tandis qu'on a joint aux autres les motifs qui les avaient dictées.

Cette distinction, ce me semble, a été méconnue par la commission. En adoptant la proposition telle que l'avait faite le gouvernement, vous laisserez à la loi de 1814 son entier effet; vous ne porterez aucune atteinte à la dotation de la couronne en laissant subsister le mot *domaine de la couronne* par opposition au mot *domaine public*, par la raison bien simple que le revenu des biens composant le domaine public est versé au trésor public, tandis que le revenu des autres est versé dans le trésor de la couronne.

Je demande que la Chambre s'en tienne au projet et qu'elle rejette le premier amendement de la commission.

Le premier amendement de la commission est mis aux voix et rejeté à une très grande majorité.

ARTICLE II.

M. Méchin propose le sous-amendement suivant : « Nul ne peut remplir un emploi forestier s'il n'a « vingt-un ans; et à partir du grade de garde-général, « s'il n'est âgé de vingt-cinq ans ». Ce sous-amendement est mis aux voix et rejeté.

ARTICLE III.

M. Bourdeau. Il devrait y avoir incompatibilité entre les fonctions de garde et tout autre service salarié.

M. de Martignac, commissaire du roi. L'art. 4 du projet est entièrement conforme aux dispositions de l'ordonnance de 1669 et de la loi de 1791. Cet article est conçu dans des termes généraux, et de manière à comprendre tout ce qu'il est nécessaire de prévoir. Je ne crois pas qu'il soit possible de trouver des expressions plus générales et plus précises.

M. Méchin propose qu'on excepte les conseils d'arrondissement et les conseils généraux de département. Cet amendement est rejeté.

ARTICLE IV.

M. de Cuny a proposé d'ajouter la disposition suivante :

« Les gardes-forestiers et les gardes à cheval, pré-
« venus de crimes ou délits commis dans l'exercice
« de leurs fonctions, seront poursuivis et traduits dans
« les formes communes à tous les autres particuliers,
« sans autorisation préalable. »

« Seulement, lorsque le juge d'instruction aura
« décerné un mandat de dépôt, il sera tenu d'en in-
« former dans les vingt-quatre heures l'inspecteur fo-
« restier de l'agent poursuivi. »

Cet amendement est rejeté.

ARTICLE XVI.

M. Périer présente une disposition additionnelle conçue en ces termes :

« Lorsque dans l'intervalle d'une session il aura été
« fait dans les bois de l'Etat des coupes extraordi-
« naires quelconques ou des coupes de quarts en ré-

« serve ou de massifs réservés par l'aménagement pour
« croître en futaie, l'ordonnance spéciale du roi en
« vertu de laquelle ces coupes auront été faites, devra
« être présentée aux Chambres à la plus prochaine
« session, pour être convertie en loi ». Cette disposition n'est point adoptée.

Proposition de *M. Hyde de Neuville.*

« Il sera rendu compte de ces opérations aux
« Chambres dans leur plus prochaine session. »

Cet amendement est mis aux voix et rejeté.

La Chambre consultée adopte la disposition additionnelle présentée par M. de Kergariou, en ces
termes : « Cette ordonnance spéciale sera insérée au
« Bulletin des lois. »

ARTICLE XVII.

M. Devaux a proposé par amendement de substituer à ces mots: *dans les communes environnantes,*
ceux-ci : *aux deux marchés les plus voisins.*

L'amendement est rejeté.

ARTICLE XVIII.

M. Devaux a proposé par amendement, la disposition suivante :

« L'acquéreur sera puni d'une amende égale à celle
« qui aura été prononcée contre lesdits fonctionnaires
« et agens. »

L'amendement est rejeté.

ARTICLE XXI.

M. Reboul demande de supprimer les deux mots :

oncles et neveux, du deuxième paragraphe de la deuxième partie de l'article 21. Cet amendement est rejeté.

ARTICLE XXII.

M. *Devaux*. Par ces mots : *association secrète*, l'administration entend-elle proscrire les comptes en participation ?

M. *de Martignac*. Association secrète ou manœuvre frauduleuse tendante à nuire aux enchères : c'est ainsi que s'expliquent les mots, *association secrète*.

ARTICLE XXV.

M. *Devaux* a proposé de substituer dans cet article, aux mots *jusqu'à l'heure de midi du lendemain de l'adjudication*, ceux-ci : *jusqu'à l'heure du soleil couché du lendemain de l'adjudication.* Cet amendement n'a pas été appuyé.

ARTICLE XXX.

Aux mots : *de l'agent forestier local*, **M.** Devaux propose de substituer : *du garde-général*. Cet amendement n'est point appuyé.

ARTICLE XXXI.

M. *Devaux* a fait un amendement qui consiste à substituer à ces mots : *chaque adjudicataire sera tenu d'avoir*, ceux-ci : *chaque adjudicataire pourra être obligé d'avoir*. L'amendement n'est pas appuyé.

ARTICLE XXXIII.

M. *Devaux* propose d'ajouter après ces mots qui

commencent l'article : *l'adjudicataire sera tenu*, ceux-ci : *provisoirement et jusqu'à rectification.* L'amendement n'est pas appuyé.

ARTICLE XXXIV.

M. de Gillet propose d'ajouter après ces mots : *Il y a impossibilité de constater la dimension des arbres*, ceux-ci : « On aura recours, pour l'applica-« tion de l'amende au pied de tour, au procès-verbal « de martelage qui devra énoncer le nombre et la « circonférence des arbres réservés ». Cet amendement n'est pas appuyé.

M. de Cuny a proposé d'ajouter à la fin du second paragraphe, ces mots : *Par chaque pied d'arbre.* Cet amendement a été rejeté.

L'amendement de la commission a été rejeté par l'adoption pure et simple de l'article.

ARTICLE XXXVIII.

M. Devaux a proposé la disposition suivante : *sauf le recours de l'adjudicataire au conseil de préfecture.* L'amendement est rejeté.

ARTICLE XXXIX.

M. de Cuny propose de substituer à cette pénalité celle d'une amende de 20 à 40 fr., outre les dommages et intérêts. L'amendement n'est pas appuyé.

ARTICLE XL.

M. Devaux a proposé la disposition suivante :

*et en outre, la confiscation des bois restés sur pied,
ou gisans sur coupe.* L'amendement est rejeté.

ARTICLE XLI.

Après ces mots : *le mémoire des frais,* M. Devaux
propose d'ajouter ceux-ci : *après communication à
l'adjudicataire.* La Chambre rejette.

ARTICLE XLV.

M. Devaux présente un amendement consistant à
ajouter à cet article après les mots : *à l'agent forestier,* ceux-ci : *sous récépissé.* — **M. de Martignac.**
L'amendement est inutile; le récépissé est de plein
droit. Le rapport ne sera remis à l'agent forestier
qu'autant que celui-ci en donnera le récépissé. L'a-
mendement est rejeté.

ARTICLE XLVII.

M. Sébastiani. L'article 47 parle avec raison du
réarpentage et du récolement; mais cette opération
en suppose une autre qui doit précéder; c'est l'arpentage, c'est l'assiette, c'est le martelage; et aucune
disposition de ce genre ne se trouve dans la loi. D'un
autre côté, le premier paragraphe renferme une disposition trop vague. Les époques fixées pour débarrasser les bois l'ont toujours été au 15 avril ou au 15 mai;
cette fixation est éminemment conservatrice, et elle
n'est pas faite dans l'article. Il me semble que cet article devrait être revisé par la commission, qui fixe-

rait une époque pour le débardement, et qui intro-
duirait une disposition relative à l'arpentage et à
l'assiette. Je demande en conséquence que la Chambre
prononce ce renvoi.

M. de Bouthillier. L'ordonnance de 1669 avait dû
régler tout ce qui était de l'administration en même
temps qu'elle réglait ce qui était de la loi, parce qu'a-
lors le pouvoir législatif et le pouvoir administratif
étaient tout entiers dans les mains du roi. Il n'en est
plus de même aujourd'hui. Quand la loi sera promul-
guée, il y aura une ordonnance d'exécution. C'est
alors qu'interviendront les dispositions pour les assiettes, pour les coupes, pour les adjudications. Au
surplus, il y a dans l'article 29 une disposition qui
suffit pour rassurer l'orateur auquel je réponds. Cet
article dit qu'après l'adjudication il ne pourra être
fait aucun changement à l'assiette des coupes. Ainsi
il est bien établi qu'il y aura des assiettes et tout ce
que l'orateur demande ; le cahier des charges expli-
quera les conditions de l'adjudication. J'ajoute qu'on
ne peut déterminer dans la loi les époques des vi-
danges comme cela avait été déterminé dans l'ordonnance de 1669.

C'est, en effet, dans le cahier des charges que ce
délai doit être établi, parce qu'il doit varier suivant
les localités. On sent bien que ces époques ne doivent
pas être les mêmes dans le nord et dans le midi.

M. Méchin. Il est impossible, messieurs, que les
opérations du réarpentage et du récolement se fassent

le même jour, si l'on veut que les adjudicataires assistent à l'une et à l'autre. Comme il est desirable que le réarpentage soit connu avant de procéder au récolement, je voudrais qu'on dît dans l'article : *il sera procédé au réarpentage et ensuite au récolement.* Cette observation m'a été faite par un agent forestier très habile.

M. de Martignac. L'article dit qu'il sera procédé au réarpentage et au récolement. Il en résulte nécessairement que le réarpentage doit précéder le récolement.

L'amendement de M. Méchin est mis aux voix et rejeté.

ARTICLE LVIII.

La commission propose la nouvelle rédaction suivante. (Ç'est le contenu littéral de l'article.)

M. de Martignac. Je n'entends pas combattre l'amendement proposé par la commission, dans la nouvelle rédaction qui vous a été distribuée ; mais j'ai pensé qu'au moment où, par une disposition nouvelle, vous alliez donner aux tribunaux une attribution qui jusqu'à présent ne leur a pas appartenu, il était indispensable de donner des explications qui empêchent les cours appelées à prononcer, d'être induites en erreur.

Dans le projet, nous avons établi en principe que toutes les dispositions de cette nature qui auraient été faites en annulation des dispositions primitives

des ordonnances et lois existantes, devaient cesser
d'avoir leur effet. Et, par une faveur spéciale, le
projet de loi proposait d'accorder un délai de dix
années, afin de ne pas déposséder brusquement les
personnes qui sont en jouissance de ces droits. Nous
avons ajouté que si les porteurs de titres prétendaient
qu'ils n'étaient pas dans le cas prévu par le paragraphe 1er, c'est-à-dire que leur titre n'était pas
atteint par les prohibitions, nous les autorisions à
se pourvoir, dans les six mois, par-devant les tribunaux, pour réclamer l'exécution de leur titre.
Enfin nous avons dit que ceux qui faisaient valoir
leurs prétentions devant les tribunaux renonçaient
par là au bénéfice des dix années qui leur était offert
par la loi. La commission a trouvé cette disposition
trop rigoureuse; elle propose de faire jouir de ces
bénéfices les concessionnaires, lors même qu'ils auront plaidé contre l'administration pour soutenir la
validité de leur titre. Nous n'entendons pas le contester. La commission a ajouté un paragraphe conçu
en ces termes :

« Le gouvernement pourra affranchir les forêts de
« l'État. » (*Voy.* le rapport.)

La commission, dans son rapport, énonce que les
droits d'affectations avaient une analogie approxi-
mative avec les droits d'usage en bois. Cette doctrine,
soutenue par le rapporteur, se trouvant en harmonie
avec le paragraphe, serait de nature à induire en
erreur les tribunaux qui auraient trouvé dans le rap-

port la preuve que le législateur avait considéré les droits d'affectations comme devant être réglés par les principes établis pour les droits d'usage , nous avions pensé qu'une disposition établie d'une manière si générale n'était pas sans quelque danger lorsqu'elle était rapprochée des principes énoncés dans le rapport ; mais la modification qui est apportée dans sa rédaction , ne tend plus qu'à créer pour le gouvernement une faculté , dans le cas où les tribunaux auront prononcé en faveur des concessionnaires. Cette rédaction permet de penser que les tribunaux ne se trouveront pas liés par l'analogie établie entre les droits d'usage et les droits d'affectations. Voilà ce que j'ai cru devoir expliquer en ne m'opposant nullement à la nouvelle rédaction.

L'article 58 est adopté conformément à la nouvelle rédaction.

ARTICLE LIX.

Cet article est adopté avec cette modification dans la rédaction du dernier paragraphe :

« Les affectations faites pour le service d'une usine
« cesseront en entier , de plein droit et sans retour ,
« si le roulement de l'usine est arrêté pendant deux
« années consécutives , sauf le cas de force majeure ,
« dûment constaté. »

ARTICLE LXI.

M. Devaux présente un amendement qui consiste à substituer aux mots : *à dater du jour de la pro—*

mulgation de la présente loi, ceux-ci : *à dater du jour où l'administration aura refusé de reconnaître leurs droits.* L'amendement est rejeté.

M. Martin de Villers. Dans cette matière, comme dans toutes celles qu'une nouvelle législation peut embrasser, on doit respecter les contrats faits sous l'empire des lois existantes.

Les usagers sur lesquels, messieurs, j'appelle votre attention, sont ceux qui sont soumis au régime de *l'aménagement.*

Il s'en trouve, notamment dans la Seine-Inférieure, dont les droits ont été régulièrement reconnus par l'Etat, et qui sont dans cette position.

Ils exercent ces droits dans des portions de forêt qui leur ont été spécialement réservées par *l'aménagement.* La délivrance annuelle de portions de bois taillis d'une contenance plus ou moins étendue, est faite particulièrement à chacun d'eux, moyennant une redevance en grains.

Ces bois leur ont toujours été délivrés sur pied ; ils les exploitent ensuite comme ils le jugent convenable ; ils en vendent même une grande partie : jamais on ne s'y est opposé. Cela, au reste, s'explique facilement. Le régime de l'aménagement sous lequel ils ont été placés, existait dès le xv° siècle. Les dispositions de la section 8 du titre III ne doivent pas changer l'état des choses dont il est ici question.

M. de Martignac. Il est impossible d'entrer, à propos du projet actuel, dans l'examen détaillé de tous les titres qui sont entre les mains des communes ou des particuliers qui exercent les droits d'usage. Les usagers dont parle l'orateur, ont pour eux des décisions souveraines. Nul doute que les arrêts rendus en leur faveur devront être exécutés, et que leurs droits sont à l'abri de toute contestation. Cela résulte de l'article en délibération. Cela résultera plus positivement encore d'un des derniers articles du projet portant que toutes les contestations sur les anciens titres devront être jugées d'après les contrats dont les usagers seront porteurs.

M. Martin de Villers. Les explications de M. le commissaire du roi, mettant tout-à-fait à couvert les intérêts dont j'ai parlé, je n'ai rien à ajouter.

ARTICLE LXIV.

M. de Ricard (du Gard). Je m'oppose d'autant plus à cette disposition que je pense que le droit de pâturage ne devrait pas même être soumis au cantonnement, et qu'il devrait être laissé aux usagers.

L'usage en bois peut être cantonné, parce qu'alors le propriétaire ne fait qu'indiquer à l'usager un endroit aussi commode pour l'exercice de son droit.

Mais comment le propriétaire du fonds soumis en entier au pâturage, peut-il en donnant à l'usager une portion de son terrein, et surtout une somme d'argent, lui donner la représentation de son droit, et ne pas en diminuer l'usage ?

Et quel si grand inconvénient le droit de pâturage

entraîne-t-il, quand il ne peut être exercé que dans des bois déclarés défensables ? Le propriétaire des bois ne laissera pas périr les herbes, les glands et les fruits : il les vendra, il en affermera le pâturage. Nous avons déjà voté plusieurs articles relatifs à l'adjudication des panages, glandée et paisson. Et ceux auxquels des titres primitifs, réciproques et incontestables en assuraient à jamais l'exercice, en seraient pour toujours privés.

La commission a repoussé le cantonnement par la raison que ce serait donner du bois en échange d'un pâturage ; mais autoriser le rachat, c'est autoriser à donner de l'argent en échange d'une pâture ; et, certes, les communes ont un bien plus grand intérêt à avoir du terrein qui se conserve et acquiert chaque jour de la valeur, au lieu d'une somme d'argent qui se perd et chaque jour se détériore. D'ailleurs, le droit de pâturage est un droit réel, un droit inhérent au fonds, et qui, s'il peut être racheté, ne peut l'être que par une portion du terrein sur lequel il est assis.

La raison donnée par la commission est encore repoussée par cette même loi de 1791 qu'elle a invoquée, puisque cette loi conservait le cantonnement pour la vaine pâture. La loi de 1790 avait établi le cantonnement pour tous les usages ; or, d'après l'ordonnance de 1669 le droit de pâturage est un usage comme les autres, il peut donc, comme tous les autres être cantonné.

Je pense donc que l'art. 64 devrait être rejeté.

Du moins je propose de rédiger ainsi le premier paragraphe de l'article 64 : « Les droits de pâtu-
« rage, panage, glandée et autres de même nature,
« pourront être convertis en cantonnement, ainsi
« qu'il est dit à l'article précédent. »

M. de Martignac. Il faut examiner la question en elle-même ; il faut voir si c'est avec raison qu'on se prévaut des règles de la servitude et de ses dispositions générales, auxquelles, dit-on, il n'est pas permis de déroger. Je soutiens que le droit commun n'est pas la règle qu'on doit suivre ici. L'article 636 du Code civil porte : « L'usage des bois et forêts est « réglé par des lois particulières ». Ainsi vous voyez que ce sont des lois particulières qu'il faut établir, et c'est ce que nous vous proposons. Avons-nous procédé avec justice ? Nous avons fait une distinction qui paraîtra naturelle, entre l'usage en bois et l'usage en pâturage, panage, glandée et autres de la même nature ; et nous avons fait un raisonnement qui est à la portée de tout le monde. On comprend facilement qu'il est possible de cantonner un homme qui a en sa faveur un droit d'usage en bois, parce que le propriétaire peut avoir à se libérer du droit général en donnant une portion de la forêt à l'usager. Mais peut-on arriver à un résultat pareil par rapport au droit d'usage en pâturage, panage, glandée et autres ? Non, sans doute ; car si ce droit d'usage est établi sur la forêt entière, il est impossible de donner à l'usager un droit équivalent : sur une portion de la forêt. D'un autre côté, les forêts de l'État ne peuvent être livrées sans préservatif contre l'abus cruel que font les usagers de leur titre. Nous avons cherché à concilier le respect dû aux titres avec la conservation des forêts; nous avons dit : Le gouvernement aura le droit de racheter par une indemnité le droit d'usage, et les tribunaux apprécieront cette indemnité, en prenant en considération toutes les circonstances particulières. La commission a été plus loin. Selon nous elle a été trop loin : Mais enfin nous n'entendons pas lui contester la disposition qu'elle a cru devoir ajouter. Si la situation de la commune qui a un droit de pâturage est telle qu'elle puisse trouver, moyennant une indemnité, un autre pâturage que celui de la forêt, il n'y a pas de raison alors pour empêcher le gouvernement de racheter ce droit. Mais si, au contraire, la commune ne peut trouver ailleurs le pâturage dont elle a besoin pour ses bestiaux, alors le conseil de préfecture fait une enquête *de commodo et incommodo*, et déclare s'il y a lieu à maintenir la commune dans son droit de pâturage. On a donc pourvu par ce moyen à ce qui était d'une part dans l'intérêt des communes, et de l'autre dans celui de la conservation des forêts.

M. le Rapporteur. Je ne dois pas laisser ignorer à la Chambre que cet article est un de ceux du projet qui a le plus fixé l'attention de la commission. Parmi les membres de la commission, se trouvaient trois de nos collègues qui appartiennent aux départemens où des communes ont des droits de pâturage qui leur sont extrêmement nécessaires. Nous avons eu la satisfaction d'adopter à l'unanimité l'amendement dont il s'agit. Je me bornerai à faire une réflexion très simple. M. le commissaire du gouvernement a très bien établi que la disposition dont il s'agit n'était pas régie par le droit commun ; qu'il fallait en aller chercher les règles dans des lois particulières. Remarquez que nous n'avions pas besoin de créer la disposition qui fait l'objet du second paragraphe, puisqu'elle existe déjà pour les particuliers. Ne serait-il pas singulier que les bois de l'État ne pussent jouir des mêmes avantages que ceux des particuliers? L'art. 8 de la loi de 1791, cité par M. de Ricard, est étranger au droit de pâturage. N'est-il pas ridicule que, parce que j'ai le droit d'aller prendre des glands dans la forêt, on me rachète ce droit avec des chênes? Le droit de pâturage et de glandée consiste à faire pacager l'herbe ou à ramasser des glands. Certes, on n'admettra jamais que le propriétaire soit obligé de désorganiser sa forêt pour dédommager ceux qui vont ramasser l'herbe ou les glands. Ainsi, la commission a fait une chose juste, en admettant les forêts nationales à jouir des mêmes avantages que les forêts particulières. Nous avons senti qu'il était des communes où le droit de pâturage était devenu une nécessité absolue, et nous avons fait une exception en leur faveur. Mais qui sera juge de cette nécessité? Ce seront les juges mêmes du lieu qui auront des connaissances locales. Les communes auront donc toutes les garanties qu'elles peuvent desirer pour la conservation de leurs droits. L'indemnité qui leur serait accordée aura servi à faire des prairies artificielles et à parvenir à la régénération des forêts, qui ne pourra jamais s'opérer que par la suppression des droits de pacage.

M. de Ricard. Je n'ai qu'à faire remarquer que la loi de 1791 ne parle que de la vaine pâture.

L'amendement n'est pas appuyé.

Un sous-amendement de M. de Montbel tend à établir que le droit de rachat ne pourra être exercé que six ans après la promulgation de la présente loi.

Cet amendement est mis aux voix et rejeté.

M. le général Sébastiani propose par amendement de substituer aux conseils de préfecture le recours devant les tribunaux.

Par suite l'art. 64 a été renvoyé à la commission.

A la séance suivante, *M. Favard de Langlade, rapporteur,* a dit : Messieurs, nous avions pensé que la question de savoir si le droit de pâturage, dont des communes jouissent dans des forêts, était d'une nécessité absolue, étant un fait à vérifier, il était à-la-fois plus économique, et peut-être plus régulier de faire statuer sur ce point de fait par les conseils de préfecture ; la Chambre a renvoyé hier à la commission l'examen de la proposition faite de laisser aux tribunaux le soin de prononcer sur cette partie de la difficulté.

La commission s'est empressée d'examiner cette proposition : la majorité a pensé qu'il ne pouvait y avoir deux juridictions différentes pour un fait identique ; et que le projet de loi, par l'article 120, ayant attribué et dû attribuer à l'autorité judiciaire la connaissance du même fait, lorsque la contestation s'élève entre particuliers, il était d'une bonne législation de laisser à cette autorité la même attribution, lorsqu'une difficulté pareille s'élève entre l'État et des usagers. La commission a pensé, en outre, que la juridiction judiciaire étant la juridiction ordinaire du droit commun, et la juridiction administrative n'étant qu'exceptionnelle, il était plus convenable de rentrer dans le droit commun que d'étendre la juridiction exceptionnelle : en conséquence elle propose la nouvelle rédaction suivante :

« Néanmoins, le rachat ne pourra être requis par
« l'administration, dans les lieux où l'exercice du
« droit de pâturage, est devenu d'une absolue néces-
« sité pour les habitans d'une ou de plusieurs commu-
« nes. Si cette nécessité est contestée, les tribunaux
« prononceront sur la question préjudicielle. »

M. Blin de Bourdon propose de rédiger le deuxième paragraphe, ainsi qu'il suit :

« Néanmoins le rachat ne pourra être requis par
« l'administration dans les lieux où l'exercice *des*
« *droits relatifs au présent article* est devenu d'une
« absolue nécessité pour les habitans d'une ou de plu-
« sieurs communes. »

Le reste du paragraphe comme au projet.

Cet amendement est mis aux voix et réjeté.

Le second amendement de la commission est re-jeté. La Chambre adopte l'amendement que la commission avait proposé en premier lieu (dans le rapport).

ARTICLE LXV.

M. le comte de Fougières propose la disposition suivante :

« Dans toutes les forêts de l'Etat qui ne seront
« point affranchies au moyen du cantonnement ou de
« l'indemnité, l'exercice des droits d'usage en bois ne
« pourra être réduit qu'au cas où l'impossibilité d'y
« subvenir en totalité sera constatée par des procès-
« verbaux de l'administration forestière, dressés con-
« tradictoirement avec les maires des communes usa-
« gères ou les parties intéressées. »

« Quant au droit de pacage et de panage, il ne
« pourra être exercé dans les cantons que l'adminis-
« tration aura déclarés n'être pas défensables, et ce,
« nonobstant toute possession contraire. »

« En cas de contestation sur la possibilité et l'état
« des forêts, et sur la question de savoir si les bois
« sont défensables, il y aura lieu à recours devant les
« tribunaux. »

« Dans tous les bois et forêts soumis à l'exercice
« du droit de pâturage et de panage, l'aménagement
« en sera réglé de manière à ce que la moitié de ces

« mêmes bois soit constamment en état de défense. Le
« pacage ne pourra être interdit dans les landes et
« bruyères aussi long-temps que le gouvernement ne
« les fera pas planter en bois. »

L'amendement n'est pas appuyé.

ARTICLE LXVII.

M. de Martignac. Si la Chambre adoptait la disposition proposée par la commission, il en résulterait
une contradiction entre l'article 67 et l'article 76. En
effet, l'article 67 contient la prohibition dont l'article
76 punit la violation. On prétend que cette peine ne
pourra être appliquée aux usagers qui conduisent
eux-mêmes leurs bestiaux, puisque l'article 76 ne
s'est servi que du mot *pâtre*. Mais il est évident que la
loi entend par là celui qui se trouve préposé à la garde
du troupeau, et par conséquent l'usager s'il le conduit lui-même.

L'amendement de la commission est rejeté.

M. le président. MM. de Fussy et Devaux ont
proposé un amendement qui consiste à ajouter à la
fin de l'article la disposition suivante : *sauf toutefois
de la part des usagers, en cas de contestations, le
recours au conseil de préfecture.*

« *M. le ministre des finances.* Nous croyons que
« pour plus de régularité il faudrait dire : « Quels que
« soient l'âge ou l'essence des bois, les usagers ne pour-
« ront exercer leurs droits de pâturage et de panage
« que dans les cantons qui auront été déclarés défen-

« sables par l'administration forestière, sauf le re-
« cours au Conseil d'Etat », parce que le recours a
rapport à cette déclaration sur la qualité de défensables; on ajouterait ensuite à la fin de l'article : « Et
« ce, nonobstant toutes possessions contraires, sous
« les peines prononcées par l'art. 199. »

La Chambre adopte l'amendement tel qu'il a été
rédigé par M. le ministre.

ARTICLE LXX.

M. de Montbel demande qu'on substitue dans
l'article aux mots : *à leur propre usage, et non pas
ceux dont ils font commerce*, ceux-ci : *qui seront
reconnus leur appartenir.*

Cet amendement est rejeté.

ARTICLE LXXI.

M. Devaux a proposé d'ajouter à la fin du premier paragraphe, ces mots : *sauf le recours au conseil de préfecture;* et il était d'avis de supprimer, soit
le second paragraphe de l'article, soit ce second paragraphe amendé par la commission.

M. de Fussy a proposé de rédiger ainsi le premier
paragraphe :

« Les chemins par lesquels les bestiaux devront
« passer pour aller au pâturage ou au panage, et en
« revenir, seront désignés par les agens forestiers. Si le
« passage a lieu à travers des taillis défensables, le plus
« court des chemins ouverts sera, de droit, celui que

« les bestiaux pourront prendre, sauf recours à cet
« égard au conseil de préfecture, soit de la part de
« l'administration forestière, soit de celle des usa-
« gers. »

Ces deux amendemens sont rejetés.

M. Reboul. Je voudrais qu'au lieu de dire : *il pourra
être fait* on dît : *il sera fait.* Si l'on n'adopte pas cet
amendement, l'administration forestière pourra refuser de contribuer aux clôtures et aux fossés, bien
sûre qu'elle sera de faire condamner les contrevenans.

M. Favard de Langlade, rapporteur. La commission a voulu que les usagers ne supportassent pas
la totalité des frais nécessités par les fossés ou la clôture; mais elle n'a pas pensé devoir faire de ces fossés
une obligation à personne. Elle n'a pas voulu qu'on
pût être forcé à en faire là où ce ne serait pas nécessaire; c'est pourquoi elle a mis : *il pourra* et non pas :
il sera.

L'amendement est rejeté.

ARTICLE LXXII.

M. le comte de Fougières propose de commencer
l'article par ces mots : *Chaque commune usagère,
pour l'exercice de ses droits d'usage, sera divisée en
autant de sections que les localités l'exigent.*

L'amendement est rejeté.

ARTICLE LXIII.

M. Duhamel présente une rédaction nouvelle en ces termes :

« Les porcs et bestiaux seront marqués d'une mar-
« que spéciale.

« Pour les premiers, la marque sera faite avec un
« fer chaud, ainsi qu'il est prescrit par l'article 33
« de la présente loi.

« Pour les bestiaux, la marque sera faite avec
« une matière colorée et durable, dont l'empreinte
« sera connue de l'agent forestier local et aura été
« agréée par lui. »

« Ces marques et empreintes devront être diffé-
« rentes pour chaque commune ou chaque section de
« commune usagère. »

L'amendement est rejeté.

ARTICLE LXXVI.

M. Devaux propose un amendement qui con-
siste à ajouter à ces mots : *seront trouvés*, ceux-ci : *à
l'abandon ou à garde faite.*

M. Reboul propose la rédaction suivante :

« Lorsque les porcs et bestiaux des usagers auront
« été introduits dans des cantons défensables ou dési-
« gnés pour le panage, ou conduits par d'autres che-
« mins que ceux indiqués, etc. »

Ces deux amendemens ne sont pas appuyés.

M. Hyde de Neuville propose de rédiger ainsi la

dernière disposition : *En cas de récidive, le pâtre pourra être en outre condamné à un emprisonnement.* Si l'article, dit-il, reste rédigé tel qu'il est, un malheureux pâtre pourra, à chaque instant, être mis en prison pour un fait innocent.

Cet amendement est adopté.

ARTICLE LXXVII.

M. de Ricard demande la suppression des mots : *nonobstant tous titres et possessions contraires.*

M. Mestadier propose la rédaction suivante :

« Ceux qui prétendraient que leur titre n'est pas
« atteint par les dispositions prohibitives des lois exis-
« tantes, ou avoir légalement acquis le droit par pres-
« cription, pourront se pourvoir devant les tribunaux
« pour faire juger la validité de leur titre, et dans ce
« cas ils auront droit à une indemnité. »

La Chambre prononce le renvoi à la commission, et par suite, *M. Favard de Langlade* a fait le rapport suivant : Messieurs, vous avez renvoyé à l'examen de votre commission un sous-amendement proposé par M. Mestadier à l'amendement qu'elle a présenté sur l'article 78 du projet.

Nous avons reconnu que ce sous-amendement ne changeait en rien la proposition faite par la commission, et qu'il n'en différait que par la rédaction.

Ainsi je ne fatiguerai pas, messieurs, votre attention en rappelant les puissantes considérations qui nous ont déterminés à vous proposer de donner aux usagers la faculté de réclamer une indemnité, si le droit de conduire des chèvres, brebis ou moutons dans les forêts de l'Etat leur avait été concédé par un titre valable. Si l'intérêt général exige la suppression de ce droit, l'Etat ne doit pas moins une indemnité à celui qui est obligé par la loi d'en faire le sacrifice. Votre commission a toujours été dirigée dans son travail par le principe sacré que *les droits légalement acquis* doivent être respectés ; que les lois ne peuvent jamais y porter atteinte par un effet rétroactif, et que c'est aux tribunaux qu'il appartient d'apprécier les titres qui les constituent, d'après les lois sous l'empire desquelles ils ont été contractés.

Ces principes qui dominent heureusement dans toutes les dispositions du projet ont été consacrés d'une manière formelle par son dernier article placé de manière à former la clef de la voute de ce grand édifice.

La commission a l'honneur de vous soumettre une nouvelle rédaction de son amendement qui rentre dans celle de M. Mestadier; elle est ainsi conçue :

« Ceux qui prétendraient avoir joui du pacage
« ci-dessus, en vertu de titres valables ou d'une pos-
« session équivalente à titre, pourront, s'il y a lieu,
« réclamer une indemnité qui sera réglée de gré à gré
« et en cas de contestation par les tribunaux. »

Cet amendement de la commission est mis aux voix et adopté.

Le dernier amendement de la commission est ainsi

conçu : « Le pacage des moutons pourra néanmoins
« être autorisé dans certaines localités par des ordon-
« nances du roi. »

Sur ce paragraphe un amendement a été proposé
par *M. Devaux;* il consiste à ajouter après les mots
le pacage, ceux-ci : *des chèvres*, etc. Une autre rédaction a été proposée aussi par M. Boulard; elle est
ainsi conçue : « Les droits existans pour le pacage
« des moutons pourront néanmoins être maintenus
« dans certaines localités par ordonnances du roi. »
Ces deux amendemens sont rejetés.

ARTICLE LXXXVI.

M. Périer propose un amendement tendant à
empêcher que la couronne ne puisse faire des coupes
extraordinaires par une simple ordonnance du roi.
Cet amendement est rejeté.

ARTICLE LXXXVIII.

M. Périer propose par sous-amendement, qu'il
soit fait emploi des sommes provenant des coupes
extraordinaires, ou de la vente des futaies.

Cet amendement n'est pas appuyé.

ARTICLE LXXXIX.

M. Borel de Bretizel propose l'amendement suivant :

« Les opérations relatives à la délimitation et au
« bornage pourront être provoquées, soit par l'admi-

« nistration forestière, soit par les princes apanagistes
« et possesseurs de majorats; et il sera procédé confor-
« mément aux dispositions de la section 1re du titre III
« de la présente loi, en présence et avec le concours de
« leurs agens forestiers. Les princes apanagistes et les
« possesseurs de majorats seront tenus, suivant les dis-
« positions de la section 2 du titre III, de se conformer
« aux aménagemens existans. Il ne pourra y être fait
« de changement que par ordonnance royale, rendue
« sur la demande des princes apanagistes et des posses-
« seurs de majorats, et avec le concours de l'adminis-
« tration forestière. Les art. 60 et 62 sont également
« applicables à ces bois et forêts. »

Cet amendement a été rejeté.

M. le président. On a proposé de retrancher de l'amendement de la commission le mot *agens*, et ceux-ci : *pour la poursuite des délits et contraventions.* Je mets aux voix ce sous-amendement....

La Chambre adopte le sous-amendement; elle rejette ensuite l'amendement de la commission ainsi sous-amendé. Elle adopte l'art. 89 telle qu'elle l'avait précédemment amendé.

ARTICLE XC.

M. Devaux demande qu'aux mots du second paragraphe : *toutes les dispositions des six premières sections*, on substitue ceux-ci : *toutes les dispositions des sections 2, 3, 4, 5 et 6 du titre III.*

Cet amendement n'est pas appuyé.

M. de Montbel propose d'ajouter après le second paragraphe la disposition suivante :

« L'administration forestière réservera toujours « dans les coupes de ces bois, un nombre de bali- « veaux et d'arbres de tout âge, approprié aux con- « venances locales. »

Cet amendement est rejeté.

M. Ricard propose de commencer le troisième paragraphe de l'amendement de la commission par ces mots : *Dans le cas prévu par le premier para- graphe du présent article, comme lorsqu'il s'agira de la conversion en bois.*

D'autres amendemens ont été proposés par MM. Boin et Dudon.

L'article est renvoyé à la commission.

M. Favard de Langlade, rapporteur. Messieurs, vous avez renvoyé hier, à l'examen de votre com- mission, les amendemens proposés sur l'article 90 par nos honorables collègues *MM. Ricard, Boin* et *Dudon.* Deux de ces amendemens s'appliquent par- ticulièrement au paragraphe 1er de l'article ; ils ont pour objet de remplacer le mot *administration* qui s'y trouve, par ceux : *autorité administrative.* Afin qu'il ne puisse pas y avoir d'équivoque et que l'on sache bien que c'est à l'autorité administrative et non à l'autorité forestière qu'il appartient de reconnaître que les bois taillis ou futaies sont susceptibles d'amé- nagement ou d'une exploitation régulière, l'admi- nistration forestière ne doit en effet intervenir que

pour faire la proposition qu'elle juge convenable
pour la meilleure exploitation des bois des communes
ou des établissemens publics, qui doivent eux-mêmes
donner leur avis sur cette proposition. C'est d'après
tous ces éclaircissemens que l'autorité administrative
prononcera sur toutes les contestations qui pourront
s'élever, soit sur l'aménagement des bois dont il s'a-
git, soit sur le mode de leur exploitation. Cette marche simple et naturelle garantira tous les intérêts :
elle résultait déjà de la disposition du projet ; mais
pour la rendre plus précise, la commission vous propose d'y faire un changement de rédaction qui ren-
trera dans celle de M. Boin.

Quant à l'amendement proposé sur le troisième
paragraphe de l'article, la commission a pensé que,
s'agissant de convertir en bois des terreins que des
communes ou des établissemens publics voudraient
conserver en pâturages, il fallait leur donner toutes
les garanties convenables pour que le parti pris à cet
égard ne pût jamais nuire à leurs véritables intérêts.
C'est aussi le but que s'est proposé la commission ,
en soumettant au conseil de préfecture les contestations qui pourront s'élever entre l'administration
forestière et les communes ou les établissemens publics.

L'amendement de M. Dudon tend à faire juger la
question par le préfet, sauf le pourvoi au Conseil
d'Etat contre la décision ministérielle qui aurait ap-
prouvé son arrêté ; mais il a paru à votre commission

qu'il valait mieux donner cette attribution au conseil de préfecture : elle leur est déjà accordée par la loi du 9 ventose an XII, et par le décret du quatrième jour complémentaire an XIII, pour ce qui concerne le partage des communaux. Il s'agit, dans ce cas comme dans celui qui nous occupe, des intérêts des communes : la compétence du conseil de préfecture doit dès-lors être la même.

Voici la nouvelle rédaction de l'article que la commission me charge de vous présenter : (Suit le texte littéral de l'article.)

Cette rédaction est adoptée.

ARTICLE XCI.

M. Méchin. Je ferai observer que le mot *gouvernement* est bien vague. Entend-on par là une ordonnance royale ? Il faut savoir si ces défrichemens seront autorisés par une ordonnance royale, ou tout simplement par une décision ministérielle.

M. le ministre des finances. Jusqu'à présent, c'est sur une décision du ministère.

M. méchin. Entend-on par le mot *gouvernement* la décision ministérielle ?

M. le Ministre des finances. Oui.

ARTICLE XCII.

Un amendement de M. Gauthier, qui tend à retrancher le mot *jamais*, est rejeté.

ARTICLE XCVII.

M. Nicod de Ronchaud propose la suppression du second paragraphe. Cette demande est rejetée.

ARTICLE C.

M. Devaux propose l'amendement suivant :

« Les ventes des coupes ordinaires et extraordi-
« naires, celles de glandée, panage et paisson, seront
« arrêtées par les conseils municipaux ou par les ad-
« ministrateurs des établissemens publics, qui délibé-
« reront aussi sur les clauses et conditions d'intérêt
« local à insérer dans le cahier des charges. Les déli-
« bérations des conseils municipaux et des administra-
« teurs seront soumises à l'approbation du préfet, sur
« l'avis des agens forestiers. Les adjudications seront
« faites à la diligence des agens forestiers, etc. »
(Comme au reste de l'article.)

La Chambre rejette l'amendement de M. Devaux.

Un autre amendement est proposé par M. Breton. Il consiste à substituer, dans l'article, aux mots : *sans toutefois que l'absence des maires ou administrateurs, dûment appelés, entraîne la nullité des opérations,* ceux-ci : *sans toutefois que l'absence des maires et administrateurs entraîne la nullité des opérations, lorsqu'ils auront été appelés par un avis dûment signifié au moins quinze jours avant l'adjudication.* Cet amendement a été rejeté.

ARTICLE CIII.

M. de Courtirvon propose un amendement ainsi conçu :

« Les coupes des bois communaux destinés à être
« partagés en nature pour l'affouage des habitans, ne
« pourront avoir lieu qu'après que la délivrance en
« aura été préalablement faite par les agens forestiers
« à *des adjudicataires spéciaux ;* et en suivant les
« formes *actuellement en usage dans chaque localité*
« pour l'exploitation des coupes affouagères délivrées
« aux communes dans *leurs bois ;* le tout sous les
« peines portées par l'article 81 de la présente loi. »
Cet amendement est rejeté.

M. le président soumet à la Chambre l'amendement de M. Petit-Perrin, tendant à ajouter à la fin
de l'article la disposition suivante :

« Sauf la portion des bois coupés et abattus qui
« sera jugée nécessaire aux besoins locaux de l'agri-
« culture par le préfet, sur la proposition des maires
« et d'après l'avis de l'agent forestier local ; laquelle
« portion sera réservée et distraite, pour être distribuée
« entre tous les habitans, dans toute sa longueur. »

M. le Rapporteur. Le but de la proposition est
rempli par l'article 105. Cet amendement a été
rejeté.

M. Méchin a proposé un amendement tendant à
ajouter : *sauf néanmoins les modifications que les
besoins et l'usage des localités rendront nécessaires.*
L'amendement est rejeté.

ARTICLE CV.

M. Terrier de Santans propose d'ajouter à la rédaction de la commission, les mots suivans : *maintenant toutefois, dans les pays où elle a lieu, la distribution qui s'en fait par étendue de maisons.*

M. le Rapporteur. L'article contient absolument tout ce que desire votre honorable collègue. Nous avons ajouté à l'article du gouvernement, *que le partage serait fait par feu, à moins qu'il y ait un usage contraire.*

M. Terrier de Santans retire sa proposition.

M. de Montbel propose de substituer aux mots : *chef de famille;* ceux-ci : *chef de maison.* En effet, dit-il, un célibataire, un curé, un desservant, par exemple, n'est pas dans le sens habituel, du moins dans le sens restreint, un chef de famille.

M. de Fumeron d'Ardeuil. Un arrêté du Conseil de 1777, a expliqué la chose autant que possible. Il a dit qu'on entend par feu, les gens mariés ou garçons.

M. le Rapporteur. La commission a été unanimement d'avis que, dans les mots chef de famille, se trouvaient nécessairement compris les curés et les desservans, parce qu'ils sont au nombre des chefs de maison. Toutefois, pour trancher la difficulté, on peut ajouter aux mots : *chef de famille,* ceux-ci : *ou de maison.*

M. de Berthier demande la suppression du mot

fixe; suivant lui, le mot *domicile* réel doit suffire.
M. le rapporteur s'y oppose.

L'addition des mots : *ou de maison*, est adoptée.

ARTICLE CIX.

M. Petit-Perrin propose d'ajouter après les mots :
au paiement desdites charges, la disposition suivante : « Si mieux n'aime le maire ou un habitant no-
« table et solvable se charger personnellement du
« paiement de toutes les charges auxquelles la
« coupe est affectée, sauf à en répartir le montant à
« raison des stères qui seront distribués entre les ha-
« bitans, de tout quoi il sera rendu compte à M. le
« préfet ». L'amendement n'est point appuyé.

ARTICLE CX.

M. de Courtivron propose la rédaction suivante :
« Cette prohibition n'aura son exécution que dans
« deux ans, à compter du jour de la publication de
« la présente loi, en ce qui concerne les brebis ou
« moutons seulement; ce délai n'étant point appli-
« cable aux chèvres dont l'introduction dans les bois
« doit cesser aux termes du premier paragraphe du
« présent article. »

M. de Martignac présente des observations sur la
trop grande généralité de l'amendement de la commission. Il ne faudrait pas, dit-il, que pendant deux
ans l'introduction des moutons pût être faite dans
les localités même où elle n'avait pas lieu jusqu'à présent. L'amendement devrait être ainsi rédigé. « Cette

« prohibition n'aura son exécution que dans deux
« ans, à compter du jour de la publication de la
« présente loi, dans les bois où, nonobstant la pro-
« hibition de l'ordonnance de 1669, le pâturage des
« moutons a été toléré jusqu'à ce jour. »

M. le Rapporteur adopte cette modification ; mais il insiste sur le délai de deux ans.

M. de Courtivron retire son amendement.

Le sous-amendement de M. de Martignac est adopté : la Chambre adopte aussi l'amendement de la commission, ainsi sous-amendé.

M. Boulard propose d'ajouter à cet article le paragraphe suivant :

« Les autorisations qui seront accordées, soit en
« vertu de cet article, soit en vertu de l'article 78,
« pourront toujours être révoquées par l'administra-
« tion, sans indemnité. »

M. Reboul propose d'ajouter à l'amendement de M. Boulard : *lorsqu'elles ne sont pas motivées sur des titres antérieurs.*

Ces propositions ne sont pas appuyées.

M. Reboul demande que, pour éviter tout inconvénient, on dise dans le dernier paragraphe, au lieu de : *le pacage des moutons : le pacage des bêtes à laines,* ou bien qu'on ajoute *brebis* à ce paragraphe.

M. le Rapporteur. La commission ne voit pas de différence à ce qu'on dise : *des brebis ou moutons* dans le dernier paragraphe de l'article, comme on l'a dit dans le premier.

La Chambre adopte l'amendement, tel qu'il vient d'être précisé par M. le rapporteur.

ARTICLE CXVII.

M. Duhamel. Je demande qu'on mette dans cet article *reconnaître* au lieu d'*agréer*, et qu'on supprime les mots : *en cas de refus*, etc.

M. Favard de Langlade soutient que la disposition proposée est protectrice des propriétés ; et que l'administration doit seule donner à un garde le caractère qui lui convient pour dresser des procès-verbaux et exercer dans certains cas les fonctions d'officier de police judiciaire.

M. Sébastiani propose de remplacer les mots : *par l'agent forestier local*, par ceux-ci : *par le sous-préfet de l'arrondissement*. Le projet, dit l'orateur, porte atteinte aux droits de propriété en demandant la faculté d'agréer et par conséquent de refuser les gardes des particuliers. Je demande que les particuliers aient le droit de nommer leurs gardes en les faisant simplement reconnaître par l'administration. Quant à l'observation de M. le rapporteur, j'avoue que je me serais attendu à ce qu'on dît : *l'administration publique*, ou mieux : *les tribunaux*. Aussi il sera plus commode pour les propriétaires, de s'adresser au sous-préfet qu'à l'agent forestier supérieur, qui sera établi souvent à trente lieues du bois où le propriétaire veut placer le garde.

M. de Berthier voudrait que ce fût le préfet qui agréât le garde.

MM. Duhamel et *de Berthier* retirent leurs amendemens. La Chambre adopte celui de M. Sébastiani.

M. de Martignac demande qu'on supprime la dernière phrase du premier paragraphe, comme devenue superflue.

Cette suppression est adoptée.

M. Cornet-d'Incourt propose de placer après les mots : *agréer par le sous-préfet*, ceux-ci : *sauf le recours au préfet*. Cela doit être exprimé dans l'article, dit l'orateur, comme je ne pense pas que la Chambre ait entendu soustraire aucun acte des sous-préfets à l'approbation des préfets.

M. Hyde de Neuville. Il faudrait mettre : *sauf l'approbation des préfets*.

L'amendement de M. Cornet-d'Incourt est adopté.

ARTICLE CIX.

M. de Berthier propose qu'on ajoute, à la fin du premier paragraphe, la disposition que la commission a proposée à l'article 67.

M. le Commissaire du roi s'oppose à cet amendement, qui est retiré par son auteur.

ARTICLE CXX.

M. Mestadier propose la suppression dans cet article du renvoi à l'article 64.

M. Favard de Langlade s'y oppose, et pense

qu'on doit accorder aux particuliers les mêmes avantages qu'à l'Etat.

L'amendement est rejeté.

M. de Berthier demande que l'on mette dans l'article ces mots : *aux deux premiers alinéa de l'article* 78 ; attendu que le troisième ne lui paraît pas applicable aux bois des particuliers. — Adopté.

M. de Ricard demande la suppression du renvoi à l'article 78.

Cet amendement est rejeté.

ARTICLE CXXI.

M. de Kergariou propose d'ajouter après les mots : *les tribunaux*, ceux-ci : *sauf le cas prévu par le second paragraphe de l'article* 64.

Cet amendement est rejeté.

M. de Rosny présente deux articles additionnels au titre VIII, et qui seraient placés sous la rubrique des articles 122 et 123. Ils sont ainsi conçus :

« Art. 122. Les particuliers propriétaires de bois,
« soit que les bois soient ou non assujétis à des droits
« d'usage, ne pourront y introduire pour leur propre
« compte ni autoriser l'introduction dans ces bois,
« de chèvres, moutons ou brebis, à peine contre les-
« dits propriétaires des bois et ceux des bestiaux in-
« troduits, de payer, par moitié et solidairement,
« une amende double de celle prononcée par l'article
« 199, et contre les pâtres une amende de 15 francs. »

« Art. 123. Les contraventions aux dispositions de

« l'article précédent seront constatées, dans les com-
« munes où il existe des bois soumis au régime fores-
« tier, par l'administration forestière, et poursuivies
« à la diligence des agens de cette administration.
« Dans les communes où il n'existe pas de bois sou-
« mis au régime forestier, ces contraventions seront
« constatées par le garde-champêtre et poursuivies
« d'office par le ministère public. »

Ces propositions ne sont pas appuyées.

ARTICLE CXXII.

Amendemens proposés par M. de Charencey *en remplacement des articles 122 et suivans.*

Art. 122. « Le ministre de la marine s'approvi-
« sionnera désormais de bois de construction par la
« voie du commerce, et toutes les lois et ordonnances
« qui ordonnaient le martelage, tant dans les forêts
« royales que dans les bois des établissemens publics,
« des communes et des particuliers, sont abolies. »

Art. 123. « Cependant les personnes qui traite-
« ront de l'approvisionnement des bois de marine au-
« ront le droit de faire marquer, dans tous les bois
« ci-dessus désignés, les arbres qu'ils jugeront propres
« à un approvisionnement. Ce droit est accordé dans
« le but d'indiquer aux adjudicataires et aux proprié-
« taires un placement qu'ils pourraient ignorer. »

Art. 124. « A cet effet, les propriétaires ne pour-
« ront abattre que six mois après en avoir fait la dé-
« claration au sous-préfet de l'arrondissement de la

« situation des bois; mais à l'expiration de ces six
« mois, les propriétaires seront libres de disposer des
« arbres marqués, si avant ils n'ont pu parvenir à
« traiter à l'amiable avec les fournisseurs de la
« marine. »

Cet amendement est rejeté.

M. Héricart de Thury a proposé une série d'articles qui remplacerait le système du gouvernement pour l'approvisionnement des bois de la marine, et qu'il intitule : « Institution d'un aménagement perpé
« tuel de hautes futaies pour l'approvisionnement de
« la marine royale. »

M. le président, après avoir consulté la Chambre, déclare qu'elle ne considère pas la proposition de M. de Thury comme un amendement.

ARTICLE CXXIII.

M. Revelière propose de substituer aux mots : *aux conditions ci-après*, le paragraphe suivant :

« Il sera pourvu par des ordonnances royales au
« mode de livraison et de paiement de ces bois. »

Il propose en même temps d'ajouter dans l'article 127, après ces mots : *soumis au régime forestier*, ceux-ci : *autres que ceux de l'État.*

L'amendement est rejeté.

M. Bonnet de Lescure propose de rédiger l'article de cette manière :

« Les arbres ainsi marqués dans les bois soumis au
« régime forestier, autres que les bois des établisse-

« mens publics et les forêts des apanagistes, seront
« compris dans les adjudications, etc. » Cet amendement est rejeté.

ARTICLE CXXIV.

M. *Avoyne de Chantereyne* a demandé que le délai
de *dix ans*, proposé par la commission, fût étendu
à *vingt années.*—M. *de Courtivron* a proposé de réduire ce délai à *cinq ans*.

Ces amendemens ont été rejetés.

M. *Leclerc de Beaulieu* propose un amendement
qui tend à substituer dans le second paragraphe, le
mot *vendus* au mot *coupés*.

M. *de Montbel* propose, sur le troisième paragraphe, d'ajouter aux mots : *attenant aux habitations,*
ceux-ci : *de maîtres*. Cet amendement est rejeté.

ARTICLE CXXVI.

M. *Fouquérand* propose de réduire ce délai à *trois
mois* au lieu de *six*.

Cet amendement est rejeté.

M. *de Berthier* propose de réduire le délai à *cent
vingt jours* au lieu de *cent quatre-vingt*.

Cet amendement a été rejeté.

ARTICLE CXXVII.

M. *Revelière* propose d'ajouter après ces mots :
*les adjudicataires des bois soumis au régime fores-
tier*; ceux-ci : *autres que ceux de l'Etat*.

Cet amendement est rejeté.

M. de Burosse propose un amendement qui tendrait à rédiger l'article en ces termes : « Les adjudi-
« cataires des bois soumis au régime forestier, les
« maires des communes, ainsi que les administrateurs
« des établissemens, pour les exploitations sans ad-
« judication, et les particuliers, traiteront de gré à
« gré du prix de leur bois avec la marine. En cas de
« contestation relative au bois de l'Etat, le prix sera
« réglé par experts nommés contradictoirement; et,
« s'il y a partage entre les experts, il en sera nommé
« un d'office par le président du tribunal, à la re-
« quête de la partie la plus diligente. Les frais de
« l'expertise seront supportés en commun. Mais
« lorsque cette contestation sera relative aux bois des
« communes, des établissemens publics et des par-
« ticuliers, le prix sera déterminé par la concur-
« rence, et les agens de la marine n'auront droit
« qu'à la préférence, à prix égal. »

Cet amendement a été rejeté.

M. de Fussy propose de substituer aux mots : *les frais de l'expertise seront supportés en commun*, ceux-ci : *seront suppportés par la partie condamnée.*

Cet amendement a été rejeté.

ARTICLE CXXVIII.

MM. Hyde de Neuville et *de Fussy* proposent de remplacer les articles 128 et 129 par l'article suivant :

« La marine aura la faculté d'annuler le martelage,

« tant que les arbres seront sur pied ; mais une fois
« abattus, elle ne pourra, si le propriétaire l'exige,
« refuser d'acquérir la totalité des arbres marqués. Elle
« sera tenue d'en prendre livraison et d'en acquitter
« le prix dans les trois mois qui suivront la notifica-
« tion de l'abatage. »

Cet amendement a été rejeté.

M. Bonnet de Lescure développe ensuite l'amendement suivant :

« Les particuliers pourront disposer librement des
« arbres marqués pour la marine, si dans les trois mois,
« à partir de la notification d'abatage qu'ils auront
« faite à la sous-préfecture, la marine n'a pas pris li-
« vraison, et payé la totalité des arbres marqués ap-
« partenant au même propriétaire, dans la même
« exploitation.

« Ce délai sera de six mois pour les adjudicataires
« des bois soumis au régime forestier, qui ne font pas
« partie du domaine de l'Etat ; les maires des com-
« munes et les administrateurs des établissemens pu-
« blics, pour les exploitations faites sans adjudica-
« tion. »

L'article a été renvoyé à la commission, et à la
séance suivante, après le rapport de M. Favard de
Langlade, l'amendement a été rejeté.

ARTICLE CXXXIII.

M. Bonnet de Lescure propose une disposition
additionnelle ainsi conçue :

14

« L'aménagement prescrit par l'article 15 pour les
« bois et forêts du domaine de l'Etat, aura essentiel-
« lement pour objet de procurer à la marine royale
« son approvisionnement en bois de chêne propre aux
« constructions navales. »

Cet amendement n'est pas appuyé.

ARTICLE CXXXVI.

M. le baron Desperieux propose un paragraphe
additionnel ainsi conçu :

« L'on entend par urgence, des invasions des fleuves
« sur un ou plusieurs points, et les accidens imprévus
« qui menaçeraient d'envahissement subit le terri-
« toire. Dans toutes les autres circonstances et pour
« l'exécution des travaux ordinaires et annuels, toute
« réquisition ou délivrance de bois est interdite. »

L'amendement est rejeté.

ARTICLE CXLIV.

M. Humann propose l'article additionnel suivant :

« Les préfets, après avoir pris l'avis du conservateur
« des forêts, pourront homologuer les délibérations
« des conseils municipaux portant consentement à
« l'extraction et l'enlèvement du minerai de fer d'allu-
« vion dans les forêts communales : en cas d'opposition
« de la part des communes ou des préfets aux deman-
« des en permission d'extraire, le ministre de l'intérieur
« statuera sur les demandes. Les exploitans seront te-

« nus au paiement de toutes les indemnités de droit, et
« de se conformer aux lois et réglemens sur la matière.»

Cet amendement est rejeté.

ARTICLE CL.

M. de Martainville propose un amendement en
ces termes :

« Conformément à l'article 672 du Code civil, les
« propriétaires riverains pourront réclamer l'élalage
« des lisières des bois et forêts. »

Cet amendement est rejeté.

M. Labbey de Pompierres propose de dire : *si les
arbres de lisières font saillie depuis plus de trente ans.*

M. Mestadier propose la disposition suivante :
*des bois et forêts dont l'étendue superficielle sera de
plus de cinquante hectares.*

Ces amendemens sont rejetés.

A la suite du premier paragraphe, *M. Simonneau*
propose une disposition ainsi conçue :

« Néanmoins les propriétaires riverains auront ac-
« tion en dommages-intérêts contre les propriétaires
« des bois et forêts, à raison du préjudice que le défaut
« d'élalage aura pu causer. »

Cet amendement est rejeté.

ARTICLE CLI.

M. Méchin propose de réduire la distance à un
demi-kilomètre.

Cet amendement est rejeté.

ARTICLE CLII.

M. Méchin a proposé le même amendement, qui est également rejeté.

ARTICLE CLIII.

M. Hyde de Neuville propose de rédiger ainsi l'amendement de la commission : *Ces maisons ou fermes pourront être réparées, augmentées ou reconstruites sans autorisation.*

D'après l'amendement de la commission, dit l'orateur, vous n'aurez pas le droit d'ajouter une étable à une étable. Il vous faudra une autorisation pour la plus petite construction que vous aurez à faire.

L'addition du mot *augmentées* est adoptée.

M. Avoyne de Chantereyne demande que *les maisons situées sur la lisière des foréts soient démolies dans le cas où leurs propriétaires auraient été condamnés par récidive pour délit forestier.*

Cet amendement est rejeté.

M. Duhamel propose un amendement :

« Sont exceptés de celte disposition les bois et
« foréts appartenant aux communes qui sont d'une
« contenance au-dessous de 250 hectares. »

Il appuie cet amendement sur ce qu'il ne peut pas être dans l'intention du législateur que les habitations construites dans le voisinage des petits bois doivent être assujéties à la même condition que celles qui avoisinent les forêts importantes.

La proposition est adoptée.

M. Sébastiani a proposé d'ajouter une disposition ainsi conçue :

« Les deux articles précédens ne sont pas applica-
« bles aux forêts autour desquelles le rayon qui est
« déterminé n'a pas été jusqu'à présent exigé. »

Cet amendement est rejeté.

ARTICLE CLIV.

M. Terrier de Santans demande qu'au lieu des mots : *sans la permission spéciale du gouvernement,* on mette : *sans une autorisation spéciale du préfet ou du sous-préfet.*

Cet amendement est rejeté.

ARTICLE CLXIX.

M. de Fussy propose un délai de sept jours.
Cette proposition est rejetée.

ARTICLE CLXXIII.

M. Terrier de Santans propose de réduire la taxe de cette rétribution à la moitié de celle qui est allouée aux huissiers des justices de paix.

Cet amendement est rejeté.

ARTICLE CLXXXVIII.

M. Sallier propose l'amendement suivant :
« Les procès-verbaux dressés par les gardes des bois

« et forêts des particuliers individuellement, font foi
« jusqu'à preuve contraire. Les procès-verbaux dressés,
« sur les mêmes faits, par plusieurs de ces gardes col-
« lectivement, font foi jusqu'à inscription de faux. »

Cet amendement n'est pas appuyé.

ARTICLE CXCII.

Le premier amendement de la commission, qui
consiste à retrancher le mot *essence*, est rejeté.

M. Du Teil propose d'ajouter le mot *brins* dans
la disposition suivante de l'article : *La coupe ou l'enlèvement d'arbres ou brins*, etc.

Cet amendement n'est pas appuyé.

M. de Hersart propose de retrancher les *sorbiers*
de la première classe pour les placer dans la seconde.

Cet amendement n'est pas appuyé.

L'article est renvoyé à la commission.

A la séance suivante, M. le rapporteur s'est exprimé
en ces termes :

Messieurs, par l'article 192 du projet, le gouvernement a proposé de diviser en deux classes les arbres
dont la coupe ou l'enlèvement donnerait lieu à une
amende qui serait déterminée d'après l'essence et la
circonférence de ces arbres. La commission avait
pensé qu'il conviendrait mieux de n'admettre qu'une
seule classe d'arbres, par les motifs qui vous ont été
expliqués; mais la Chambre en a décidé autrement;
elle a adopté les deux classes proposées par le projet,
et a renvoyé l'article à la commission pour fixer le

tarif des amendes à prononcer par chaque décimètre de tour et par arbre, suivant son essence.

La commission s'est empressée de se conformer aux intentions de la Chambre, en formant un tarif qui fût en harmonie avec les deux classes d'arbres qui ont été conservées. Ce tarif, concerté avec M. le commissaire du roi, a été adopté par M. le ministre des finances; il sera annexé à l'article 192, conçu de la manière suivante : (Suit la rédaction telle qu'elle se trouve dans le Code.)

La Chambre adopte la rédaction proposée par la commission et le tableau qui y est annexé.

ARTICLE CXCIX.

M. de Fussy propose de réduire à la moitié l'amende pour les bêtes à laine.

- Cet amendement a été rejeté.

ARTICLE CCIX.

M. Fouquerand propose que, pour lever tou e incertitude, on dise : *Cette signification fera courir les délais de l'opposition et de l'appel, tant des jugemens contradictoires que des jugemens par défaut;* ou bien tout simplement : *Cette signification fera courir les délais de l'opposition et de l'appel.*

L'amendement n'est pas appuyé.

ARTICLE CCXVIII.

M. de Charencey présente une disposition qu'il

placerait à la fin du premier paragraphe de l'art. , et qui serait conçue en ces termes : « Il n'est pas dérogé « par la présente loi aux articles 113 et 116 de la « loi du 23 novembre 1798 (3 frimaire an VII), qui, « au contraire , et sous les conditions exprimées dans « cette loi , continueront à recevoir leur pleine et en- « tière exécution. »

M. de Martignac. Dans le présent Code il n'y a rien qui se rattache à la législation financière in- voquée par M. de Charencey. L'amendement est donc tout-à-fait inutile.

M. de Charencey le retire.

ARTICLE CCXIX.

M. de Charencey présente une rédaction nou- velle qui tend à modifier l'article en ces termes :

« Dans les pays de montagnes où la conservation de « bois sera reconnue par le gouvernement être d'uti- « lité publique , aucun particulier ne pourra arracher « ni défricher les bois qu'après y avoir été autorisé « par le préfet, délibérant en conseil de préfecture, et « sauf recours au Conseil d'État.

« A cet effet , il sera dressé , par le ministre de « l'intérieur , dans les six mois de la promulgation « de la présente loi, un état de tous les arrondissemens « où cette disposition sera susceptible d'application. »

Cet amendement a été rejeté.

La commission a proposé un premier amendement omis dans le rapport ; il consiste à substituer *la sous-*

préfecture à *l'agent forestier local*, devant lequel la déclaration devait être faite. Le motif de ce changement est que le sous-préfet se trouve être le fonctionnaire public naturellement appelé à recevoir cette déclaration, qui constate le jour à partir duquel doit courir le délai de six mois laissé à l'administration forestière pour faire signifier au propriétaire son opposition au défrichement. Cet amendement est adopté.

Le second amendement contenu au rapport, et qui consiste à substituer *le conseil de préfecture, sauf le recours au Conseil d'État*, aux mots : *le préfet, sauf le recours au ministre des finances*, est rejeté.

ARTICLE CCXX.

M. Duhamel a proposé d'ajouter à cet article une disposition ainsi conçue : « Lorsque la contravention « aux dispositions de l'art. 219 aura eu lieu sur le som- « met ou la pente des montagnes, l'amende sera dou- « ble ». Il s'appuie de l'art. 5 de la loi du 9 floréal an XI, et d'un arrêt de la Cour de cassation, du 29 germinal an XIII, qui a décidé que les défrichemens de bois de moins de deux hectares, ne pouvaient avoir lieu sur les terreins en pente. L'amendement n'est pas appuyé.

ARTICLE CCXXIII.

M. le comte de Caumont propose de porter

l'étendue à six hectares. Cet amendement a été rejeté.

Article additionnel.

Deux articles additionnels ont été proposés, l'un par *M. Chevalier-Lemore*, ainsi conçu : « Les pro- « priétaires de montagnes défrichées qui semeront ou « planteront le sommet et la pente desdites montagnes, « seront affranchis, pendant les trente premières an- « nées, de toute imposition foncière, en raison de « la contenance des terreins semés ou plantés. »

L'autre par *M. Duhamel* qui porte : « Les semis « et plantations de bois sur le sommet et le penchant « des montagnes, seront exempts de tout impôt « pendant vingt ans ». M. Lemore déclare qu'il se réunit à l'amendement de M. Duhamel. »

M. Duhamel. Nous devons de tout notre pouvoir encourager les plantations sur les montagnes.

M. Méchin demande qu'on ajoute, *et sur les dunes.*

M. de Martignac. Une disposition d'une nature à-peu-près semblable se trouve dans la loi de fri- maire an VII, art. 13.

M. Lemore. L'article cité affranchit seulement de l'augmentation des contributions, et nous de- mandons par l'amendement l'affranchissement de toute contribution.

L'amendement est adopté en ces termes : « Les « semis et plantations de bois sur le sommet des mon-

« tagnes et sur les dunes, seront exempts de tout im-
« pôt pendant 20 ans. »

M. Hay. Je demande que les futaies de 35 ans
soient exemptes de toute contribution. L'amendement n'est pas appuyé.

EXTRAIT

De l'exposé des motifs fait à la Chambre des pairs, par M. le vicomte DE MARTIGNAC, *ministre d'État, directeur général de l'Enregistrement et des Domaines.* (1)

QUELQUES changemens ont été apportés par la commission de la Chambre des députés, et adoptés par cette Chambre. — Ces changemens, que nous aurons l'honneur de vous faire connaître, ont eu généralement pour objet d'étendre et d'assurer l'exercice du droit de propriété, et de rentrer, autant qu'il est possible sur cette matière, dans les règles du droit commun.

La disposition qui détermine l'âge auquel un emploi forestier peut être conféré est de nature à appeler votre attention. Les ordonnances antérieures le portaient à vingt-cinq ans, et l'âge de vingt-cinq

______

(1) L'extrait ne contient que ce qui est relatif aux changemens apportés par la Chambre des députés.

ans était alors l'époque de la majorité. Le gouvernement proposait de le fixer à vingt-un ans, époque déterminée pour la majorité par nos lois actuelles.

La Chambre des députés a été retenue par cette considération, que, les agens et gardes-forestiers étant appelés à dresser des procès-verbaux destinés à faire foi en justice, il pourrait être imprudent de confier un tel pouvoir à des hommes de vingt-un ans : elle a maintenu l'âge de vingt-cinq ans; mais elle a permis d'accorder des dispenses aux élèves de *l'école forestière*, dont on aura pu reconnaître les principes, et qui auront puisé dans cet utile établissement les connaissances nécessaires à leur nouvel état. — Ce parti moyen a paru de nature à tout concilier.

Pour ce qui touche à la *délimitation* et au *bornage*, le projet du gouvernement présentait de grandes précautions destinées à avertir les intéressés et à assurer tous les droits. La Chambre des députés en a ajouté de nouvelles, en étendant les délais, et en exigeant les significations directes et personnelles, indépendamment de la publicité proposée. Ce mode offre quelques difficultés de plus dans l'exécution ; mais la matière est trop grave pour se refuser à accorder, au prix de quelques difficultés, une garantie qui paraît nécessaire.

Quant aux *affectations*, nous avions proposé de déclarer que le pourvoi devant les tribunaux entraînait la renonciation au délai de dix années accordé par la première disposition : la Chambre des députés a trouvé la proposition trop rigoureuse ; elle a décidé que ceux dont la prétention serait rejetée jouiraient néanmoins du délai ; mais elle a, par un second amendement, réservé à l'Etat, dans le cas où le titre serait reconnu valable, la faculté d'affranchir ses forêts de l'affectation maintenue, moyennant un cantonnement. Quoique le cantonnement n'ait jamais été appliqué qu'aux droits d'usage, et que nous soyons loin de reconnaître des usages dans les affectations, nous n'avons trouvé aucun motif de repousser une faculté qui peut avoir des avantages, et qui n'offre aucun inconvénient.

Dans la section des droits d'usage nous avions proposé d'admettre seulement ceux dont les droits auraient été reconnus fondés, ou le seraient par suite d'instances actuellement engagées : la Chambre des députés a pensé qu'il y aurait trop de rigueur, et qu'il y aurait même injustice, à repousser ceux qui, ayant joui sans trouble jusqu'à ce jour, avaient dû se croire dispensés de faire valoir des droits qui n'étaient pas contestés, et elle les a admis à produire leurs titres pendant le délai de deux années, à dater de la promulgation de la loi.

Le projet ajoutait que les droits de *pâturage* et autres semblables ne pourraient être convertis en cantonnement, mais qu'ils pourraient être rachetés moyennant une indemnité qui serait réglée de gré à gré ou par les tribunaux.

La Chambre des députés n'a pas repoussé le principe, mais elle a jugé nécessaire d'y faire une restriction. Elle a pensé, et vous croirez sans doute, que cette supposition n'a rien que de vraisemblable, qu'il pourrait arriver que l'exercice du droit de pâturage fût pour une commune d'une absolue nécessité et ne pût être remplacé par une indemnité pécuniaire; en conséquence, elle a décidé que, dans ce cas, le rachat ne pourrait être requis. Il fallait établir un juge pour prononcer sur la réalité de la nécessité alléguée, dans le cas où elle serait contestée. Plusieurs voix s'élevèrent pour désigner les tribunaux; la Chambre s'est déterminée pour les conseils de préfecture, par des motifs faciles à indiquer. — La disposition prévoit deux difficultés de nature différente : l'une est relative à la fixation de l'indemnité, c'est-à-dire, à l'appréciation du droit réel possédé par la commune usagère sur la propriété de l'Etat. Cette appréciation ne peut appartenir qu'aux tribunaux. L'autre est une simple question de convenance locale; elle se rattache à un fait qui touche à l'état matériel de la commune; elle se résout par une enquête *de commodo et incommodo*, et les actes de ce genre appartiennent au contentieux administratif. C'est donc au conseil de préfecture qu'il convient de les attribuer.

C'est aussi aux conseils de préfecture qu'a été confié le droit de statuer sur les contestations qui pourraient s'élever entre l'administration et les usagers sur *l'état et la possibilité des foréts.* Le projet conférait à l'administration forestière le droit de régler seule cet état, et de faire sur l'exercice des usages les réductions qui devaient en être la conséquence. On a pensé qu'il était juste de prévoir la possibilité d'un abus de ce pouvoir, et d'appeler l'autorité des conseils de préfecture à prononcer sur les réclamations que cet abus pourrait faire naître.

Dans le titre **v**, le gouvernement n'avait compris que les *apanages;* la Chambre des députés y a ajouté les *majorats reversibles à l'Etat;* et il faut reconnaître qu'en effet les mêmes principes doivent régir les deux situations.

Le projet avait laissé à l'administration forestière le droit d'agréer le choix des gardes des communes ou des établissemens publics, de les suspendre et de les destituer après avoir pris l'avis du conseil municipal ou des administrateurs. La Chambre a modifié ces dispositions : en cas de dissentiment entre la commune et l'administration forestière pour le choix d'un garde, elle a appelé le préfet à prononcer; elle a laissé à l'administration le droit de suspendre, mais elle a conféré au préfet seul celui de destituer.

Une innovation importante, entièrement à l'avantage des communes, a été adoptée par la Chambre des députés. Conformément à la législation actuelle, le projet proposait d'accorder au gouvernement, pour indemnité des frais d'administration, un décime par franc sur le prix principal des coupes adjugées;

il ajoutait un vingtième de la valeur des bois délivrés pour les coupes qui se délivrent en nature. La commission de la Chambre des députés est entrée, à l'occasion de cette proposition, dans les calculs les plus étendus; elle a posé en principe que le décime et le vingtième ne pouvaient être proposés comme des aggravations d'impôt, mais seulement comme la représentation exacte des frais faits par l'Etat pour l'administration des bois des communes; elle a établi, en fait, que le montant de ce prélèvement excédait la part proportionnelle que devaient supporter les communes dans les frais généraux de régie, et elle a demandé qu'une autre base fût adoptée. Le gouvernement a reconnu la justice de ces observations, et il y a été fait droit par une disposition qui porte qu'il sera ajouté annuellement à la contribution foncière établie sur les bois des communes, une somme équivalant à la part que ces bois doivent supporter dans les frais d'administration, et que cette somme sera réglée chaque année par les lois de finances. — Au moyen de cette contribution, tous les frais, autres que le salaire des gardes des communes, doivent rester à la charge de l'Etat. Cette disposition a eu l'assentiment unanime de la Chambre des députés.

Pour ce qui concerne le bois nécessaire au *service de la marine*, la Chambre des députés n'a pu méconnaître les inconvéniens et les dangers qui pourraient suivre l'abolition du martelage, si une transition à un état nouveau n'était pas suffisamment ménagée;

15

elle l'a donc maintenu encore, mais seulement pour dix années. — Elle a de plus ajouté quelques dispositions nouvelles dans l'intérêt des propriétaires et notamment l'obligation imposée à la marine de prendre la totalité des arbres coupés , après avoir été martelés , si elle en prend une partie.

A l'occasion de la police des bois en général , une disposition qui interdit aux propriétaires riverains des bois et forêts l'élagage des lisières , a donné lieu à une assez vive discussion ; mais la Chambre des députés a reconnu que l'article 672 du Code civil , par lequel le voisin est autorisé à élaguer les arbres qui s'étendent sur sa propriété , était renfermé dans le titre relatif *aux murs et fossés mitoyens* , et qu'il ne s'appliquait qu'aux arbres de clôture et nullement aux forêts pour lesquelles il existe et a toujours existé des règles spéciales auxquelles le Code n'a pas entendu déroger.

Dans la section sur *la police des forêts soumises au régime forestier* , la Chambre a réduit de moitié la distance dans laquelle les constructions étaient prohibées : elle a permis la reconstruction et l'agrandissement des maisons existantes , et n'a compris pour la prohibition que les bois des communes d'une étendue de 250 hectares au moins. Cette dernière modification est conforme à l'état actuel de la législation.

Une seule modification a été faite au titre qui détermine les *peines*; elle se rattache à la responsabilité civile prononcée contre les maris, les pères, les maîtres et commettans. Le projet originaire étendait cette responsabilité aux amendes. La Chambre des députés ne l'a étendue qu'aux restitutions, aux dommages-intérêts et aux frais. Elle a été déterminée par les règles du droit commun qui veulent que l'amende, étant considérée comme une peine, ne soit supportée que par ceux qui ont commis le délit. On opposait à cette considération les dispositions qui étendaient la responsabilité aux amendes dans les cas spéciaux, et notamment en matière de douanes, de contributions directes, de conscription et enfin de forêts. Toutefois la règle du droit commun a prévalu.

RAPPORT

Fait à la Chambre des pairs, au nom de la commission spéciale nommée pour l'examen du projet du Code forestier, par M. le comte ROY, l'un de ses membres. — (Séance du 8 mai 1827.)

Messieurs,

Nous sommes loin des temps où l'abondance des bois était telle, que nos rois étaient obligés d'en défendre de nouvelles plantations (1), et d'ordonner le défrichement de ceux qui étaient plantés. (2)

Depuis bien des siècles on en a senti l'importance et la nécessité; et leur conservation n'a plus cessé de fixer l'attention particulière du gouvernement : ce n'a plus été que dans les temps de désordres et de troubles qu'elle a été négligée.

---

(1) Capitulaire de Charlemagne de l'an 802 : *Et ubi locus fuerit ad stirpendum , stirpare facient judices.*

(2) Capitulaire de Louis-le-Débonnaire : *Ut comitibus denuncient ne ullam forestam noviter instituant, et ubi noviter institutas sine nostrâ jussione invenerint , dimittere præcipiant.*

C'est surtout depuis le treizième siècle que les ordonnances qui ont eu pour objet d'établir les principes et les règles d'une bonne administration se sont
multipliées : mais leurs sages dispositions n'ont pas
toujours été exécutées et les désordres ont continué
par les diverses causes par lesquelles les abus s'intro-
duisent et se maintiennent ordinairement.

Louis XIV voulut y mettre un terme : la sûreté
de l'Etat exigeait une marine puissante, et sa prospérité demandait un grand commerce maritime. *Il fallait pouvoir remplir ces objets sans avoir recours à
l'étranger, intéressé lui-même à n'en pas fournir les
moyens.* (1)

Ces grandes vues amenèrent l'ordonnance de 1669,
méditée et préparée pendant huit années par Colbert
et par les hommes les plus habiles qu'on ait pu réunir
dans toutes les parties du royaume. « Le ciel, dit le
« préambule de cette loi célèbre, a tellement favorisé
« l'application de huit années que nous avons don-
« nées au rétablissement de cette noble et précieuse
« partie du domaine, que nous la voyons aujourd'hui
« en état de refleurir plus que jamais, et de produire
« avec abondance au public tous les avantages qu'il
« en peut espérer, soit pour les commodités de la vie
« privée, soit pour les nécessités de la guerre, ou
« enfin pour l'ornement de la paix et l'accroissement

---

(1) Pecquet, *Recueil de lois forestières.*

« du commerce, pour les voyages de long cours dans
« toutes les parties du monde. »

L'ordonnance de 1669 a régi les forêts pendant
plus de cent cinquante ans : elle est même encore en
grande partie la règle observée en cette matière.

Mais cette loi tout entière n'est plus en harmonie
avec nos institutions.

Les juridictions spéciales qu'elle avait établies, et
qui réunissaient l'administration et la juridiction
contentieuse, n'existent plus : la juridiction contentieuse a été attribuée aux tribunaux ordinaires, et
l'organisation de l'administration a été changée.

L'ordonnance de 1669 a souvent apporté trop de
gêne à l'exercice des droits de la propriété privée,
alors même que la restriction d'une partie de ses
droits n'était pas commandée par les nécessités publiques. L'excès de sévérité des peines qu'elle prononce dans certaines circonstances, a quelquefois
amené l'impunité et les désordres qui en sont la suite
inévitable. Un grand nombre de ses dispositions ne
peuvent plus être exécutées, ou ne l'ont même pas
été ; d'autres ont été abrogées par d'autres lois qui se
contredisent, et qui n'ont point été combinées dans
un même système.

Les besoins qui se sont accrus avec l'accroissement de la population, du commerce, de l'industrie, des constructions et de l'aisance, alors cependant
qu'une grande altération dans le sol forestier se manifeste chaque jour, appellent, pour l'avenir, une néces-

saire prévoyance; et des changemens sont généralement attendus dans l'intérêt de la société et dans l'intérêt particulier.

Le projet de loi qui vous est présenté, messieurs, sous le titre de *Code forestier*, a pour objet de fixer la législation sur cette matière importante; d'en réunir les dispositions éparses dans un grand nombre d'ordonnances, de lois, d'arrêts du Conseil, d'arrêtés et de décrets; de corriger ou de modifier ce que la législation précédente peut avoir de défectueux, ou ce qui ne serait plus d'accord avec nos institutions, avec les besoins actuels de la société; et d'obtenir une bonne conservation dirigée dans les vues de l'intérêt public.

Ses dispositions ne seront pas seulement applicables aux forêts qui dépendent du domaine de l'État, ou qui sont soumises au régime de l'administration publique : elles seront également la règle à laquelle seront assujétis les bois particuliers dans les cas qu'elles déterminent.

Telle est donc, d'abord, la grande division du projet de loi : les bois qui seront soumis au régime de l'administration publique, avec plus ou moins d'étendue, suivant la qualité des possesseurs, et les bois des particuliers.

Le projet règle ce qui est relatif à chacune de ces espèces de propriétés, suivant leur nature, et sous les divers rapports de l'exercice des droits qui en dépendent; de leurs affectations spéciales à des services publics , de leur police et conservation , des poursuites et réparations , des délits et contraventions dont elles peuvent être l'objet ; des peines et des condamnations pour leur répression ; et enfin , de l'exécution des jugemens qui les prononcent.

Nous ne fatiguerons pas votre attention, messieurs, par l'examen inutile et minutieux de chacun de 225 articles dont se compose le projet de loi, lorsque, sur la presque totalité de ses dispositions de détail, nous n'aurions d'ailleurs à vous proposer que de vouloir bien leur donner votre assentiment. Si quelques-unes de ces dispositions sont susceptibles d'observation , elles pourront facilement en devenir l'objet au moment même où chaque article sera mis en discussion.

Nous nous bornerons donc, en suivant les divisions du projet de loi, à vous soumettre nos réflexions sur les questions principales qu'il présente.

Le projet ne détermine rien relativement à l'organisation même de l'administration forestière, au régime de laquelle seront assujétis les bois de l'État et les autres bois qui leur sont assimilés : il ne s'en occupe que sous le rapport des garanties que ses agens doivent offrir, et des conditions de leur capacité. (1)

C'est ainsi que nul ne peut exercer un emploi forestier, s'il n'est âgé de vingt-cinq ans accomplis,

---

(1) Art. 3 , etc.

sauf les dispenses d'âge qui pourront être accordées
aux élèves sortant de l'école forestière ; que les emplois de l'administration forestière sont déclarés incompatibles avec toutes autres fonctions, soit administratives, soit judiciaires ; que ses agens et préposés
ne pourront entrer en fonctions qu'après avoir prêté
serment devant le tribunal de leur résidence ; que les
gardes seront responsables des délits et abus qu'ils
n'auront pas constatés ; enfin, que les empreintes des
marteaux devront être déposées au greffe des tribunaux qui sont indiqués.

Une seule de ces dispositions peut donner lieu à
quelques observations : c'est celle qui fixe l'âge à vingt-
cinq ans accomplis.

L'ordonnance de 1669 (1) voulait également que
les maîtres particuliers, lieutenans, procureurs du
roi, garde-marteaux et greffiers des maîtrises, eussent
au moins l'âge de vingt-cinq ans accomplis. Les gardes devaient avoir le même âge, d'après l'article 85
de l'ordonnance d'Orléans.

Mais la majorité était alors fixée à vingt-cinq
ans ; en 1792, elle l'a été à vingt-un ans : elle a été
maintenue à cet âge par le Code civil.

Toutefois, les procès-verbaux des gardes-forestiers font foi en justice jusqu'à inscription de faux ; ils
remplissent les fonctions d'officiers de police judi-

---

(1) Art. 1er, titre II.

ciaire de la manière déterminée par le Code de procédure criminelle (1); et , enfin , la plupart des fonctions publiques ne peuvent être exercées qu'à l'âge de vingt-cinq ans.

Mais on peut opposer que, sous l'empire de l'ordonnance de 1669, on obtenait facilement des dispenses d'âge , et qu'il sera bien difficile de devenir bon forestier en n'entrant dans cette carrière qu'après vingt-cinq ans.

Il eût au moins été utile, sous plusieurs rapports, d'étendre aux fils, petit-fils , neveux et gendres des agens forestiers, la faculté de dispense d'âge accordée pour les élèves de l'école forestière.

Nous pensons aussi qu'il eût été avantageux de déterminer par la loi même que les nominations aux emplois ne pourraient avoir lieu qu'en se conformant à la hiérarchie des grades.

Les bois qui seront soumis au régime forestier, et dont la jouissance sera réglée par l'administration, conformément aux dispositions de la loi, sont :

Les bois et forêts qui font partie des domaines de l'État;

Ceux qui font partie du domaine de la couronne;

Ceux qui sont possédés à titre d'apanage et de majorats reversibles à l'État;

---

(1) Art. 8, 9, 16.

Ceux des communes et sections de commune ;

Ceux des établissemens publics ;

Ceux dans lesquels l'État, la couronne, les communes ou les établissemens publics, ont des droits de propriété indivis avec des particuliers. (1)

Le titre III a pour objet les bois et forêts qui font partie du domaine de l'État, et qui, par conséquent, sont soumis à la plénitude du régime forestier.

Nous appellerons votre attention sur les parties de ce titre qui sont relatives

A l'aménagement,

Aux droits d'usage,

Aux affectations.

Aménagement. (Art. 8 , 9 , 10 , 11 , 12 , 13 , 14 , 15 et 16.)

L'aménagement des bois est la plus importante partie de leur administration. Dans l'acception actuelle de ce mot, c'est l'art de diviser une forêt en coupes successives, et de régler l'étendue ou l'âge des coupes annuelles dans le plus grand intérêt de la conservation de la forêt, de la consommation en général, dans celui enfin du propriétaire, et, s'il s'agit des forêts de l'État, dans le plus grand intérêt de la société.

Autrefois , lorsqu'il s'agissait d'aménager une forêt, un arrêt du Conseil ordonnait la reconnaissance

---

(1) Art. 1er.

et la fixation des limites, l'abornement, le creuse-
ment des fossés nécessaires et le repeuplement des
clairières et des parties dégradées : toutes ces opérations faisaient partie de l'aménagement.

Mais le projet de loi prescrit d'abord les opérations de délimitation et de bornage, et en détermine
le mode.

Sous l'empire de l'ordonnance de 1669, tous
les riverains possesseurs de bois joignant les forêts de
l'État étaient obligés de les en séparer par des fossés
ayant quatre pieds de largeur et cinq pieds de profondeur, qu'ils devaient entretenir en état. (1)

Ces dispositions maintenues par divers arrêts du
Conseil, et depuis par des arrêtés du gouvernement
et des décisions ministérielles (2), donnaient désormais lieu à de nombreuses difficultés entre l'administration qui se fondait sur un droit spécial, et les
particuliers qui invoquaient les règles du droit
commun. (3)

Le projet de loi ne considère, à cet égard,
l'État que comme un propriétaire particulier. Les
opérations qu'il prescrit pour parvenir à la délimitation et au bornage des forêts domaniales, sont conformes aux principes du droit commun.

---

(1) Art. 4, titre xxvii.

(2) Arrêté du gouvernement du 19 pluviose an vi; décision du
19 septembre 1811, etc.

(3) Code civil, art. 545, 646, 647.

Mais si les opérations relatives à la délimitation et au bornage des forêts de l'Etat, partout en contact avec la propriété particulière, doivent être subordonnées aux principes du droit civil et de la propriété, leur aménagement est soumis à d'autres règles, à celles de la meilleure conservation et à celles d'une sage prévoyance des besoins de l'avenir.

Si la loi pouvait régler tous les détails de l'administration des forêts domaniales, elle en aurait le droit; l'Etat est propriétaire du domaine public : or il appartient au propriétaire de prescrire les règles d'administration de son domaine, et la loi est l'expression de la volonté de l'Etat. C'est par cette raison, sans doute, et parce que les produits des forêts sont des produits publics, que, dans tous les temps, la législation a agi sur le domaine de l'Etat et sur son administration.

Ce n'est donc pas parce qu'il serait hors des attributions de la puissance législative de fixer dans leurs détails les règles des aménagemens des forêts domaniales, que nous ne devons pas demander que le projet de loi s'étende à ces détails, mais c'est parce que de telles opérations ne peuvent être faites utilement et avec connaissance que par l'administration.

Comment, en effet, la loi pourrait-elle déterminer par des règles générales l'âge et la division des coupes, le mode d'exploitation, le nombre et le choix des réserves, lorsque toutes ces circonstances dépendent essentiellement de causes qui varient, pour chaque forêt, suivant la nature du sol, son exposition, la qualité et l'essence des arbres, les besoins particuliers ou publics, la proximité ou l'éloignement des lieux de consommation, la destination des produits, les moyens de transport ?

Les ordonnances qui, par des dispositions générales, ont réglé l'âge des coupes ordinaires ou des coupes de futaie, et ont déterminé la qualité ou le nombre des réserves, et le temps pendant lequel elles seraient nécessairement conservées, n'ont pas été exécutées, et n'ont pu l'être.

Le projet de loi a fait, à cet égard, tout ce que la sagesse commande, en ordonnant que *tous les bois et forêts de l'État seront assujétis à un aménagement réglé par des ordonnances royales.*

On eût peut-être pu desirer qu'il eût été ajouté que *les coupes ordinaires ne seraient mises en exploitation que d'après le procès-verbal d'assiette, balivage et martelage, conformément aux divisions des coupes et aménagemens.*

Cette disposition ne paraît cependant pas nécessaire, lorsque évidemment l'aménagement n'est prescrit que pour que l'administration s'y conforme.

Mais des parties de bois réservées pour croître en futaie, et des quarts de réserve dépendant de bois réunis au domaine public, ne sont souvent assujétis à aucun aménagement, à aucune division de coupes.

D'un autre côté, les circonstances diverses, telles que des besoins urgens, des incendies ou des abroutissemens, rendent quelquefois nécessaires des coupes qui sortent de l'aménagement et en dérangent l'ordre.

Ces différens cas sont prévus par le projet de loi : « Aucune coupe extraordinaire quelconque, ni au- « cune coupe de quarts en réserve, ou de massifs « réservés par l'aménagement pour croître en fu- « taie, ne pourront être faites dans les bois de l'Etat « sans une ordonnance spéciale du roi ; les ventes « qui auraient été faites et qui n'auraient point été « ainsi autorisées seront nulles ; les adjudicataires « pourront même, suivant les circonstances, exer- « cer leur recours contre les fonctionnaires ou agens « qui les auraient ordonnées. »

Ces précautions sont conformes à ce qui s'est précédemment pratiqué.

Il était même interdit de couper les baliveaux anciens et modernes sans une autorisation du conseil du roi, et il ne pouvait être fait aucune vente de futaies non aménagées qu'en vertu de lettres-patentes enregistrées aux parlemens et aux chambres des comptes (1).

---

(1) Ordonnance de 1566, art. 11. Ordonnance de 1669, tit. III, art. 16; tit. XV, art. 1er et 12; tit. XXIV, art. 3 et 4, tit. XXV, art. 8.

De semblables lettres étaient également exigées pour couper des quarts de réserve des arbres de futaie et des baliveaux sur taillis, dans les bois des usufruitiers, des communautés et des établissemens publics ou ecclésiastiques.

Ces formalités ont dû être modifiées d'après les changemens survenus dans nos institutions politiques.

D'abord, c'est à l'autorité qui règle les aménagemens, qu'il appartient de reconnaître et d'autoriser les exceptions qui, suivant les circonstances, peuvent être apportées à l'ordre qu'ils ont établi.

La formalité des lettres-patentes et de leur enregistrement avait principalement pour objet d'empêcher des abus, de prévenir les surprises, et de provoquer les observations et les remontrances sur des objets d'administration qui se liaient à de grands intérêts publics.

Les mêmes motifs ont déterminé la disposition qui prescrit *l'insertion au* Bulletin des lois *des ordonnances spéciales qui autoriseront les coupes de futaie, ou les coupes extraordinaires.*

On ne peut cependant pas se dissimuler que toutes les forêts de l'Etat ne sont point encore aménagées ; que les aménagemens d'un grand nombre de celles qui l'étaient ont été dérangés par les restitutions aux anciens propriétaires, ou par les ventes pour le compte de la caisse d'amortissement, ou pourront l'être encore par des circonstances diverses.

Les dispositions que nous vous proposons d'approuver, messieurs, ne pourront donc, pendant long-temps encore, être exécutées qu'imparfaitement, relativement aux coupes qui ne seraient point encore comprises dans un aménagement régulier ; mais, dans tous les cas, elles devront l'être pour les coupes de futaie ou de quarts en réserve dépendant de bois réunis au domaine de l'État.

Droits d'usage. (Art. 61 jusqu'à l'art. 86.)

Les dispositions du projet de loi relatives aux droits d'usage sont aussi d'une grande importance.

L'établissement de ces droits remonte aux temps de la monarchie les plus éloignés.

Ils sont de différentes espèces : ils se divisent principalement en droits d'usage en bois et en droits de pâturage, panage et glandée.

Sans nous perdre dans d'inutiles théories, et sans remonter au temps de la conquête pour rechercher à qui les bois appartenaient à cette époque, et quels pouvaient être alors les droits des communes dans ces bois, nous nous bornerons à dire que, depuis, ils se sont établis par concession, par tolérance, par don, et quelquefois à titre onéreux.

On conçoit qu'ils aient pu être accordés ou tolérés à des époques où le premier besoin était de détruire les forêts qui couvraient la plus grande partie du territoire ; aucun moyen ne pouvait avoir davantage cet effet : mais, lorsque les bois sont devenus

16

plus précieux, lorsqu'on a senti leur nécessité pour tous les besoins de la vie, des constructions, du commerce et de la défense du pays, leur conservation est devenue l'objet des sollicitudes du gouvernement, et la législation s'est continuellement occupée de régler l'exercice des droits d'usage, d'en restreindre ou d'en détruire l'abus.

On introduisit d'abord *les réserves, le réglement* ou *aménagement*, dont on trouve le principe dans une ancienne ordonnance de Philippe-le-Hardi, de 1280, et qui consistait seulement à resserrer les bornes de l'usage.

Le *cantonnement* a succédé au réglement, au commencement du XVIIe siècle.

Le cantonnement intervertit le titre primitif : son effet est de changer l'usage universel en une portion déterminée de propriété.

Le réglement n'opérait rien de semblable : il modifiait l'usage, mais sans changer le titre des usagers; et l'abandon que leur faisait le propriétaire d'une certaine partie de bois ne la faisait pas sortir de sa propriété, et ne l'a point privé de la faculté de demander ultérieurement le cantonnement.

Henri III, sur la demande des états-généraux de Blois *à ce qu'il fût pourvu à la diminution, dégradation et ruine des forêts,* avait, par l'ordonnance de 1579, révoqué tous les droits de chauffage concédés gratuitement depuis le règne de François Ier.

D'autres anciennes ordonnances avaient fait de semblables révocations.

Mais ces mesures partielles étaient bien insuffisantes pour les résultats qu'on voulait obtenir.

Les dispositions de l'ordonnance de 1669 furent plus générales et plus efficaces.

Elle supprime tous les droits d'usage en bois, et elle ordonne le remboursement en argent de ceux qui auraient été concédés à titre onéreux et avant 1560. (1)

Et comme les droits d'usage dans les bois sont des servitudes réelles qui n'appartiennent aux personnes qu'à raison des fonds auxquels ils sont attachés, elle n'admet l'exercice des droits de panage et pâturage qu'en faveur des habitans des maisons usagères seulement, dénommés dans les états arrêtés au conseil. (2)

Ces dispositions étaient des mesures d'ordre public commandées par des considérations d'intérêt général; mais elles n'étaient relatives qu'aux bois et forêts qui appartenaient à l'Etat, à l'époque de l'ordonnance de 1669. D'autres bois avaient été réunis depuis au domaine public, surtout dans le cours de la révolution, qui avait d'ailleurs amené de grands désordres dans l'exercice des droits d'usage qui pouvaient encore subsister.

____

(1) Titre xx, art. 1ᵉʳ et 2.
(2) Titre xix, art. 2.

La loi du 22 ventose an XI (19 mars 1803) a ordonné que les communes et les particuliers qui se prétendraient fondés à réclamer des droits d'usage dans les forêts dépendant du domaine public, seraient tenus de produire leurs titres, dans le délai de six mois, aux secrétariats des préfectures et sous-préfectures.

Le délai de production fixé par cette loi a été prorogé de six mois par celle du 7 ventose de l'an XII (27 février 1804), dont le dernier article porte *que les usagers qui n'auraient pas déposé leurs titres dans ce délai, seront déclarés irrévocablement déchus de tous droits.*

La déchéance prononcée par les lois que nous venons de rappeler n'a pas été appliquée avec rigueur par le gouvernement. On a continué, pendant un grand nombre d'années, de recevoir les titres des usagers, et on les a facilement relevés de la déchéance.

D'un autre côté, les conseils de préfecture, qui n'étaient cependant à cet égard investis d'aucun droit de juridiction, ont souvent statué sur les prétentions des usagers, et leurs décisions ont été approuvées par le ministre des finances.

Ces circonstances ont déterminé les dispositions de l'article 61 du projet, qui a pour objet de reconnaître ceux qui seront admis à exercer un droit d'usage quelconque dans les bois de l'Etat.

Ils sont divisés en trois classes :

Ceux dont les droits auront été, au jour de la

promulgation de la loi, reconnus fondés, soit par des actes du gouvernement, soit par des jugemens ou arrêts définitifs;

Ceux dont les droits seront reconnus tels par suite d'instances administratives ou judiciaires actuellement engagées;

Ceux enfin dont les droits seraient reconnus fondés par suite d'instances qui seraient intentées devant les tribunaux, dans le délai de deux ans, par des usagers actuellement en jouissance.

Ces dispositions méritent toute votre attention.

Elles confirment tous les relevés de déchéance;

Elles reconnaissent comme jugemens définitifs les décisions des conseils de préfecture approuvées par le gouvernement;

Elles relèvent de déchéance les usagers qui sont en instance administrative ou judiciaire, sans distinction de ceux qui ont produit leurs titres, et des époques où ils ont fait cette production.

Enfin, elles accordent, pour se pourvoir, un nouveau délai de deux ans à ceux qui, sans être en instance et sans avoir encore réclamé, sont actuellement en jouissance.

De telles dispositions pourraient donner lieu à beaucoup d'abus, si l'administration n'était pas très attentive à les éviter.

Mais, d'une autre part, elles sont appuyées sur de puissantes considérations.

Il est vrai qu'on peut dire que des décisions qui

ont reconnu des droits d'usage éteints par une déchéance absolue prononcée par la loi, ont véritable-
ment recréé ces droits, et qu'elles en ont de nouveau
fait la concession ; mais on peut répondre qu'il y a de
l'équité à ne pas se prévaloir, pour l'Etat, d'une déchéance rigoureuse contre des communes qui, n'étant
pas troublées dans l'exercice de leurs droits, ont pu
demeurer dans l'erreur sur les formalités qu'elles
avaient à remplir.

Le même principe d'équité a dû conduire à accorder un nouveau délai aux usagers qui sont en
jouissance actuelle, lorsque d'ailleurs le projet de loi,
et toutes les lois antérieures, déterminent bien positivement qu'il n'y a, pour l'usager, de jouissance légitime que celle qui est établie par la délivrance de
l'objet de l'usage.

Il est également vrai que les conseils de préfecture étaient incompétens pour statuer sur les réclamations de droits d'usage.

Mais des jugemens rendus par des juges incompétens n'acquièrent pas moins la force de la chose jugée,
lorsqu'il y a eu acquiescement, lorsqu'ils ont été exécutés, ou qu'ils ont été suivis d'une possession conforme.

Il ne peut non plus y avoir de doutes que les réclamations de droits d'usage qui seraient *actuellement
engagées* par-devant les autorités administratives, ne
doivent être renvoyées, par elles, par-devant les tribunaux, seuls juges compétens pour statuer sur des
droits de propriété. Mais il sera nécessaire d'apporter

une grande attention aux preuves par lesquelles il devra être authentiquement constaté que les usagers qui ne sont pas en jouissance actuelle étaient antérieurement *en instance administrative* : car, autrement, ceux même qui ne sont pas en jouissance, auraient des moyens d'exercer leurs réclamations pendant un délai indéfini.

Enfin, l'article 218 du projet de loi, qui porte que les droits acquis seront jugés d'après les lois et les réglemens précédemment existans, donne une garantie qui était indispensable contre la reconnaissance de droits qui auraient été supprimés ; ou contre la reconnaissance d'usagers qui ne devraient pas être admis.

Mais les principales garanties contre les abus des droits d'usage sont celles qui résultent de la faculté accordée au propriétaire d'affranchir la forêt des droits d'usage en bois par le cantonnement, et des droits de pâturage, panage et glandée, par le rachat, moyennant indemnité.

Nous n'avons pas, messieurs, d'observations importantes à vous soumettre relativement à la faculté même de demander le cantonnement.

Car, si l'on peut opposer qu'en substituant, sur la demande de l'un des contractans et malgré la résistance de l'autre, une convention nouvelle au contrat primitif, le cantonnement offense la loi civile, on doit répondre qu'il a été admis dans des vues politiques et supérieures ; qu'il s'exerce depuis cent cinquante ans, et qu'il a été spécialement autorisé par la loi du 19 septembre 1790.

Mais le projet de loi porte que « l'action en affranchis-« sement d'usage par la voie du cantonnement, n'ap-« partiendra qu'au gouvernement et non aux usagers.»

Cette disposition est conforme à ce qui avait toujours été admis.

Elle est conforme à la nature du droit d'usage, qui n'est qu'un *droit de servitude*, et à celle du cantonnement, qui n'est qu'un acte de rachat destiné à opérer la libération du fonds : c'est pour cela que les tribunaux n'admettaient jamais l'action en cantonnement qu'autant qu'elle était intentée par le propriétaire pour l'affranchissement de son fonds ; les usagers n'étaient pas reçus à le proposer, parce qu'il n'y a que celui qui est copropriétaire d'un fonds qui puisse en exiger le partage pour en avoir à lui seul une portion.

« Que deviendraient les forêts de l'Etat, si chaque usager pouvait avoir le droit d'en demander le partage, et d'y venir prendre part?

On ne peut expliquer la loi du 22 août 1792, qui a statué que le cantonnement pourrait être demandé tant par les usagers que par les propriétaires, que par les circonstances et le temps où elle a été rendue.

Toutes les considérations qui peuvent être présentées pour la restauration, pour la conservation, et même pour l'existence des forêts, ont commandé la disposition d'après laquelle les droits de pâturage, panage et glandée pourront être rachetés moyennant indemnité. (1)

Le pâturage est le plus grand fléau des bois : il en amène nécessairement la destruction dans un temps plus ou moins éloigné, puisqu'en n'épargnant que les vieilles souches qui périssent chaque jour, les bestiaux détruisent par le pied, ou par la dent, le jeune plant qui vient de semences et qui est destiné à les remplacer.

Avec le pâturage, il est impossible d'espérer des futaies, qui sont le but principal de la conservation, puisque les seules bonnes futaies sont celles qui viennent des brins de semences, et qu'en foulant et durcissant le sol, les bestiaux empêchent les faibles racines des semences de le pénétrer, écrasent ensuite ou dévorent les jeunes plants qui auraient pu échapper et s'élever.

On peut même dire qu'il n'y a pas d'âge où les bois soient exempts de ces graves inconvéniens, qui sont moindres pourtant dans les grands taillis que dans ceux qui sont jeunes et faibles.

Ces vérités sont attestées par tous les forestiers, par tous les procès-verbaux de visite et de réformation des forêts, par tous les écrivains français et étrangers qui ont écrit sur cette importante matière. « Pour « s'en convaincre, il suffit de comparer l'état d'un

____

(1) Art. 64.

« bois où le pâturage est interdit avec celui d'un bois
« où il est admis, ou, si l'on veut avoir un exemple
« encore plus frappant, de comparer l'état d'un bois
« avant son ouverture au pâturage avec celui qu'il
« présente après quelque temps de parcours : ces jeu-
« nes plants qui le garnissaient, et qui, s'ils avaient
« été comme le dit Buffon, éloignés de l'habitation
« des hommes, seraient devenus de la première gran-
« deur, auront disparu, et avec eux, l'espoir des
« générations qui doivent suivre. » (1)

M. de Perthis, la plus grande autorité qu'on puisse
citer en matière forestière, estime, en appelant de
tous ses vœux la suppression du pâturage, que les
six millions d'hectares qu'il suppose exister en France,
sont les restes de plus de quarante millions d'hectares
qu'elle possédait il y a deux mille ans : et il est persuadé que, de tous les bois détruits en France, la
main de l'homme n'en a pas détruit la vingt-cinquième partie, et que le surplus l'a été par les animaux broutans.

Les moyens de parvenir à détruire les causes d'une
si redoutable dévastation sont donc commandés, sous
tous les rapports, par l'intérêt général de la société.

Néanmoins le projet de loi respecte, avec raison,
le droit de propriété ; il ne propose pas la suppression
des droits de pâturage, mais leur rachat moyennant

____

(1) Duhamel.

indemnité : le principe en existe déjà dans le Code rural (1), qui porte : « qu'entre particuliers, tout « droit de vaine pâture fondé sur un titre, même dans « les bois, sera rachetable à dire d'experts. »

On peut juger, par l'exécution que cette loi a reçue, de celle que recevra la loi proposée : la faculté de racheter les droits de pâturage ne s'exercera que partiellement et lentement; et pendant long-temps encore elle ne sera qu'un moyen pour obtenir des usagers une jouissance moins abusive.

On ne peut même craindre que l'agriculture en éprouve du dommage : l'herbe des forêts, privée d'air et de lumière, et composée de plantes pour la plupart sans saveur et de mauvaise qualité, est peu recherchée par les bestiaux qui ne la mangent que parce qu'ils n'en trouvent pas d'autre. Le pâturage dans les bois sera remplacé plus avantageusement par des prairies artificielles. Tout le monde a pu remarquer que les races de bestiaux qui vivent habituellement dans les bois n'offrent que des sujets dégénérés, qu'une jouissance trop facile et la perte des engrais apportent réellement des obstacles au perfectionnement de l'agriculture, tandis que les pays où le pâturage n'a pas lieu dans les bois, présentent une population plus grande et plus aisée, des bestiaux plus nombreux, une agriculture mieux entendue et des récoltes plus abondantes.

____

(1) Loi du 28 septembre 1791, article 8, section IV, titre 1er.

Toutefois il est possible que, dans quelques localités, le pâturage dans les bois soit encore d'une *indispensable nécessité :* c'est pour ces cas, qui ne peuvent être que très rares, qu'il a été fait au projet de
loi un amendement d'après lequel l'administration
ne pourra, dans ces cas, requérir le rachat, sauf aux
parties à « se pourvoir devant les conseils de préfec-
« ture, dans celui où la nécessité serait contestée par
« l'administration. »

Nous avons pensé que cet amendement n'était pas
nécessaire ; qu'on ne pouvait supposer que le gouvernement, tuteur et administrateur suprême des communes, voulût jamais prescrire ou autoriser le rachat
d'un droit dont l'exercice serait d'une indispensable
nécessité pour une ou pour plusieurs communes; que,
dans tous les cas, la reconnaissance d'un fait de cette
nature, et les conséquences qu'elle devait entraîner,
ne pouvaient donner lieu à une question contentieuse
et de propriété dont la connaissance pût être attribuée
aux conseils de préfecture ; que, si elle était une
question de propriété, elle serait de la compétence
des tribunaux ; que les conseils de préfecture ne pouvaient être constitués juges des cas où le rachat, admis par des considérations *d'intérêt général et d'un
ordre supérieur,* devrait recevoir des exceptions par
des considérations d'intérêts particuliers ; que de telles
questions étaient d'abord des questions de haute administration ; que, sous ce rapport, elles ne pouvaient
être renvoyées qu'au gouvernement, qui avait d'ail-

leurs, par ses agens, tous les moyens de se procurer les renseignemens nécessaires pour pouvoir apprécier des demandes d'exception à un rachat qui n'était pas commandé par la loi et qui n'était que facultatif.

Par cela même que le cantonnement pour les usages en bois, et le rachat pour les droits de pâturage, ne se feront que lentement; que, dans beaucoup de circonstances, ces opérations pourront être retardées ou empêchées par diverses considérations, il a fallu en régler l'exercice : c'est ce que fait le projet de loi.

C'est ainsi que le pâturage ne peut avoir lieu que dans les cantons déclarés défensables (1), et conformément à la fixation du nombre des bestiaux qui, d'après les titres, doivent y être envoyés; (2)

Que les usagers ne peuvent jouir de leurs droits de pâturage et de panage que pour les bestiaux à leur propre usage, et non pour ceux dont ils font commerce; (3)

Que le troupeau de chaque commune ou section de commune doit être conduit par un ou plusieurs pâtres communs; (4)

Qu'il est défendu aux usagers, nonobstant tous

---

(1) Article 67.
(2) Article 68.
(3) Article 70.
(4) Article 72.

titres et possessions contraires, de conduire les chèvres, brebis et moutons dans les forêts ou sur les
terreins qui en dépendent; (1)

Que l'exercice des droits d'usage en bois ou en pâturage doit toujours être subordonné à la possibilité
des forêts; (2)

Que les usagers qui ont droit à des livraisons de
bois, de quelque nature qu'ils soient, ne peuvent
les prendre qu'après que la délivrance leur en a été
faite; (3)

Enfin, qu'il leur est interdit de vendre ou d'échanger les bois qui leur sont délivrés, et de les employer
à aucune autre destination que celle pour laquelle le
droit d'usage a été accordé. (4)

Toutes ces dispositions sont sages, nécessaires,
conformes à celles qui existent et qui ont toujours
existé, et à la nature des droits d'usage. Nous croyons
néanmoins, messieurs, devoir vous soumettre quelques observations sur divers amendemens faits au
projet primitif du gouvernement.

C'est l'administration forestière qui est chargée de
reconnaître la *possibilité* des forêts, et de déclarer *les
cantons défensables*; mais, dans le cas de contestation, ce sont les conseils de préfecture qui devront
prononcer.

---

(1) Article 78.
(2) Article 65.
(3) Article 79.
(4) Article 83.

C'est aussi l'administration forestière qui fixera le nombre des bestiaux qui, *d'après les titres*, devront être envoyés au pâturage; et comme, à cet égard, l'article 68 ne détermine pas la juridiction qui, en cas de difficulté, devra en connaître, il faut bien penser que cette juridiction, malgré l'analogie avec les deux autres cas, devra être celle des tribunaux ordinaires, seuls juges des droits de propriété, surtout lorsque l'article exprime formellement que la fixation sera faite d'après *les titres.*

Il est d'ailleurs évident que la connaissance des contestations qui pourront s'élever relativement à la *possibilité* ou à la *défensabilité* de la forêt, n'est attribuée aux conseils de préfecture que parce qu'on a considéré qu'il s'agissait de questions de *droits de propriété;* mais alors il est également évident qu'elles ne pouvaient être renvoyées que par-devant les tribunaux ordinaires.

D'un autre côté, l'article 121, relatif aux bois des particuliers, renvoie indistinctement devant les tribunaux les difficultés qui pourront s'élever entre le propriétaire et l'usager.

Les dispositions du projet de loi, sous les rapports sous lesquels nous les discutons en ce moment, ne sont donc pas en harmonie entre elles.

Elles créent une juridiction *spéciale* pour les droits d'usage qui peuvent appartenir aux usagers dans les bois de l'État, et elles soumettent la décision des questions de propriété qui les intéressent à des autorités administratives, et en définitive au gouvernement, qui est leur contradicteur.

Enfin, qu'arrivera-t-il lorsque l'une ou l'autre des parties croira devoir exercer le recours qui lui est réservé?

Les pouvoirs administratifs ne sont pas suspensifs : si des bois non défensables ont été déclarés défensables, ils seront ravagés quand la décision de l'administration supérieure interviendra; dans le cas, au contraire, où la délivrance de cantons défensables aurait été refusée, la saison du pâturage sera passée quand la décision sera rendue.

Et encore, qui statuera sur les dommages-intérêts qui seront dus dans l'un et l'autre cas? Les tribunaux, sans doute : de manière que, pour le même fait, il faudra plaider, dans tous les degrés, et par-devant les autorités administratives, et par-devant les tribunaux.

Suivant l'art. 72, les communes et sections de commune sont responsables des condamnations pécuniaires qui pourront être prononcées contre les pâtres qui doivent conduire leurs troupeaux, et qui sont choisis par l'autorité municipale, pendant le temps de leur exercice, et *dans les limites de leur parcours.*

Il est sensible que les communes ne peuvent être responsables de leurs pâtres que pendant le temps de leur exercice, puisque, hors de ce temps, ils ne sont plus les agens ou préposés des communes : mais elles ne peuvent pas n'être pas responsables des condamnations pécuniaires pour les délits et contraventions qu'ils commettraient *hors des limites du parcours;* car ce n'est qu'en qualité de préposés de la commune, et pour l'exercice de ses droits d'usage, qu'ils sont admis dans la forêt : d'ailleurs, s'il en était autrement, ils pourraient impunément conduire les troupeaux de la commune dans les jeunes taillis qui ne sont pas défensables, où l'herbe est plus abondante, et où ils causeraient des dommages irréparables.

Enfin, le second paragraphe de l'art. 78 paraît au moins inutile : il porte que « les usagers qui préten-
« draient avoir joui du pacage pour les chèvres, bre-
« bis et moutons, en vertu de titres valables ou d'une
« possession équivalente, pourront, s'il y a lieu, ré-
« clamer une indemnité pour raison de l'interdic-
« tion prononcée par le premier paragraphe du même
« article. »

Il faut ne pas perdre de vue qu'il s'agit des droits d'usage *dans les bois de l'Etat,* et que l'ordonnance de 1669 en a expressément défendu le pâturage aux habitans des paroisses usagères *pour les bétes à laine, chèvres, brebis et moutons* (1). Aucun titre, aucune possession, ne peuvent être valables contre l'Etat lorsque la loi est prohibitive.

---

(1) Art. 13, titre XIX.

Affectations. (Article 58.)

Nous venons, messieurs, de vous entretenir des droits d'usage dans les bois de l'Etat : nous ne devons pas confondre avec ces droits ces autres espèces de concessions désignées dans le projet de loi sous le nom d'*affectations à titre particulier.*

On appelle ainsi la faculté qui a été accordée de prendre annuellement dans les forêts de l'Etat, pour un établissement d'industrie, les bois nécessaires à l'alimentation de cet établissement, moyennant une rétribution qui était peu en proportion de la valeur des matières livrées. Elles sont au nombre de quatre-vingt-sept ; quelques-unes de ces concessions contiennent la stipulation d'un terme ; d'autres ont été faites pour une durée indéterminée ; quelques-unes même, dit-on, à perpétuité.

Le projet de loi maintient celles de ces affectations dont la durée ne s'étend pas au-delà du 1ᵉʳ septembre 1837 ; toutes les autres cesseront d'avoir leur effet à la même époque.

Les concessionnaires qui prétendraient que leurs titres leur ont conféré des droits irrévocables, devront se pourvoir devant les tribunaux dans le délai d'une année.

Si leur prétention est rejetée, ils jouiront néanmoins jusqu'au 1ᵉʳ septembre 1837.

Dans le cas, au contraire, où leur titre serait reconnu valable par les tribunaux, le gouvernement, quelles que soient la nature et la durée de l'affectation, aura la faculté d'en affranchir les forêts de l'Etat, moyennant un cantonnement pour tout le temps que doit durer la concession.

L'action en cautionnement ne pourra être exercée que par le gouvernement.

Telles sont les dispositions du projet de loi relativement aux affectations.

Nous avons d'abord cherché à déterminer la nature de ces concessions.

Ce ne sont pas des *engagemens* : car l'engagement autorisé par l'ordonnance de Moulins de 1566 avait lieu *à deniers comptans, pour la nécessité de la guerre, après lettres-patentes pour ce décernées et publiées dans les parlemens , avec faculté de rachat perpétuel.* (1)

L'engagement n'était autre chose que la concession d'un domaine de l'Etat pour gage de la restitution de la somme qui lui avait été prêtée, avec délaissement et délégation des fruits, pour acquitter l'intérêt de l'argent prêté. La possession de l'objet engagé passait nécessairement dans les mains du concessionnaire , auquel les produits en appartenaient pour en disposer à son gré, sans aucune affectation spéciale.

____

(1) Ordonnance de 1566, art. 1er.

Rien de semblable n'a eu lieu dans les concessions à titre d'affectations.

Elles ne peuvent non plus être considérées comme des concessions de droits d'usage de la nature de celles auxquelles se réfèrent les lois et ordonnances : car celles-là, comme nous l'avons déjà dit, remontent aux temps les plus reculés; et c'est par cette raison même qu'elles ont été respectées et maintenues.

Les affectations, au contraire, sont des concessions modernes : ce sont des concessions à longs termes de fruits et de produits qui n'ont jamais été exceptées des dispositions des lois qui ont prohibé les aliénations du domaine de l'Etat, ou de celles qui en ont prononcé la révocation.

L'ordonnance de 1566, dont les dispositions n'ont pas cessé d'être exécutées et à laquelle se sont toujours référées toutes les lois intervenues depuis, prohibe expressément l'aliénation du domaine de la couronne.

L'article 5 de cette loi célèbre est ainsi conçu : « Défendons à nos cours de parlement et chambres « des comptes d'avoir aucun égard aux lettres-pa- « tentes contenant aliénation de notre domaine *et* « *fruits d'icelui*, hors les deux cas d'apanage et d'en- « gagement pour quelque cause et temps que ce soit, « encore que ce fût pour un an, et leur est inhibé de « procéder à l'entérinement et vérification d'icelles. »

L'article 4 de la même ordonnance porte : « Ne « pourra notre domaine être baillé à ferme ou à

« louage, sinon au plus offrant ou dernier enchéris-
« seur ; et ne pourront les fruits des fermes ou louages
« dudit domaine être donnés à quelques personnes,
« ni pour quelque cause que ce soit ou puisse être. »

L'ordonnance de Blois de 1570 contient des dispositions aussi sévères. L'article 337 porte : « Ne vou-
« lons aussi, à l'avenir, être fait aucun don dans les
« bois de nos forêts, ou deniers provenant de la vente
« d'iceux, à quelque personne que ce soit, ni sembla-
« blement être fait vente et coupe par pied de nosdits
« bois ; défendant à nos officiers, tant de nos cours
« souveraines qu'autres, d'avoir égard aux lettres qui,
« au contraire, en pourraient être ci-après expé-
« diées. »

Enfin, l'ordonnance de 1669 a renouvelé de la
manière la plus expresse les prohibitions des précédentes ordonnances. « Réitérons, porte l'article 1er du
« titre XXVII, la prohibition faite par l'ordonnance
« de Moulins, de faire aucune aliénation, à l'avenir,
« de quelque partie que ce soit de nos forêts, bois et
« buissons, à peine, contre les officiers, de privation
« de leurs charges, et de 10,000 livres d'amende
« contre les acquéreurs, à notre profit, de tout ce qui
« pourrait avoir été semé, planté ou bâti sur les
« places de cette qualité. »

Les dispositions du projet de loi, d'après lesquelles
les affectations qui auraient été faites au préjudice des
dispositions prohibitives des lois et ordonnances doivent cesser d'avoir aucun effet au 1er septembre 1837,

sont donc conformes aux principes de notre droit public : elles sont d'ailleurs très favorables aux concessionnaires, auxquels elles accordent encore une prolongation de jouissance de dix années.

Néanmoins, les lois qui régissent le domaine de l'Etat ne doivent être exécutées, à l'égard des provinces réunies à la France postérieurement à l'ordonnance de 1566, qu'en ce qui concerne les aliénations faites depuis la date des réunions ; celles qui auraient été faites antérieurement aux réunions, doivent être réglées suivant les lois qui s'observaient dans ces provinces.

Quoique dans ces provinces, le domaine de l'Etat fût, comme en France, inaliénable, le projet de loi a dû, comme il le fait, laisser le droit de se pourvoir par-devant les tribunaux aux concessionnaires qui prétendraient le contraire, ou qui prétendraient en général que leurs titres leur ont conféré des droits irrévocables. La loi régit le domaine, soit que l'État en ait la possession et la jouissance actuelle, soit qu'il ait seulement le droit d'y rentrer de quelque manière que ce soit : mais des droits qui auraient été légalement et irrévocablement détachés du domaine n'en feraient plus partie ; et il suffit que le détenteur élève la prétention d'une propriété irrévocable, pour qu'elle doive être renvoyée devant les tribunaux.

Le projet de loi eût pu cependant, comme le gouvernement l'avait proposé, ne pas accorder la faveur de dix années de jouissance à ceux qui auraient préféré au forfait qu'il offrait à tous, l'exercice rigoureux de leurs droits, dans les cas où leurs demandes seraient rejetées par les tribunaux. Cette faveur devient, pour tous, une prime pour plaider.

Un autre amendement qui a été fait au projet de loi exige aussi quelques explications : c'est celui par lequel il est dit que, dans le cas où le titre serait reconnu valable, le gouvernement aurait la faculté d'affranchir de l'affectation les forêts de l'Etat, *par un cantonnement pour tout le temps que l'affectation devait durer.*

Il y a beaucoup d'inexactitude, et même du danger, à confondre ce qu'on appelle *affectation*, avec un droit de servitude, et à introduire dans la loi une espèce de cantonnement d'une nature toute différente de celle du cantonnement qui a eu lieu pour le rachat des droits d'usage : l'effet du cantonnement est toujours d'attribuer à l'usager la propriété entière et perpétuelle de la portion qui lui est abandonnée. C'est par l'abandon d'un droit de propriété qu'il n'avait pas, que se trouve compensée la privation de la plus ample portion de fruits à laquelle il avait droit. Mais on ne sait pas ce que serait un cantonnement qui ne devrait avoir qu'une durée limitée, et qui aurait probablement toujours pour résultat de faire rentrer dans le domaine de l'Etat, lors de la cessation de la jouissance, la forêt qui en aurait fait l'objet, dans un état de complète dégradation.

D'ailleurs, dans tous les cas, l'affectation doit

cesser de plein droit et sans retour (1), si le roulement de l'usine pour laquelle elle aurait eu lieu est arrêté pendant deux années consécutives. Que deviendrait alors un cantonnement qui aurait été fait à perpétuité, ou pour un grand nombre d'années?

Au surplus, messieurs, nous devons vous faire observer que le droit accordé au gouvernement de demander le cantonnement, n'est qu'une faculté dont il pourra user ou ne pas user, et que cette faculté n'est pas réciproque.

Nous ajouterons qu'il ne nous paraît pas que les concessionnaires soient fondés à se plaindre de ce que le projet de loi les assujétit à exercer eux-mêmes une action contre l'Etat, lorsqu'ils sont en possession, et lorsque c'est l'administration qui leur fait des demandes.

Il est, au contraire, bien évident que c'est l'Etat qui est en possession des forêts, et que c'est à ceux qui viennent demander des délivrances dans les bois d'autrui à établir leurs droits à ces délivrances.

Bois du domaine de la couronne. (Art. 86, 87, 88.)

Nous avons maintenant à vous parler, messieurs, des bois et forêts qui font partie de la dotation de la couronne, qui sont aussi soumis au régime forestier.

Ces bois seront exclusivement régis et administrés

---

(1) Article 59.

par le ministre de la maison du roi, conformément aux dispositions de la loi du 8 novembre 1814. Les agens et gardes de ces forêts seront en tout assimilés aux agens et gardes de l'administration forestière, tant pour l'exercice de leurs fonctions que pour la poursuite des délits et contraventions; et toutes les dispositions relatives aux bois de l'Etat leur seront applicables, sauf les exceptions qui résultent de ce que l'administration exclusive de ces bois est attribuée au ministre de la maison du roi. (1)

Les bois de la dotation de la couronne ne cessent pas de faire partie du domaine de l'Etat par l'affectation qui en est faite à la couronne. Il n'y a donc pas de raison pour que les règles prescrites pour les bois de l'Etat ne soient pas les mêmes pour ceux qui dépendent de la dotation de la couronne.

Nous devons néanmoins vous soumettre quelques observations qu'a fait naître l'examen du projet.

Une portion des bois de l'Etat a été attachée à la dotation de la couronne par la loi du 8 novembre 1814 et par celle du 15 janvier 1825 ; mais cette affectation n'a lieu que pour la jouissance : la couronne n'est qu'usufruitière et ne jouit que comme usufruitière. C'est par cette raison qu'aux termes mêmes de la loi du 8 novembre, l'échange des immeubles dépendant de la dotation de la couronne ne peut avoir lieu qu'en

----

(1) Art. 87 et 159.

vertu d'une loi (1), que les baux de ces biens qui excéderaient neuf années doivent être autorisés par une loi (2); que les bois et les forêts sont exploités conformément aux règles d'administration forestière (3); et enfin qu'il doit être fait une nomenclature exacte et dressée des plans des châteaux, bois et forêts et autres immeubles affectés à la dotation de la couronne, et que ces états et plans doivent être déposés à la Chambre des pairs et à celle des députés.

Il existe donc, relativement à ces biens, deux intérêts; celui de l'Etat propriétaire, et celui de la couronne usufruitière.

La conservation de ces deux intérêts doit avoir également ses garanties.

La loi pourvoit suffisamment à la conservation des intérêts de l'usufruit, puisqu'elle attribue exclusivement à la couronne la régie et l'administration des bois qui en dépendent.

Les mêmes garanties n'existeraient pas pour la propriété de l'Etat si, *pour ce qui intéresse cette propriété*, on pouvait entendre que la régie et l'administration attribuées au ministre de la maison du roi excluent celles de l'administration publique, ainsi que sembleraient le faire supposer le mot *exclusivement* ajouté, par le projet, aux dispositions de la loi

----

(1) Art. 11 de la loi du 8 novembre.
(2) Art. 15.
(3) Art. 16.

du 8 novembre 1814 , et l'article 159 du projet de loi.

Cependant, telle n'a pas été l'intention de ce projet, puisque la régie et l'administration exclusive des bois de la dotation de la couronne ne sont attribuées au ministre de la maison du roi que conformément à la loi du 8 novembre, et que les mots *régie et administration* ne peuvent s'entendre des actes qui auraient pour objet la disposition du fonds même de la propriété.

L'administration publique n'est donc pas dispensée d'en exercer la surveillance sous ce rapport, et de faire tous les actes que cette surveillance exigerait.

D'une autre part, le projet exprime bien que toutes les dispositions qui sont applicables aux forêts et bois du domaine de l'Etat , le sont également aux bois et forêts qui font partie de la couronne ; mais une de ces principales dispositions est qu'il ne pourra être fait, dans les bois de l'Etat, de coupes extraordinaires , ni aucune coupe de massifs réservés pour croître en futaie , *sans une ordonnance spéciale du roi* , à peine de nullité de ventes. On sent bien que l'application de cette disposition aux bois de la couronne amène la nécessité de substituer pour ces bois une loi à *une ordonnance* , pour le cas qu'elle prévoit : c'est la conséquence de sa qualité d'usufruitière, et de la disposition de la loi du 8 novembre, d'après laquelle ce qui excède les bornes d'une jouissance ordinaire doit être autorisé par une loi.

Ce sera d'ailleurs le moyen de prémunir la couronne contre les surprises qui pourraient lui être faites, de même que Louis XIV défendait aux parlemens et aux chambres des comptes d'avoir égard aux lettres-patentes qui compromettraient le domaine de l'Etat, et qu'il pourrait accorder par importunité ou autrement.

Il sera sans doute utile de proposer ultérieurement quelques dispositions législatives qui rendront encore plus claires et plus positives celles qui existent déjà dans le projet de loi.

Il est même probable qu'un jour viendra où la couronne pensera que tous les bois qui dépendent du domaine de l'Etat doivent être régis, sans exception, par l'administration publique et générale; et qu'elle trouvera, dans cette administration qui prend sa force et ses pouvoirs à la même source qu'une administration spéciale, et plus d'économie, et plus de garantie d'une bonne conservation.

Bois d'apanage et de majorats reversibles à l'Etat.

Les bois et forêts qui sont possédés à titre d'apanages et de majorats reversibles à l'Etat, sont aussi soumis au régime forestier, mais seulement quant à la propriété du sol et à l'aménagement des bois. (1)

L'administration forestière y fera faire les visites

---

(1) Art. 89.

et les opérations qu'elle jugera nécessaires pour s'assurer que l'exploitation est conforme à l'aménagement, et que les dispositions relatives à la délimitation, au bornage et à l'aménagement, sont exécutées.

Toutes les concessions d'apanages ont été révoquées par la loi du 21 septembre 1790.

Mais un nouvel apanage a été constitué par la loi du 15 janvier 1825 relative à la fixation de la liste civile : il se compose des biens provenant d'un précédent apanage, et le nouvel apanage est constitué *aux mêmes titres et conditions*.

C'est donc dans ce qui se pratiquait avant la suppression des apanages, c'est dans les édits de leur constitution, et particulièrement dans celui relatif à l'apanage rétabli, qu'il faut rechercher les motifs pour lesquels les bois et forêts qui en dépendent doivent être soumis au régime forestier.

L'ordonnance de Moulins de 1566, qui prohibe l'aliénation du domaine de l'Etat, l'autorise néanmoins « pour apanage des puînés mâles de la maison « de France ; auquel cas, *dit-elle*, il y a retour à « la couronne, en pareils état et conditions qu'était « le domaine lors de la concession de l'apanage, « nonobstant toute disposition, possession, acte exprès « ou taisible fait ou intervenu pendant l'apanage. » (1)

Mais elle excepte les bois de haute futaie, qui ne

____

(1) Art. 1er.

pourront être coupés par les apanagistes (1), et elle déclare que les terres *aliénées et transférées à la charge de retour à la couronne, à défaut d'hoirs mâles ou autres conditions semblables* ne cessent pas de faire partie du domaine de la couronne. (2)

La loi du 1ᵉʳ décembre 1790 (3) dit également que le domaine public s'entend de toutes les propriétés foncières et de tous les droits réels ou mixtes qui appartiennent à l'Etat, soit qu'il en ait la possession et la jouissance actuelles, *soit qu'il ait seulement le droit d'y rentrer par la voie du rachat, de reversion ou autrement.*

Lors de la suppression des apanages, trois apanages seulement existaient : celui de la maison d'Orléans, constitué par l'édit du mois de mars 1661 ; celui de M. le comte de Provence, constitué par édit du mois d'avril 1771, et celui de M. le comte d'Artois, constitué par édit du mois d'octobre 1773.

« Tous sont donnés, octroyés et délaissés (par le « roi) à la charge du retour à la couronne, pour « entretenement du prince apanagiste, selon la na- « ture des apanages de la maison de France, et la loi « du royaume toujours gardée à cet égard ; et ce, « jusqu'à concurrence de 200,000 livres de revenu, « par chacun an, les charges préalablement acquit-

---

(1) Art. 3 , ordonnance de Blois de 1559.
(2) Ordonnance de 1566, article 8.
(3) Art. 1ᵉʳ.

« tées ; à la condition , néanmoins , à l'égard des
« bois de futaie , d'en user en bons pères de famille ,
« et de n'en couper que pour l'entretenement et
« réparations des édifices - châteaux de l'apa-
« nage. »

L'édit de 1661 ne contenait pas cette dernière
condition en termes exprès ; mais elle y fut ajou-
tées par l'arrêt d'enregistrement du 7 mai.

Si des coupes extraordinaires ou des coupes de
futaie devenaient nécessaires dans les bois d'apanage ,
elles ne pouvaient avoir lieu qu'après qu'elles avaient
été autorisées par des lettres-patentes enregistrées
dans les cours, lesquelles déterminaient l'emploi du
prix qui en proviendrait, après qu'il aurait été versé
dans les caisses publiques. (1)

Toutes les opérations et même les ventes et adjudications étaient faites par les officiers des maîtrises royales.

Toutefois, dans les derniers temps, c'est-à-dire en
1751 , 1772 et 1774 , les princes apanagistes avaient
obtenu des lettres-patentes qui les autorisaient à faire
leurs exploitations par économie, ou à faire les
ventes, en leur conseil , de la manière qui leur paraîtrait le plus convenable , mais toujours après que
la délivrance des coupes leur aurait été faite par
les officiers des maîtrises, et en observant les for-

---

(1) Lettres-patentes du 4 mars 1751 , enregistrees le 8 juillet.

malités et les dispositions des ordonnances et des réglemens. (1)

Les détails dans lesquels nous venons d'entrer, messieurs, justifient que c'est avec raison que les bois et forêts possédés à titre d'apanage sont assujétis, par le projet de loi, au régime forestier, pour toutes les opérations relatives à la délimitation, au bornage, à l'aménagement, à la prohibition de grever le sol d'aucun droit d'usage, puisque ces bois et forêts, en entrant dans une constitution d'apanage, ne cessent pas de faire partie du domaine de l'Etat.

Elles prouvent aussi qu'il était indispensable d'attribuer un droit de surveillance dans ces bois à l'administration forestière.

Mais comment s'exercera cette surveillance ? comment pourra-t-elle être efficace, lorsque cette administration n'est chargée de faire, ni les assiettes, ni les délivrances, ni les récolemens, et lorsque la loi n'assujétit même les agens à aucune responsabilité, et n'annulle pas les ventes qui seraient une atteinte à la propriété ?

Comment encore sera fait le procès-verbal prescrit par l'ordonnance de 1566 et par celle de 1669, qui, avant l'entrée en jouissance de l'apanagiste, doit

---

(1) Lettres-patentes du 15 août 1751, enregistrées le 26; — lettres-patentes du 5 mai 1772, enregistrées le 4 juin; — lettres-patentes du 6 mars 1774, enregistrées en la chambre des comptes le 29 avril.

établir et constater , pour le cas de retour , l'âge,
la nature et la qualité des bois , l'essence et le nombre
des baliveaux ?

Il semble donc que quelques nouvelles dispositions
deviendront nécessaires.

Ce que nous venons de dire s'applique naturellement aux bois des majorats reversibles à l'Etat.

Bois des communes et des établissemens publics.
(Art. 90 et suivans.)

Les bois des communes et ceux des établissemens
publics sont aussi du nombre de ceux qui sont , avec
raison, soumis au régime forestier.

Les bois qui appartiennent aux communes occu-
pent environ un trentième du territoire entier de la
France , et forment à-peu-près le tiers des bois
qui en couvrent le sol ; ils sont généralement aménagés à vingt-cinq ans , indépendamment du quart
tenu en réserve : bien administrés , ils doivent être la
plus précieuse ressource pour tous les besoins publics
et particuliers.

Les communes et les établissemens publics ont la
propriété absolue de leurs bois ; mais à-peu-près
comme un grevé de substitution est plein propriétaire
des biens substitués.

Les communes et les établissemens publics sont
d'ailleurs réputés toujours mineurs ; et , sous ce rapport , les uns et les autres doivent être assujétis dans
leur régie à la surveillance et à l'inspection de l'ad-

ministration supérieure : cependant l'action du gouvernement sur leurs bois ne doit être qu'une action de précaution et de garantie, pour leur compte, dans leur intérêt et dans l'intérêt des générations qui doivent suivre.

Il ne faut pas confondre les bois des communes appelés *bois communaux*, qui leur appartiennent en propriété, avec les bois sur lesquels les communes n'exercent que des droits d'usage, plus ou moins étendus, dont nous avons précédemment parlé : il s'agit, en ce moment, des bois *communaux*.

Ces bois appartiennent bien, comme nous venons de le dire, quant à la propriété, au corps de la commune ; mais, quant à l'usage dans les limites de la jouissance ordinaire, ils appartiennent aux habitans particulièrement.

C'est aussi sous ce double rapport que les bois communaux sont considérés par le projet de loi.

Sous le rapport de la propriété, ils ne peuvent donner lieu à un partage entre les habitans; mais lorsque deux ou plusieurs communes possèdent un bois par indivis, chacune conserve le droit d'en demander le partage. (1)

Ces dispositions sont conformes au droit commun, en ce qu'elles autorisent le partage des bois communaux qui seraient la propriété indivise de

_____

(1) Art. 92.

plusieurs communes, puisque , d'après les règles du droit commun , les propriétaires ne peuvent être forcés de demeurer dans l'indivision.

Elles sont conformes à la nature des choses, en ce qu'elles déclarent que le partage de la propriété ne peut être fait entre les habitans : car chaque habitant n'a qu'un droit de jouissance dans les bois communaux : la propriété n'appartient qu'au corps de la commune. Le partage de ces bois entre les habitans serait donc subversif du droit de propriété , puisqu'il ferait entrer , par parcelles , dans le domaine privé des particuliers, un fonds dont ils ne sont pas co-propriétaires.

Le partage serait d'ailleurs contraire à la destination de cette espèce de propriété qui n'a été laissée en commun dès le principe, ou établie telle par la suite des temps , que pour servir aux aisances et à la conservation perpétuelle du corps dont elle constitue le patrimoine. Il ne pourrait avoir lieu que par des considérations politiques d'un ordre supérieur à celles qui en interdisent la faculté.

C'est par des raisons tirées des mêmes principes qu'il ne peut appartenir qu'à l'autorité publique de déterminer ou de changer l'aménagement des bois communaux. (1)

L'établissement d'un aménagement, ou le changement de celui qui était établi, détermine ou change

______

(1) Art. 90.

18.

le mode et l'étendue de la jouissance : c'est une véritable disposition de propriété, relativement à une
nature de biens dont les fruits ne tombent en jouissance qu'à de longs intervalles, et font la principale
valeur du sol.

De telles opérations, qui d'ailleurs intéressent l'ordre
public et l'économie politique, ne peuvent être aban-
données aux communes, toujours disposées à abuser,
qui ne voient rien au-delà de la jouissance du moment,
et incapables de porter jamais un regard de prévoyance sur l'avenir.

Un quart des bois des communes et des établissemens publics sera toujours mis en réserve (1); et,
comme les bois de l'Etat, ils pourront être affranchis, par le cantonnement, de la servitude de droits
d'usage en bois. (2)

Les coupes des bois communaux destinées à être
partagées en nature seront faites par un entrepreneur spécial agréé par l'administration forestière, et
assujéties à des précautions qui en assurent la bonne
exploitation. (3)

Le partage des bois d'affouage sera fait par feu,
c'est-à-dire par chef de famille ou de maison, ayant
domicile réel et fixe dans la commune, s'il n'y a
titre ou usage contraire. (4)

---

(1) Art. 93.
(2) Art. 111.
(3) Art. 103.
(4) Art. 105.

Le choix des gardes sera fait, pour les communes, par le maire, sauf l'approbation du conseil municipal, et pour les établissemens publics, par les administrateurs de ces établissemens ; ils seront agréés par l'administration forestière, qui délivrera les commissions : en cas de dissentiment, le préfet prononcera. (1)

Ils pourront être suspendus par l'administration forestière ; mais la destitution, s'il y a lieu, sera prononcée par le préfet. (2)

L'expérience fera reconnaître si ces dispositions sont suffisantes, et si elles donnent assez de pouvoir à l'administration forestière sur les gardes. On eût peut-être dû accorder également à cette administration le droit de destitution. Il ne sera exercé, par le préfet, que sur la délégation qui lui en est faite par la loi ; et la loi pourrait également faire cette délégation à l'administration forestière. Ses dispositions, dans ce cas, ne doivent être déterminées que par la considération de ce qui est le plus utile pour la conservation. Or, il ne paraît pas douteux qu'il serait bien plus avantageux, pour cette conservation, que l'administration pût destituer un garde qui ne remplirait pas ses devoirs, qu'il ne l'est d'attribuer le pouvoir de la destitution au préfet, qui n'est pas toujours exempt des influences locales. Une fois

______

(1) Art. 95.
(2) Art. 98.

nommé, le garde-forestier entre dans l'administration, et il est soumis aux règles et aux devoirs qu'elle impose. Quelle autorité pourra-t-elle avoir sur un garde qui n'aura rien à espérer et rien à craindre d'elle, et qui aura souvent, par son maire, dont il sera le serviteur et le complaisant, un protecteur puissant près du préfet ? Que sera-ce encore si, malgré la suspension prononcée par l'administration et au mépris de ses plaintes, le garde est rétabli et maintenu dans ses fonctions par l'autorité du préfet ? Il est souvent arrivé autrefois que les intendans ont voulu s'immiscer dans l'administration des bois communaux; mais leur intervention dans cette administration a toujours été repoussée. (1)

Le projet de loi présente une innovation importante et très avantageuse aux communes et établissemens publics, relativement à ce qui a été précédemment pratiqué pour la fixation de la participation de leurs bois aux frais d'administration. Le montant de la partie de ces frais qui sera mise à leur charge, sera désormais déterminé dans la proportion des frais généraux de régie. La somme que les communes et les établissemens publics devront acquitter, sera réglée, chaque année, par la loi de finances, et ajoutée à la contribution foncière des bois qui en se-

---

(1) *Voyez* les nombreux arrêts du Conseil, rappelés dans le dictionnaire forestier de Chailland, aux mots *Bois communaux* et *Intendans.*

ront l'objet. Au moyen de cette contribution, tous les frais autres que le salaire des gardes resteront à la charge de l'Etat.

On ne peut méconnaître, messieurs, que les dispositions du projet de loi relatives aux bois des communes et des établissemens publics n'apportent à leur situation de sensibles améliorations. Quelques-unes peuvent encore être desirées; mais il serait difficile de les établir tant que le pouvoir municipal ne sera pas organisé, et que les fonctions qui lui sont propres ne seront pas définitivement réglées.

Bois et forêts indivis. (Art. 113, etc.)

Nous vous soumettrons, messieurs, peu d'observations relativement aux bois et forêts dans lesquels l'Etat, la couronne, les communes ou les établissemens publics, ont des droits de propriété indivis avec des particuliers, lesquels forment la dernière classe des bois soumis au régime forestier.

L'assujétissement de ces bois au régime forestier vous paraîtra sans doute indispensable ; car l'Etat a un droit de propriété dans chaque partie d'un bois indivis avec lui, et il a intérêt à la conservation de la totalité et de chaque partie de ce bois tant qu'il demeure indivis. Or, la conservation des droits qui lui appartiennent ne peut pas être confiée à une administration de particuliers, et l'administration publique ne peut pas non plus être subordonnée à une administration privée. D'ailleurs l'état d'indivision est volontaire.

Nous devons faire observer que le projet de loi assujétit au régime forestier, *sans aucune restriction*, les bois indivis avec le domaine de la couronne, lorsque pourtant les bois de la couronne sont généralement exceptés de ce régime pour leur régie et administration.

Il pourrait donc exister des embarras si quelques bois de particuliers se trouvaient indivis avec les bois de la couronne; mais l'embarras pourrait être surmonté, puisque, pour le faire cesser, il suffirait, de part ou d'autre, de demander le partage.

Bois des particuliers. (Art. 117, etc.)

Nous arrivons aux dispositions du projet de loi relatives aux bois des particuliers.

L'ordonnance de 1669 les avait soumis à une partie du régime établi pour les bois de l'Etat.

Il était enjoint aux propriétaires de régler la coupe de leurs bois-taillis au moins à dix années, d'y réserver seize baliveaux par chaque arpent, et dix dans les bois de futaie, pour n'en disposer qu'à l'âge de quarante ans, pour les taillis, et de cent ans pour les futaies; les coupes devaient y être faites à la cognée et à fleur de terre, comme dans les bois de l'Etat. (1)

---

(1) Titre XXVI, art. 1er.

Il était ordonné aux propriétaires de bois joignant les forêts du domaine de déclarer aux greffes des maîtrises royales le nombre et la quantité qu'ils en voulaient vendre chaque année (1), et à ceux qui possédaient des bois de haute futaie à la distance de dix lieues de la mer et de deux lieues des rivières navigables, de les vendre et faire exploiter sans en avoir donné avis au contrôleur général des finances. (2)

Enfin, les officiers des maîtrises étaient autorisés à faire des visites et inspections dans les bois des particuliers pour y faire observer l'ordonnance, et réprimer les contraventions.

La loi du 29 septembre 1791 les affranchit entièrement de toutes les entraves de l'ordonnance de 1669, et des lois et réglemens qui l'avaient suivie.

Les dispositions du projet de loi laissent également aux particuliers la libre administration et l'entière disposition de leurs bois, sauf deux exceptions importantes, mais dont la durée est limitée, et dont nous vous entretiendrons dans un moment.

Ils pourront, comme l'Etat, et par les mêmes motifs d'intérêt public, faire cesser les droits d'usage en bois par le cantonnement, et ceux de pâturage par le rachat moyennant indemnité.

La loi leur accorde aussi les mêmes moyens de ga-

---

(1) Titre XXVI, art. 4.
(2) *Ibid.* art. 3.

rantie contre les abus de l'exercice de ces droits, tant que leurs bois n'en seront affranchis ni par le cantonnement ni par le rachat.

Les usagers ne pourront y prendre les bois auxquels ils auraient droit qu'après que la délivrance leur en aura été faite.

Les droits de pâturage, parcours, panage, glandée et autres de cette nature, ne pourront être exercés que suivant l'état et la possibilité de la forêt, et dans les parties de bois reconnues défensables.

Les usagers ne pourront jouir des droits de pâturage que pour les bestiaux à leur propre usage, et ne pourront vendre ou échanger les bois qui leur seront délivrés, ni les employer à une autre destination que celle pour laquelle le droit d'usage a été accordé.

Les précautions prescrites pour la marque, la conduite et la garde des bestiaux dans les bois de l'Etat soumis à des droits d'usage, seront également observées dans les bois des particuliers.

Et, dans tous les cas de contestation entre le propriétaire et l'usager, il y sera statué par les tribunaux.

Les particuliers nommeront leurs gardes, qui devront être agréés par le sous-préfet ou le préfet, et prêter serment devant le tribunal de première instance.

Mais, à cet égard, messieurs, nous devons, pour ne pas y revenir, vous faire part d'une difficulté fort sérieuse.

Les procès-verbaux des gardes dans les bois de l'Etat, des communes et des établissemens publics, lorsqu'ils sont signés par deux agens ou gardes-forestiers, feront preuve, jusqu'à inscription de faux, des faits matériels relatifs aux délits et contraventions qu'ils constatent (1), tandis que les procès-verbaux dressés par les gardes des bois et forêts des particuliers ne feront foi que *jusqu'à preuve contraire.* (2)

S'il est vrai, comme l'a dit M. le commissaire du roi (3), que, *sans cette disposition*, pour les gardes de l'administration publique, *il n'y a pas de répression possible*, les bois des particuliers, pour lesquels elle n'existe pas, demeureront sans garantie contre les délits et contraventions qui pourront y être commis.

On sait d'ailleurs avec quelle facilité les délinquans trouvent, dans les campagnes, des témoignages contre les procès-verbaux des gardes.

La nécessité d'avoir pour chaque délit un procès dont les frais retombent presque toujours sur le propriétaire, l'empêche de poursuivre, amène l'impunité et beaucoup de désordres dans les bois particuliers.

Cependant nous avons considéré que le projet de loi ne faisait que maintenir l'état de choses qui existe; qu'il y aurait bien aussi du péril dans la disposition

______

(1) Art. 176.

(2) Art. 188.

(3) Exposé des motifs à la Chambre des députés, page 43.

par laquelle les procès-verbaux des gardes des particuliers feraient foi jusqu'à inscription de faux ; que souvent ils pourraient être les instrumens des passions de propriétaires qui ne donnent pas toujours à la société de suffisantes garanties ; enfin, que, si l'administration, en nommant et commissionnant ses gardes, pouvait leur attribuer une portion d'autorité publique, il n'en était pas de même des particuliers qui ne pouvaient communiquer à leurs gardes, par eux-mêmes ou par délégation, une autorité qu'ils n'avaient pas.

Nous avons dit, messieurs, que les dispositions du projet de loi qui laissaient aux particuliers la libre administration de leurs bois, ne contenaient que deux exceptions.

Droit de martelage.

Car il est inutile de vous entretenir des délivrances de bois qui, en cas d'urgence, peuvent être exigées, pour les travaux du Rhin, dans quelques bois de particuliers, lorsque cette servitude, dont la nécessité n'est contestée par personne, ne s'étend qu'à une distance de cinq kilomètres ; qu'elle ne s'exerce, dans les bois des particuliers, qu'en cas d'insuffisance des bois de l'Etat, des communes et des établissemens publics, et qu'elle est établie dans l'intérêt même des localités qui y sont assujéties, plus encore que dans l'intérêt général. (1)

---

(1) Art. 136.

La première des deux exceptions dont nous venons de parler, est celle du *droit de martelage.* (1)

Pour pouvoir vous présenter dans leur ensemble
les réflexions dont l'exercice de ce droit nous paraît
susceptible, nous ne séparerons pas ce qu'il y a de
relatif aux bois de toutes les catégories.

Il est maintenu *indéfiniment* dans les bois soumis
au régime forestier, et *pour dix années* seulement
dans les bois des particuliers.

Dans les bois particuliers, le droit de martelage
ne pourra être exercé que sur les arbres en essence de
chêne qui seront destinés à être coupés, d'une circonférence de quinze décimètres au moins.

Les arbres dans les lieux clos attenant aux habitations et non aménagés en coupes réglées n'y seront
point assujétis.

La déclaration des propriétaires sera faite six mois
d'avance, sous peine d'une amende de 18 fr. par
mètre de tour pour chaque arbre susceptible d'être
déclaré.

Ils pourront disposer librement des arbres déclarés, si la marine ne les a pas fait marquer pour son
service dans les six mois de la déclaration.

Dans les cas de besoins personnels, les besoins devront être constatés par le maire de la commune.

Le prix, dans les bois soumis au régime forestier
et dans les bois particuliers, sera réglé de gré à

______

(1) Art. 122 , etc.

gré, ou par expert ; et dans le cas de partage, le tiers expert sera nommé par le président du tribunal de première instance.

Dans tous, la marine pourra, jusqu'à l'abatage des arbres, annuler les martelages; mais elle devra, dans les trois mois de la notification de l'abatage, prendre tous les arbres marqués et en payer le prix, ou les abandonner en totalité.

Telles sont, messieurs, en substance, les dispositions du projet de loi relatives au droit de martelage, lesquelles ne seront applicables qu'aux localités où il sera jugé indispensable pour le service de la marine, et pourra être exercé utilement par elle.

Ce droit fut établi par l'ordonnance de 1669 dans les forêts situées à dix lieues de la mer et à deux lieues des rivières navigables.

Le réglement général du 21 septembre 1700 a étendu la distance à quinze lieues de la mer et à six lieues des rivières navigables.

Mais dans les bois particuliers, dans ceux de l'Etat, des communes et des établissemens publics, les bois étaient livrés à la marine d'après l'estimation par experts.

Ce mode de paiement a toujours été maintenu pour les bois des particuliers : il y a été dérogé pour les bois de l'Etat depuis 1801 et 1802, et particulièrement par une ordonnance du 28 août 1816, rendue sur le seul rapport du ministre de la marine et dont il est inutile de rappeler les dispositions extraordinaires. Il doit, en ce moment, suffire de dire que cette ordonnance a rangé les bois des communes et des établissemens publics dans la même classe que les bois de l'Etat; qu'elle les a soumis aux mêmes charges, et que, pour tous, elle a fixé pour toute la France un prix uniforme, inférieur de plus de moitié au prix du commerce, et auxquels les bois de marine seraient livrés au fournisseur.

C'est dans de telles circonstances qu'il s'agit d'examiner si le droit de martelage doit être maintenu, et dans les bois soumis au régime forestier, et dans ceux des particuliers.

Il ne peut d'abord y avoir de difficulté à y assujétir les bois de l'Etat, naturellement affectés aux besoins de l'Etat. La question, à leur égard, n'est plus alors que dans le choix du mode de l'exercer, avec le plus d'utilité ou le moins d'abus. Or, on ne peut même méconnaître que celui qui est proposé est celui qui fait craindre le moins d'inconvéniens. Il a pour lui l'expérience de plus d'un siècle, et il est conforme à tous les principes. L'Etat, qui est propriétaire et qui vend, ne blesse aucun droit en imposant à ses adjudicataires la condition de lui livrer les bois propres à son service, d'après un prix fixé de gré à gré ou par des experts.

Il est probable qu'il en résultera une augmentation de dépense pour le service de la marine; mais elle n'aura lieu que dans la proportion de la quantité de bois que la marine recevra des adjudications,

tandis que l'augmentation des produits pour le trésor se fera ressentir sur la totalité des ventes.

Ce qu'il faut à la marine, c'est d'avoir les bois
propres à son service qui se trouvent dans les bois
de l'Etat ; et la fixation d'un prix uniforme, et de
beaucoup inférieur au prix du commerce, en amène
trop souvent la soustraction par les moyens par lesquels, après que les agens subalternes ont fait des
martelages excessifs et altéré par là la valeur des
coupes, les marchands ou les fournisseurs peuvent
obtenir d'eux, après les adjudications, d'en rebuter
et de leur en abandonner la plus grande partie ; de
telle manière que la marine elle-même ne profite
presque pas du préjudice que l'Etat éprouve dans les
ventes.

On pourrait seulement demander s'il ne serait
pas plus avantageux que l'administration fît livrer
directement à la marine les arbres propres à son service, plutôt que de les vendre à un adjudicataire qui
les livre à un fournisseur qui les revend à la marine.

Mais la marine ne prend que le corps de l'arbre,
ou même une partie du corps de l'arbre : que deviendraient toute la découpe et la dépouille ? L'exploitation des arbres de marine ne pourrait, non
plus, se faire que dans l'année suivante, pour ne
pas détruire la responsabilité de l'adjudicataire par
le concours d'une double exploitation dans la même
vente : les abus et le préjudice deviendraient incal-
culables.

C'est avec bien de la sagesse que , même pour les constructions et réparations des maisons royales, Louis XIV a interdit les coupes par arpent ou par pieds d'arbre , et qu'il a prescrit que les adjudicataires seraient tenus de fournir les bois nécessaires pour ces ouvrages , en leur payant le prix suivant l'estimation.

Les exploitations et les régies conviennent moins encore aux gouvernemens qu'aux grands propriétaires, et il y a long-temps qu'on a dit que les grands propriétaires devaient toujours tout vendre et tout acheter.

D'après les dispositions du projet de loi, il n'y aura plus d'injustice à ranger les bois des communes et des établissemens publics dans la même classe que les bois de l'Etat , puisque la fixation du prix des arbres qui en proviendront , et qui devront être livrés à la marine , sera faite sur la base équitable de leur véritable valeur.

D'ailleurs, les communes et les établissemens publics , qui tiennent leur existence et leurs droits des lois politiques , sont plus spécialement appelés à subvenir aux besoins de la société , pour l'utilité de laquelle ils ont été créés.

Mais la difficulté est plus grande pour les bois des particuliers.

Le droit qui est réclamé , pour le service de la marine , de choisir et de prendre dans ces bois les arbres propres à ce service ; l'interdiction aux pro-

priétaires de disposer à leur gré de ce qui leur appartient ; la nécessité qui leur est imposée de faire des
déclarations d'abattre dans des délais dont l'inobser-
vation donne lieu contre eux à des amendes, lorsque très souvent ils ne savent même pas, six mois
d'avance, quelles parties de bois ils devront couper,
ou lorsque leurs besoins ou d'autres circonstances
imprévues les forcent de changer une première dé-
termination ; tout cela, on ne peut se le dissimuler,
n'est pas seulement une gêne, une servitude pénible,
mais une atteinte véritable au droit de propriété.

Néanmoins le service de la marine se rattache aux
plus grands intérêts du pays, à sa sûreté, à son indépendance, à la protection et à la prospérité du
commerce ; et personne ne peut contester que les
principes ordinaires ne doivent céder aux nécessités
d'un tel service, et que la société n'ait le droit d'en
exiger le sacrifice : c'est le cas où la loi politique
commande à la loi civile.

La question est donc de savoir si l'exercice du
droit de martelage dans les bois des particuliers est
indispensable pour les approvisionnemens de la
marine.

Nous regrettons, messieurs, de ne pouvoir vous
fournir à cet égard tous les renseignemens que vous
pourrez peut-être desirer : ceux que nous avons sont
variables, incertains, peu nombreux. Nous les avons
puisés tous dans un discours de M. le ministre de la
marine à la Chambre des députés, et dans la connais-

sance qui nous a été donnée de la consistance des bois publics et particuliers qui existent en France.

En prenant ces renseignemens comme certains, nous savons :

Que le sol forestier se compose de 6,416,181 hectares; que sur cette masse, 1,160,466 hectares appartiennent à l'Etat; que 3,178,984 hectares sont soumis au régime forestier, et enfin que 3,237,517 hectares appartiennent à la propriété particulière;

Que la marine compte habituellement sur un approvisionnement de 25 à 30,000 stères provenant des bois de l'intérieur, indépendamment des achats à l'étranger;

Enfin, que, dans ces dernières années, sans rien provoquer, sans étendre sa faculté de martelage, elle a reçu, par an, dans ses ports, le double de ce qu'elle demande ordinairement, c'est-à-dire, 60,000 stères, dont les deux cinquièmes proviennent des bois soumis au régime forestier, et les trois autres cinquièmes des bois des particuliers.

Ces résultats ne seraient pas alarmans : car les deux cinquièmes de 60,000 stères, c'est-à-dire, 22,000 stères, qui pourraient être fournis par les bois soumis au régime forestier, sur un approvisionnement de 25 à 30,000 stères, rempliraient presque les besoins; et, dans tous les cas, il serait bien facile au département de la marine de se procurer, par la voie du commerce dans l'intérieur, la faible partie qui lui serait encore nécessaire : on pourrait même avoir d'autant plus de sécurité à cet égard, qu'un semblable produit, dans les bois soumis au régime forestier, est indépendant de toutes coupes extraordinaires. Il est encore permis de supposer que la marine aurait pu puiser dans les bois publics des ressources plus considérables si, au milieu de l'abondance des bois dont les offres lui étaient faites de toutes parts sans qu'elle en provoquât aucune, elle avait eu intérêt de prendre dans les bois soumis au régime forestier tous les bois propres à son service, ou d'y étendre son martelage à des distances plus éloignées, sans égard pour un peu plus ou un peu moins de frais de transport.

Mais il faut reconnaître que les renseignemens sur lesquels ces raisonnemens sont établis, sont insuffisans pour pouvoir asseoir sur de telles suppositions les ressources de la marine avec une sage prévoyance et dans un long avenir.

Les produits des forêts soumises au régime forestier n'ont pas été calculés sur un nombre d'années assez considérable : nous ne connaissons pas assez non plus leur répartition, la quantité, l'aménagement, la nature et l'essence de celles qui sont situées à une convenable distance de la mer et des rivières flottables ou navigables, les seules où la marine puisse chercher ses moyens d'approvisionnemens, pour avoir la pensée de vous proposer de supprimer immédiatement le droit de martelage qu'elle exerce depuis cent cinquante ans.

Nous craindrions même davantage que la restriction à dix années de la durée de ce droit, avec la condition *de prendre tous les arbres marqués qui auront
été abattus ou de les abandonner en totalité*, n'en
fût réellement la suppression dès ce moment, si nous
n'avions la conviction que le gouvernement ne tardera
pas à être assuré que l'exercice de ce droit dans les
bois des particuliers ne lui est pas nécessaire, et qu'il
se procurera facilement, et peut-être encore à de meilleures conditions, les approvisionnemens de la marine
par la voie et la concurrence du commerce que par des
moyens coërcitifs. L'intérêt particulier saura bien dé-
couvrir les bois les plus utiles et les plus propres à ce
service; et les propriétaires viendront eux-mêmes les
offrir, comme ils le font dès à présent, lorsque, pour
des pièces de qualité et de dimensions supérieures, ils
devront espérer de recevoir aussi un prix supérieur à
celui qu'ils obtiendraient en les livrant pour les besoins ordinaires de la consommation.

Car enfin, l'exercice du martelage ne crée pas la
matière. Nous ne sommes plus sous le régime de l'ordonnance de 1669. Tout se liait dans le système de
cette loi : si, d'une part, elle établissait le droit de
martelage en faveur de la marine, elle forçait, d'un
autre côté, les particuliers à des aménagemens, à des
réserves qui en rendaient l'exercice utile; les baliveaux
de l'âge du taillis ne pouvaient être coupés avant quarante ans et s'accumulaient à chaque révolution, et
ceux dans les futaies ne pouvaient être abattus qu'a-

près cent ans; tandis que, dans l'état actuel de la législation et de la société, l'exercice du droit de martelage aura au contraire l'effet de détourner, d'élever des futaies, ou de conserver des arbres qui exposeraient à des recherches qui assujétiraient à des gênes et dont on ne pourrait disposer librement.

Ce qu'il faut obtenir, c'est l'existence et la conservation de la matière : l'expérience et les règles d'une bonne administration feront bientôt connaître les meilleurs moyens de la faire arriver dans les ports.

La société a d'ailleurs d'autres besoins que ceux de la marine, et elle ne peut pas se confier, sans prévoyance, à une abondance actuelle, qui n'est que la destruction des ressources de l'avenir.

Les futaies ont été partout abattues par un grand nombre de causes trop connues pour qu'il soit utile de les rappeler. Les forêts publiques n'ont elles-mêmes pas été exemptes de la dévastation. Les taillis se reproduisent; mais il faut des siècles pour obtenir des futaies; et quand des siècles se sont écoulés, les effets d'une administration vicieuse dans le principe, se font encore ressentir dans la qualité de réserves qui auraient été mal faites ou mal choisies.

Les considérations de l'ordre le plus élevé appellent donc l'attention du gouvernement sur cette importante partie de l'économie politique.

Il serait dangereux de se reposer sur les ressources qu'on trouverait à l'étranger : c'est dans le temps où elles seraient le plus nécessaires qu'elles pourraient manquer, et il ne serait pas raisonnable de se mettre dans la dépendance d'autres pays, pour des objets de première nécessité, qu'on peut avoir en abondance chez soi.

Les bois des particuliers pourront sans doute fournir encore de grandes ressources pour les besoins de la consommation générale : ceux des grands propriétaires continueront même d'en offrir d'importantes à la marine; mais il faut craindre de voir ces ressources diminuer chaque année, si le gouvernement ne prend pas des mesures pour encourager les futaies dans les propriétés privées, ou pour diminuer le désavantage d'en élever ou d'en conserver.

C'est surtout dans les bois de l'Etat, et dans ceux qui sont soumis au régime forestier, qu'il faut préparer les moyens de subvenir aux besoins de l'avenir, et particulièrement à ceux de la marine, par des réserves et par des aménagemens dirigés dans les grandes vues des intérêts publics.

Il ne nous appartient point d'examiner avec détail s'il ne conviendrait pas de faire à la marine une affectation spéciale de soixante ou de quatre-vingt mille hectares de futaies, qui s'exploiteraient par expurgarde ou éclaircie.

On ne remettrait pas apparemment la direction des bois de cette affectation aux agens de la marine; on ne confierait pas la conservation au service qui consomme, et on n'admettrait pas dans les forêts une double administration. A quoi pourrait donc servir cette affectation spéciale, lorsque la *totalité* des bois de l'Etat est et doit être d'abord affectée aux besoins de la marine?

On ne trouverait pas non plus dans les bois de l'Etat quatre-vingt mille hectares de bois de futaie en essence de chêne, et à la proximité des moyens de transport : l'Etat ne possède guère que soixante mille hectares aménagés en futaie, dont un quart seulement où le chêne domine; dans le surplus, c'est le hêtre, et souvent le bouleau et les bois blancs, qui ont pris le dessus, par suite d'exploitations vicieuses.

Et cette quantité même de quatre-vingt mille hectares serait d'ailleurs bien loin d'être suffisante pour l'objet auquel elle serait destinée.

Le système des exploitations par éclaircie a de grands avantages pour former et obtenir des futaies : le gouvernement en multiplie les essais, et on doit espérer qu'ils seront favorables; mais il ne faut pas s'y livrer avec une précipitation et un excès qui seraient funestes : les exploitations par éclaircie sont nuisibles si elles ne sont pas conduites avec beaucoup d'intelligence; et le premier soin devrait être d'avoir aussi une école de gardes, et de se procurer un grand nombre de forestiers capables de diriger ces sortes d'exploitations.

Enfin, il ne faut pas perdre de vue qu'il faudra bien du temps pour amener les forêts à un nouvel ordre d'exploitation établi sur un aménagement de cent quatre-vingts ans, et pour obtenir, par ce nouvel

ordre d'exploitation, les arbres propres aux constructions navales.

Mais nous répétons que c'est au gouvernement qu'il
appartient d'examiner ces grandes questions, d'en
peser l'importance et les conséquences, et de faire
exécuter les mesures qu'il croira devoir arrêter dans
l'intérêt public.

Défrichemens. —La deuxième exception, importante à la libre administration de leurs bois laissée
aux particuliers, est celle qui est établie par la disposition qui leur interdit, pendant vingt années, la faculté de les faire arracher ni défricher sans en avoir
obtenu l'autorisation, dans le cas d'opposition par
l'administration forestière. (1)

Le défrichement dans les bois de l'Etat, dans ceux
dans lesquels il avait intérêt, et dans ceux des communes et des établissemens publics, était défendu depuis long-temps.

L'ordonnance de 1669 n'en avait pas formellement
interdit la faculté aux particuliers ; mais c'était une
conséquence des dispositions qui les astreignaient à
l'observation d'un aménagement et à la conservation
des réserves : d'ailleurs, il y avait été pourvu depuis.

La liberté illimitée de disposer de ce genre de propriété, accordée aux particuliers par la loi du 29 septembre 1791, a donné lieu à des défrichemens considérables : les bois qui couvraient les montagnes et les

____

(1) Art. 219, etc.

coteaux ne furent même pas plus épargnés que ceux qui existaient dans les plaines.

Ces désordres excitèrent des réclamations générales : la loi du 9 floréal an XI (29 avril 1803) y mit un terme, en défendant pendant vingt-cinq ans les défrichemens, sans autorisations préalables. Le délai fixé pour la durée de cette mesure expire le 29 avril prochain.

Le projet de loi en propose une semblable pour vingt années.

Il faut convenir que cette disposition n'est pas conforme au principe d'après lequel chacun peut user et abuser de sa propriété, et qu'elle ne peut être admise que par la considération que les bois sont des objets de première nécessité, et par des motifs d'ordre public.

C'est parce que le gouvernement reconnaît lui-même ces principes, qu'il ne propose qu'une disposition temporaire et exceptionnelle : tout consiste donc encore à savoir si elle est commandée par les circonstances.

On ne peut en douter, lorsque les motifs qui ont déterminé la loi du 9 floréal sont devenus plus puissans qu'ils ne l'étaient à cette époque, et que la dévastation des forêts n'a fait que s'accroître ; lorsque des coupes extraordinaires ont été faites de toutes parts, sans règle et sans mesure, dans les bois des particuliers, dans les bois des communes ; et lorsque les malheurs des temps ont même rendu nécessaire l'aliénation d'une partie importante des bois de l'Etat, qui généralement n'ont été acquis que dans des vues de destruction.

Plusieurs des mesures proposées par le projet de loi ont leur motif dans la nécessité d'arrêter la dégradation et la destruction des forêts : il n'en est pas qui, pour atteindre ce but, soient plus indispensables que celle qui a pour objet de prévenir les désordres qui naîtraient de la liberté indéfinie de les défricher : on peut s'en faire une idée par l'immense quantité de demandes d'autorisations qui continuent d'avoir lieu : en 1825, elles ont été de 2,968; en 1826, de 2,440.

Beaucoup sans doute devront être accordées, mais avec discernement et sans faveur : avec le temps, les bois aliénés, trop épars encore, se réuniront dans des mains conservatrices, et le passage d'un état de prohibition à un état d'entière liberté deviendra moins sensible, et n'amenera aucune commotion dans la société.

Le déboisement des montagnes excite surtout des plaintes universelles : leur stérilité par l'entraînement de la terre végétale qui était retenue par les bois, la diminution des eaux de source, l'augmentation des eaux superficielles, la formation de torrens qui bouleversent les propriétés placées au-dessous de ces sols élevés, sont la suite des défrichemens qui s'y sont faits : ce sera contre ces défrichemens que l'administration s'armera de sévérité.

La disposition du projet qui promet une exemption

d'impôt, pendant vingt ans , en faveur des semis et plantations sur les montagnes et sur les dunes, est sans doute dans l'intérêt public. (1)

Néanmoins elle ne pourra pas être exécutée sans une loi qui en détermine les conditions : autrement elle pourrait donner lieu à beaucoup d'abus. Elle amenerait d'autant plus de désordres dans le système des contributions, qu'on ne pourrait changer continuellement les contingens de tous les départemens, et qu'il serait pourtant injuste de répartir sur les contribuables de la commune ou du département l'exemption d'impôts qui serait accordée à ceux qui auraient fait les plantations nouvelles qui y donneraient droit.

La loi pourra autoriser, s'il y a lieu, la concession d'une prime équivalente à l'exemption d'impôt qui serait supportée par les fonds généraux.

Les autres dispositions du projet de loi, messieurs, ont pour objet de régler la police des bois, le mode des poursuites à exercer, soit au nom de l'administration forestière, soit au nom des particuliers, les peines et les condamnations, et l'exécution des jugemens.

Vous pourrez facilement les apprécier lorsque chacune d'elles sera soumise à votre délibération.

Telles sont, messieurs, les observations que nous avons cru devoir vous présenter sur le projet de Code

____

(1) Art. 225.

forestier que vous avez renvoyé à notre examen.

Nous avons encore remarqué que le mot *gouverne-ment* y est employé dans des sens différens ; que quelquefois même il paraîtrait ne désigner qu'un *ministre*, qui fait bien partie du gouvernement, mais qui n'est pas le gouvernement ;

Que le recours réservé, dans diverses circonstances, au roi ou au gouvernement, y est aussi indiqué par ces mots, *sauf le recours au Conseil d'Etat*, quoique le Conseil d'Etat ne soit pas établi comme juridiction.

On peut sans doute répondre que les erreurs dans les énonciations ne changent point la nature des institutions, et qu'elles demeurent ce que les lois qui leur sont propres les ont faites.

Néanmoins, en se multipliant et surtout dans les lois, elles pourraient avoir des inconvéniens, et amener de la confusion dans les choses : il est plus convenable de les éviter, et il est toujours utile de ne pas paraître les approuver.

Après vous avoir exposé avec sincérité nos observations sur quelques imperfections que nous avons cru apercevoir dans le projet de loi, il semble, messieurs, que nous devrions aussi vous proposer les changemens qui pourraient les corriger.

Cependant nous ne vous proposons aucun amendement, et nous devons vous faire connaître les motifs qui nous y ont déterminés.

Si le projet de loi n'est pas parfait, on ne peut pas méconnaître qu'une loi ne soit nécessaire, et que celle qui est présentée n'apporte de grandes améliorations dans la législation des forêts.

Il serait bien difficile qu'un Code composé de 225 articles ne fût susceptible d'aucun changement; et cependant, à l'époque où nous sommes arrivés, quelques changemens compromettraient, au moins pour cette année, le sort de la loi. Serait-il sage, pour obtenir quelques dispositions meilleures, de s'exposer à n'avoir pas ce qui est bon, ce qui est nécessaire ?

Nous avons d'ailleurs pensé que les dispositions législatives qui paraîtraient utiles pourront être présentées aux Chambres l'année prochaine. L'ordonnance de 1669 elle-même a été suivie d'un grand nombre de lois qui en ont expliqué et modifié les dispositions.

Enfin nous n'avons pas dû perdre de vue que le délai de la loi qui a interdit, pendant vingt-cinq ans, les défrichemens sans autorisation préalable, expire au mois d'avril prochain, et que, si la délibération de l'autre Chambre devenait inutile dans cette session, la loi pourrait bien ne pas être rendue avant que de grands désordres eussent été consommés.

Nous ne nous sommes pas non plus dissimulé, messieurs, qu'une bonne loi sur les forêts n'était rien, si son exécution n'était pas confiée à une administration éclairée, conservatrice, surveillante et forte.

Nous aurons, dans celle qui existe, les garanties de lumières, de surveillance et de volonté d'une bonne conservation.

Mais combien elle est loin d'avoir les moyens de force de celle qui réunissait la haute administration, la juridiction, la conservation !

Forcée d'être continuellement en opposition avec tous les intérêts désordonnés de la population, des communes, et souvent de leurs administrateurs, le bien qu'elle fait n'excite que des haines. C'est donc en diminuant les obstacles qui entravent son action et détruisent ou atténuent ses moyens de surveillance, c'est en lui accordant une juste confiance et en ne lui témoignant pas d'injustes défiances, qu'on parviendra à lui donner du moins cette force de considération sans laquelle elle serait impuissante pour faire le bien.

CHAMBRE DES PAIRS.

Résumé de la Discussion générale, fait par M. le comte ROY, *rapporteur de la Commission.* (Séance du 17 mai 1827.)

Messieurs,

Les observations présentées à la Chambre ont sur-tout porté sur la disposition du projet de loi, qui détermine quels seront les usagers qui continueront d'exercer les droits d'usages dans les forêts de l'E-tat; sur celles relatives aux affectations; au droit de choix ou de martelage conservé, pendant dix années, au département de la marine; à la défense de défricher, sans autorisation préalable, pendant vingt ans; et, enfin, sur l'utilité d'affecter une portion des bois de l'Etat au service de la marine, en y introduisant le système des exploitations par éclaircies.

Nous nous bornerons, messieurs, à vous soumettre quelques nouvelles réflexions sur ces objets principaux.

Nous n'avons d'abord rien à dire sur la partie de la disposition de l'article 61 , qui admet à l'exercice des droits d'usage, ceux dont les droits ont été reconnus fondés par des actes du gouvernement, ou par des jugemens ou arrêts définitifs, puisque cette partie de la disposition n'a été l'objet d'aucune critique.

Il n'en est pas de même de celle qui relève de la déchéance prononcée par les lois de ventose ans XI et XII, les usagers actuellement en réclamation qui n'auraient pas produit leurs titres dans les délais fixés par ces lois, et ceux qui, étant en jouissance actuelle, intenteraient leurs actions dans le délai de deux années.

D'une part, on a trouvé ces dispositions trop favorables aux usagers; et, d'un autre côté, on a pensé que l'Etat devait être soumis à la législation générale, et que la loi ne devait pas établir en sa faveur des déchéances qui n'existaient pas pour les autres propriétaires.

Mais il ne s'agit pas de délibérer aujourd'hui sur les lois des 28 ventose de l'an XI et 14 ventose de l'an XII : ces lois existent; c'est même parce qu'elles dérogent au droit commun ; c'est parce qu'elles établissent, pour l'Etat, une déchéance, un droit exceptionnel, que la disposition proposée, qui en tempère la rigueur , doit être accueillie avec plus de faveur.

Dans tous les temps, les lois de déchéance ont

éprouvé des adoucissemens, soit dans leur application, soit par une prolongation de délai : l'Etat pour lequel elles ont été établies peut bien ne pas en user avec rigueur, lorsque des considérations de justice ou d'intérêt public le commandent; et nous n'avons rien à ajouter à celles sur lesquelles le gouvernement s'est appuyé pour donner aux usagers de nouvelles facilités pour faire valoir leurs droits.

L'objet du projet n'est pas d'accorder des droits à ceux qui n'en auraient pas, ou de rétablir ceux qui auraient été révoqués par l'ordonnance de 1669, mais seulement de donner aux usagers un nouveau délai pour faire reconnaître ceux qu'ils prétendraient avoir, et qu'ils auraient réellement, d'après les lois qui existaient avant celles de ventose ans XI et XII.

C'est donc avec autant de raison que de justice, qu'il est dit qu'en cas de contestation, il sera statué sur les droits antérieurement acquis, conformément aux lois qui leur sont applicables.

Des objections ont été faites, dans un sens bien différent, contre les dispositions relatives aux *affectations*, suivant lesquelles celles de ces concessions qui auraient été faites, nonobstant les prohibitions établies par les lois et ordonnances, continueront d'être exécutées jusqu'à l'expiration du terme fixé par les actes de concession ; ou jusqu'au 1er septembre 1837 pour celles qui auraient été faites à des termes plus éloignés.

On a trouvé ces dispositions trop rigoureuses.

On aurait peut-être pu les trouver, au contraire, trop favorables aux concessionnaires ;

Car elles ne sont relatives qu'aux concessions auxquelles peuvent et doivent être appliquées les dispositions prohibitives des lois et des ordonnances.

Or, comment les concessionnaires, dans les cas de concessions prohibées et nulles, pourraient-ils se plaindre de dispositions qui leur laissent tous les avantages d'une longue jouissance dans le passé, et leur accordent encore les avantages d'une longue jouissance pour l'avenir.

Le projet de loi ne porte aucune atteinte aux concessions qui auraient transféré des droits irrévocables et qui seraient dans des cas d'exception, soit parce qu'elles auraient été faites sous l'empire d'une législation qui les aurait autorisées, soit parce qu'elles seraient maintenues par des traités politiques.

Les concessionnaires pourront, dans ce cas, se pourvoir par-devant les tribunaux, et, dans le cas même où il serait jugé que les lois prohibitives leur sont applicables, ils ne seront point privés de la jouissance de dix années, qui est promise à ceux qui ne contesteront pas.

Il est inutile d'examiner si des lois spéciales peuvent déroger à des lois générales.

Les lois qui prohibaient l'aliénation du domaine n'étaient pas seulement des lois générales : elles étaient encre des lois politiques, fondamentales et d'ordre public; et il est du moins bien certain qu'il ne pouvait être dérogé à de telles lois par des lois spéciales ou d'intérêt privé. C'est par cette raison que des aliénations du domaine de l'Etat, qui auraient même été faites par lettres-patentes enregistrées dans les cours, n'auraient pas transmis aux concessionnaires des droits incommutables, et ne cesseraient pas d'être révocables.

Mais il n'en existe même pas de cette nature : aucune affectation n'a été faite par des lois spéciales, ou même par des lettres-patentes soumises à l'enregistrement.

Toutes n'ont été que des actes de haute administration, déterminés par des considérations d'intérêt ou de bienveillance pour des établissemens de commerce ou d'industrie, ou même dans des vues d'utilité pour les forêts : toutes ne résultent que d'arrêts du Conseil, qui, suivant les circonstances, ont même souvent changé ou modifié les prix et les conditions diverses des concessions.

Nous n'ajouterons presque rien à ce que nous avons dit relativement au maintien, pendant dix années, du droit de martelage dans les bois des particuliers.

Nous dirons seulement :

Que nous sommes tous d'accord que ce privilège, en faveur de la marine, est une atteinte au droit de propriété.

Que, sous ce rapport, il ne peut être établi indéfiniment, puisque sa conservation doit dépendre de circonstances variables , de celles des besoins et des ressources ;

Que s'il était nécessaire au service de la marine , on pourrait seulement se plaindre de ce qu'il n'est maintenu que pour dix années ; mais qu'alors il pourrait continuer d'être autorisé par une nouvelle mesure législative également temporaire ;

Que s'il n'est pas nécessaire , comme nous le pensons, il ne serait pas sage , même dans cette supposition , de le supprimer immédiatement, et de s'exposer à compromettre un service essentiel, avant que la marine ait pu préparer librement ses moyens d'approvisionnemens.

Nous dirons enfin qu'il ne serait pas raisonnable de se plaindre d'une gêne momentanée, commandée par l'intérêt public , lorsqu'elle ne peut même plus avoir lieu qu'à des conditions équitables pour les propriétaires.

Les objections qui ont été faites contre la défense de défricher les bois, pendant vingt années , sans une autorisation préalable , peuvent aussi être combattues par des considérations qui n'exigent pas de longs développemens.

Nous avons encore l'avantage d'être tous d'accord sur les principes qui , généralement , doivent déterminer à ne pas admettre une mesure qui apporte des obstacles au libre exercice du droit de propriété.

Mais une première expérience nous a appris que

nous ne devons point, à cet égard, agir avec une précipitation qui ne serait plus excusable.

Les circonstances commandent même une plus grande circonspection, soit parce que de grandes dévastations ont eu lieu depuis cette époque, soit parce qu'il ne faut pas perdre de vue que la plus grande partie des cent cinquante mille hectares des bois de l'Etat récemment aliénés se trouve dans les mains de spéculateurs qui n'attendent que le moment de les défricher.

Les inconvéniens qui en résulteraient, pour la société et pour les particuliers, seraient d'autant plus considérables, que ces bois vendus, d'après les soumissions et le choix des acheteurs, sont presque tous situés dans les lieux où leur destruction amenerait le plus de dommage.

La défense de défricher n'est d'ailleurs pas absolue : l'autorisation de défricher pourra, suivant les circonstances, être accordée par les préfets, sauf le recours au ministre ; et on ne peut supposer que l'administration locale et l'administration supérieure veuillent assujétir un propriétaire à conserver en bois une propriété de cette nature, qui lui serait onéreuse, et qui pourrait être convertie, avec une grande utilité pour lui, en une autre nature de culture, lorsqu'il ne résulterait pas ; de ce changement, d'inconvéniens dans l'intérêt public.

C'est ainsi que, dans le cours de vingt années, la transition de l'état de prohibition à l'état de liberté, se préparera et s'opérera sans commotion pour la société.

On ne peut pas méconnaître qu'il n'y ait de la sagesse à agir avec circonspection, dans une matière d'un aussi grand intérêt.

Il semble qu'un mot doive suffire pour répondre aux considérations qui ont été présentées pour établir l'utilité ou la convenance d'affecter spécialement quatre-vingt mille hectares de forêts au service de la marine, en y établissant le mode d'exploitation par éclaircies.

Il est évident que c'est au gouvernement qu'il appartient d'apprécier ses besoins et ses ressources. Or, le projet de loi lui abandonne, avec raison, l'administration et l'aménagement des forêts de l'Etat ; il a donc tous les moyens de diriger cet aménagement dans le plus grand intérêt de la société, et des différens services dont il est chargé.

Il n'en doit pourtant pas résulter que les ingénieurs de la marine doivent être appelés à concourir à l'administration de la portion des forêts qui pourrait être aménagée dans l'intérêt spécial de la marine. Car si les ingénieurs de la marine ont toutes les connaissances qu'on peut desirer pour faire le choix des arbres les plus propres à son service, c'est au moment de l'abatage de ces arbres, et de la mise en exploitation des coupes, que leurs connaissances doivent s'exercer : jusque-là, et dans tous les systèmes d'exploitations, c'est à l'administration forestière à diriger toutes les opérations de surveillance, de conservation, de plantations, de réensemencement, d'améliorations de tout genre : cela est même bien plus vrai dans le système savant des exploitations par éclaircies, qui exige bien plus de connaissances et d'expérience en administration forestière, que celui à tite et aire, pratiqué jusqu'à présent.

Nous ne saurions d'ailleurs trop répéter qu'il y aurait un grand péril, pour les approvisionnemens mêmes de la marine, à se jeter dans cette innovation avec trop de précipitation, et à l'embrasser d'abord avec trop d'étendue.

Nous ne vous avons point dissimulé, messieurs, les imperfections que nous avons cru apercevoir dans le projet de loi.

Nous vous avons fait connaître les motifs qui nous ont déterminés à ne pas vous proposer d'amendement.

Votre sagesse les appréciera.

CHAMBRE DES PAIRS.

Extrait de la discussion sur les articles du projet (commencée à la séance du 17 mai 1827). (1)

ARTICLE III.

Un pair (*M. le duc de Praslin*) demande qu'à l'âge de *vingt-cinq ans* exigé par cet article pour l'exercice d'un emploi forestier, on substitue, par amendement, l'âge de *vingt-un ans*, ce qui rendrait inutile la seconde partie de l'article relative aux dispenses d'âge.

Cet amendement n'étant pas appuyé, l'article est mis aux voix et adopté dans les termes du projet.

(1) La Chambre des pairs n'ayant apporté aucun amendement au projet du Code, tel qu'il avait été adopté par la Chambre des députés, le présent extrait ne contient que les observations que la discussion a fait naître, et qui peuvent servir à fixer le sens des articles.

ARTICLE XV.

Un pair (*M. le duc de Praslin*) demande, par voie d'amendement, qu'il soit ajouté à cet article un second paragraphe ainsi conçu :

« Les coupes ordinaires ne seront mises en exploi-
« tation que d'après le procès-verbal d'assiette, bali-
« vage et martelage, conformément aux divisions
« des coupes et aménagemens. »

C'est la commission elle-même qui, dans son rapport, a signalé l'omission que le noble pair voudrait voir réparer. Il s'en rapporte donc aux motifs donnés à cet égard dans le rapport dont la disposition qu'il propose est littéralement extraite.

L'amendement n'étant pas appuyé, l'article est mis aux voix et adopté.

ARTICLE XIX.

Un pair observe que l'article 19 aurait donc dû prononcer la nullité des adjudications dans le cas où elles auraient été faites à une heure différente de celle que l'affiche aurait indiquée.

Le ministre d'état, commissaire du roi, observe que l'ordonnance de 1669 n'avait aucune disposition pour ce cas ; mais l'observation qui vient d'être faite n'en est pas moins juste, et elle ne manquera pas d'être prise en considération dans la rédaction de l'ordonnance.

Aucune autre observation n'étant faite sur l'article 19, il est mis aux voix et adopté.

ARTICLE XXI.

Un pair a exprimé le vœu qu'une disposition réglementaire décidât qu'aucun agent forestier ne pourrait être commissionné pour l'arrondissement où un de ses parens, au degré prohibé, ferait le commerce de bois.

M. le commissaire du roi. Il serait impossible d'établir, comme règle générale, une disposition aussi rigoureuse qui, si elle était admise, devrait entraîner même le déplacement des agens déjà commissionnés et dans le ressort desquels un parent viendrait s'établir pour faire le commerce. Mais c'est à l'administration forestière qu'il appartient de prendre toutes les mesures convenables pour diminuer autant que possible les fraudes de ce genre.

L'auteur de l'observation n'insistant pas, l'article est mis aux voix et adopté.

Un pair (*M. le duc de Praslin*) demande, si ce ne serait pas ici le lieu de placer une disposition qui ordonnerait, avant toute adjudication, l'arpentage de la coupe qui devrait être mise en vente, en indiquant un délai suffisant entre la publicité donnée à cet arpentage par l'affiche, et le moment de l'adjudication, pour que les enchérisseurs puissent visiter les bois en pleine connaissance des limites indiquées par l'arpentage.

Le directeur général des foréts, commissaire du roi, fait observer que dans l'usage les affiches portent toutes la mention exacte de la contenance et des limites de la coupe, le tout d'après l'arpentage qui précède la mise en adjudication.

Un pair (*M. le duc de Brissac*) ajoute que l'impossibilité d'établir l'assiette d'une coupe autrement que par un arpentage préalable, est tellement évidente, qu'il semble inutile d'en faire l'objet d'une disposition expresse lorsqu'aucun doute ne peut s'élever sur ce point.

L'observation faite à cet égard n'a point de suite.

ARTICLE XXVI.

Un pair (*M. le comte d'Argoult*) observe qu'à l'égard des enchères, les contestations auxquelles elles peuvent donner lieu sont jugées, aux termes de l'article 20, par le fonctionnaire qui préside à l'adjudication. L'article 26, au contraire, attribue au conseil de préfecture le jugement des contestations élevées sur les surenchères. Si ce changement de juridiction doit être maintenu, ne serait-il pas utile d'ajouter que le conseil de préfecture jugera en appel les contestations élevées sur les enchères?

Un autre pair (*M. le duc de Praslin*) remarque que la nécessité du changement de juridiction résulte, d'une manière évidente, de ce qu'au moment des surenchères le fonctionnaire chargé de présider à l'adjudication n'est plus présent et ne peut par conséquent être constitué juge d'une difficulté dont il n'a pas connaissance.

L'observation faite ne donnant lieu à aucune proposition, l'article est mis aux voix et adopté.

ARTICLE XXX.

Un pair (*M. le comte d'Argoult*) observe que le cahier des charges doit indiquer l'époque à laquelle l'exploitation doit commencer. Pourquoi donc astreindre l'adjudicataire à demander un permis d'exploiter, lorsque son droit résulte de l'adjudication même qui lui a été faite? Ne peut-il pas résulter pour lui un grand préjudice du refus qui lui serait fait d'accorder le permis?

Le ministre d'état, commissaire du roi, rappelle qu'aux termes de l'article 24 l'adjudicataire est assujéti à fournir, dans un délai déterminé, la caution exigée par le cahier des charges. Il faut donc, avant tout, qu'il justifie de l'accomplissement de cette condition, et des autres obligations que le cahier des charges aurait imposées comme préalables à la mise en exploitation. Ce n'est qu'après cette justification faite qu'il doit lui être permis d'exploiter, et c'est pour cela qu'est établie la formalité prescrite par l'article 30.

Un pair (*M. le duc de Praslin*) demande comment l'adjudicataire devra agir, et quels dédommagemens il pourra réclamer, si le permis lui est refusé malgré l'accomplissement de toutes les conditions imposées.

Le directeur général des forêts fait observer que, dans ce cas comme dans tous les cas semblables, l'adjudicataire aura le droit de se pourvoir devant l'autorité supérieure, sans préjudice de dommages-intérêts, s'il y a lieu d'en demander par les voies judiciaires.

L'observation faite n'ayant pas eu d'autre suite, l'article est mis aux voix et adopté.

ARTICLE XLII.

Un pair (*M. le duc d'Escars*) fait observer que dans certaines localités on appelle atelier l'espace livré à chaque bucheron pour sa tâche, de sorte que la réunion des divers ateliers forme la coupe tout entière. Il pourrait résulter de cette circonstance quelque doute sur le véritable sens de l'article 42. Le but de cet article étant précisément d'empêcher que l'on n'allume du feu dans les ventes, il eût été préférable de ne faire exception que pour les loges, et au moins faudrait-il que l'ordonnance d'exécution s'en expliquât afin de lever toute incertitude.

Le commissaire du roi, directeur général des forêts, estime que l'article ne peut donner lieu à aucune incertitude, et, d'après le sens donné au mot *atelier* dans les articles précédens, il ne saurait avoir dans celui-ci les significations étendues que l'on redoute. La disposition du projet de loi est d'ailleurs textuellement copiée sur celle de l'ordonnance de

1669 dont l'interprétation n'a jamais été contro-
versée.

L'observation n'ayant pas eu d'autre suite, l'article
est mis aux voix et adopté.

ARTICLE LVIII.

Un pair (*M. le comte d'Argoult*) demande pourquoi le projet de loi se montrait plus rigoureux envers
les affectations qu'envers les droits d'usage; il lui a
été répondu que les affectations étaient postérieures
aux lois prohibitives de 1566 et 1669, tandis que les
droits d'usage remontaient à une époque antérieure,
et qu'il y avait lieu d'être plus sévère envers des concessions faites en contravention à ces mêmes lois. On
a répondu encore que les affectations étaient de véritables aliénations et qu'ainsi elles étaient proscrites
par les principes éternels de la monarchie, sur l'inaliénabilité du domaine. On a répondu enfin qu'elles
constituaient des actes de haute administration toujours révocables de leur nature.

Le noble pair demande que le gouvernement s'explique encore sur deux points, qui sont de savoir si
l'on entend maintenir sans nouvelle instance les affectations dont le titre aurait déjà été irrévocable par
arrêt souverain rendu, soit par l'ancien conseil avant
la révolution, soit sous le gouvernement impérial,
soit depuis la restauration; ou si on les obligera à
se faire reconnaître de nouveau, ce qui serait contraire aux principes en matière de chose jugée; et si

d'une autre part, malgré l'énonciation faite dans l'article du principe de la prohibition établie par les ordonnances de 1566 et de 1669, les tribunaux demeureront toujours juges de la question de nullité ou de validité des concessions, conformément aux principes généraux du droit.

M. le ministre d'Etat, commissaire du roi. Les rédacteurs du projet primitif ne crurent pas pouvoir se dispenser de dire que toutes les lois anciennes avaient dû être respectées, et que tous les actes contraires à ces lois devaient être annulés. Le projet primitif était à cet égard plus rigoureux que le projet actuel : il accordait aux affectations un délai double de celui que fixe l'article 58; mais à l'expiration de ce délai, il les annulait toutes sans aucune distinction. La Cour de cassation a trouvé cette disposition trop sévère ; elle a dû penser que le Code ne devait contenir que des principes, mais que leur application aux diverses espèces appartenait plutôt à l'autorité judiciaire, et qu'il était possible que certains titres de concession ne se trouvant pas atteints par les lois prohibitives dussent être déclarés irrévocables. Le gouvernement s'est déterminé à modifier en ce point le projet originaire. On s'est borné à déclarer en principe que les affectations établies en contravention aux lois prohibitives cesseraient après un délai de faveur de dix années; mais ensuite on a prévu le cas où le titre de concession devrait être maintenu pour un temps plus long ou illimité, soit parce qu'il aurait été ainsi décidé par des arrêts, ayant le caractère de la chose jugée, soit parce que la concession serait antérieure aux lois prohibitives ou à leur mise en vigueur dans la province, soit pour toute autre cause que les tribunaux apprécieront dans chaque espèce. Tel a été le système du projet, et il semble qu'il se justifie par lui-même. Cependant on a attaqué le principe même, et l'on a dit que les affectations n'étaient pas prohibées parce qu'elles ne présentaient pas le caractère d'aliénation : mais, de quelque manière qu'on les envisage, elles rentrent dans les prohibitions expresses des ordonnances. Si, en effet, à raison du caractère de perpétuité qui, aux termes même des contrats, appartient à plusieurs d'entre elles, on les considère comme des aliénations, elles rentrent dans les dispositions de l'ordonnance de 1566, qui prohibe toute aliénation, non-seulement du fonds, *mais même des fruits;* si, au contraire, on les regarde comme une simple concession de chauffage, elles sont également proscrites par l'ordonnance de 1669, qui interdit à l'avenir tout don ou attribution de chauffage dans les forêts de l'Etat. Dans cet état, que pouvait-on faire? sinon de poser le principe, en réservant aux tribunaux le droit de prononcer sur les exceptions auxquelles les concessionnaires prétendraient avoir droit. On reproche au projet de provoquer des contestations; mais il serait plus exact de dire, au contraire, qu'il termine un grand nombre de litiges déjà pendans depuis long-temps au Conseil d'Etat, et qui n'ont été suspendus que par l'attente du projet actuel. On a insisté surtout sur la nécessité de respecter la chose jugée : évidemment ceux qui auraient à invoquer cette exception péremptoire ne sauraient être troublés dans leur possession ; mais ce n'est pas dans la loi, ni même dans une ordonnance, que ce cas doit être prévu, et c'est encore aux tribunaux qu'il appartient, en cas de contestation, de reconnaître si les décisions invoquées présentent un caractère définitif.

Aucune proposition d'amendement n'étant faite sur l'article, il est mis aux voix et adopté.

ARTICLE LXV.

Un pair (*M. le comte de Saint-Romain*). L'article 65, il est vrai, attribue au conseil de préfecture le droit de statuer sur les contestations relatives à l'*État* ou à la *possibilité des forêts* : l'article 67 établit le même recours pour les questions concernant la *défensabilité*. Mais on ne trouve aucune disposition semblable dans l'article 71, qui porte que « les che- « mins sur lesquels les bestiaux devront passer pour « aller au pâturage ou au panage et en revenir seront « désignés par les agens forestiers. »

M. le conseiller d'Etat, directeur général des forêts. Si les usagers étaient fondés à se plaindre de la désignation des chemins, ils pourraient s'adresser à l'administration supérieure, et enfin aux tribunaux, juges ordinaires, toutes les fois que la loi n'indique pas une juridiction d'exception.

L'observation faite n'ayant point d'autre suite, l'article 65 est mis aux voix et adopté.

ARTICLE LXVII.

Un pair (*M. le duc de Praslin*) fait observer que dans certaines provinces, dans le Morvan, par exemple, l'exploitation des bois n'a pas lieu par grandes masses, mais de manière à couper çà et là dans le bois les arbres qui sont arrivés à l'âge convenable en laissant le reste du bois sur pied et en recommençant cette opération à des époques peu éloignées, ce qui s'appelle exploiter par furetage ou en jardinant. Le résultat de ce mode d'exploitation est que dans toutes les parties du bois il se trouve à-la-fois des arbres de tous les âges, ce qui empêche que les bestiaux puissent y être introduits à aucune époque sans un grand préjudice pour les productions. Le noble pair voudrait que dans l'ordonnance d'exécution, il fût réglé que les bois exploités de cette manière ne pourraient jamais être déclarés défensables.

Le rapporteur de la commission déclare qu'en effet les bois exploités en jardinant et à des époques rapprochées, ne sont par le fait jamais défensables; mais il est impossible que la loi ni même l'ordonnance s'expliquent à cet égard d'une manière générale.

L'article est mis aux voix et adopté.

ARTICLE LXXII.

Un pair (*M. le comte Lecouteulx*) fait observer qu'il peut arriver qu'il existe dans une commune un ou plusieurs usagers à titre particulier : il demande si de pareils usagers seront assujétis aux règles établies par l'article 72 pour les communes ou sections de communes usagères, s'ils devront, par exemple, avoir un pâtre commun, et s'il leur sera interdit de conduire leurs bestiaux eux-mêmes.

Le ministre d'État, commissaire du roi, estime que l'art. 72 ne saurait être applicable qu'au cas où le droit d'usage appartient à la commune ou à une section de la commune. S'il appartient au contraire à tel ou tel individu, en vertu d'un titre particulier et non en sa qualité d'habitant de la commune, le mode de jouissance sera réglé par le titre et par les dispositions générales qui s'appliquent à tous les droits d'usage.

L'article est mis aux voix et adopté.

ARTICLE XCV.

Un pair (*M. le comte d'Haubersaert*). Dans l'opinion du noble pair, toutes les convenances, tous les besoins seraient conciliés si l'on confiait au préfet le soin de nommer pour les communes les gardes de leurs bois sur la proposition du conservateur des forêts, le maire et le conseil municipal préalablement entendus.

Aucune proposition formelle ne résultant de cette observation, l'article est mis aux voix et adopté.

ARTICLE XCVIII.

Un pair *(M. le comte d'Haubersaert)* fait observer que l'art. 98 ne dit pas comment il sera pourvu à la garde des bois pendant le temps de la suspension.

Le directeur général des foréts, commissaire du roi, annonce que déjà la disposition réclamée par le noble pair a été comprise au nombre de celles qui seront soumises à S. M., pour former l'ordonnance de mise en exécution du Code, si son adoption est prononcée.

ARTICLE CVI.

Un pair (*M. le duc de Praslin*) fait observer que les impositions communales étant réparties au marc le franc sur toutes les propriétés, se trouvent supportées non-seulement par les habitans, mais encore par les propriétaires qui, ne résidant pas dans la commune, y ont cependant leurs propriétés. Le noble pair desirerait qu'il fût bien expliqué que les frais de garde, tels qu'ils sont réglés par l'article 106, seraient uniquement à la charge des habitans qui profitent du bois.

Le directeur général des foréts, commissaire du roi, expose qu'il existe à cet égard une explication complètement satisfaisante dans l'article 109.

L'article est mis aux voix et adopté.

ARTICLE CXIX.

Un pair (*M. le duc de Praslin*) croit devoir renouveler à l'occasion de cet article une observation qu'il a déjà présentée sur l'article 67, au sujet des bois exploités par furetage, qui, dans son opinion, ne devraient jamais être déclarés défensables.

Le directeur général des foréts, commissaire du roi, déclare que jamais l'administration n'a considéré comme défensables, à aucune époque, les bois qui s'exploitent de cette manière, et si l'exercice du pâturage y a quelquefois été toléré, c'est un abus qui devra être réprimé.

Un pair (*M. le comte de Lavilegonthier*) fait observer qu'indépendamment des droits de pâturage, parcours, panage et glandée, dont l'article 119 interdit l'exercice dans les bois non défensables, il est encore d'autres usages tels, par exemple, que celui d'enlever les feuilles pour faire de la litière, qui sont également préjudiciables pour les jeunes bois; il serait donc à désirer que l'article portât une disposition générale, telle que celle de l'article 64, qui traite du rachat des usages, et qui, tout en spécifiant certains droits plus généralement répandus, comprend ceux qu'il ne spécifie pas, dans cette locution générale, *les autres droits d'usage quelconques.*

Le rapporteur de la commission estime que la disposition de l'article 119 doit en effet s'appliquer à tous les droits dont l'exercice préjudicierait à la pousse des bois. Mais il suffit que le principe soit posé, et son application à toutes sortes d'usages analogues ne saurait être douteuse, alors même qu'il ne se trouverait pas compris dans la disposition littérale de l'article.

Aucune proposition formelle n'étant faite, l'article est mis aux voix et adopté.

ARTICLE CXXIV.

Un pair (*M. le duc de Praslin*) fait observer, sur le troisième paragraphe de l'article, que, dans l'état actuel des choses, les clos attenant aux habitations, sont entièrement affranchis du martelage. On ne comprend donc pas pourquoi le projet, qui semble destiné à restreindre l'exercice de ce droit, l'étend néanmoins aux clos, dans lesquels les bois seraient régulièrement aménagés. En ce point, au moins, on aggrave la condition des propriétaires au lieu de l'adoucir.

M. le ministre des finances. Ce n'est que dans les parcs, régulièrement aménagés, que le martelage est autorisé. Or, il est peu de parcs d'une contenance assez considérable en bois pour qu'un aménagement y soit établi. Un très petit nombre seulement sera donc assujéti au martelage. Le martelage, d'ailleurs, tel qu'il est aujourd'hui restreint, loin de causer un dommage réel aux propriétaires, peut au contraire devenir pour eux une cause de profit, en leur assurant, de la part de la marine, une concurrence utile et sans aucun privilège. L'auteur de l'observation déclare qu'il faut bien remarquer que l'aménagement en coupes réglées peut être établi dans des clos d'une étendue très restreinte; le martelage pourra donc, en vertu de l'article 124, être étendu à un grand nombre de parcs qui en avaient été exempts jusqu'à ce jour; ce qui rend la position des propriétaires plus fâcheuse qu'elle n'était, sous ce rapport.

Le ministre d'État, commissaire du roi. Le martelage, il faut bien le rappeler, n'oblige en rien le propriétaire à couper les arbres : il dépend de lui de les laisser sur pied, et, s'il les coupe, quel tort éprouve-t-il donc de cette circonstance que le bois est entouré d'une clôture?

Le préopinant fait observer que jamais, dans aucun temps, le martelage ne s'est exercé que sur les chênes, qui seuls sont propres au service de la marine; quant au *minimum* de quinze décimètres de tour, il est à remarquer que cette circonférence ne suppose pas un écarrissage de plus de onze pouces. Le martelage s'appliquera donc à des arbres d'une dimension encore assez faible.

Le pair de France, ministre de la marine, estime qu'on ne saurait présenter comme une innovation cette disposition du projet. Il est vrai que, dans l'usage actuellement suivi, la marine n'exerce pas le martelage dans les parcs même sujets à un aménagement régulier. Mais le droit qu'elle aurait de le faire n'en résulte pas moins d'une manière certaine de l'article 7 de la loi du 9 floréal an IX.

L'article est mis aux voix et adopté.

ARTICLE CXXVI.

Un pair (*M. le comte Lecouteulx*) fait observer que le dépôt du procès-verbal de martelage à la mairie de la commune, a pour objet de mettre le propriétaire à même d'en prendre connaissance; mais si le propriétaire ne réside pas sur les lieux, le dépôt sera inutile. Peut-être donc vaudrait-il mieux substituer à cette formalité celle de la notification au propriétaire, qui se trouverait ainsi averti d'une manière certaine.

Le directeur général des foréts, commissaire du roi, estime que l'intérêt des propriétaires est suffisamment garanti par le dépôt du procès-verbal à la mairie, où il pourra toujours le compulser par lui-même s'il réside sur les lieux, ou le faire compulser, soit par son garde, soit par toute autre personne, s'il n'y réside pas.

Un pair (*M. le duc de Praslin*) fait remarquer que le délai accordé à la marine pour exercer le droit de martelage étant de six mois, à partir de l'enregistrement de la déclaration au secrétariat de la sous-préfecture, et l'adjudication de la coupe pouvant avoir lieu régulièrement à l'expiration des six mois depuis la déclaration faite, il pourra arriver que le martelage n'ait lieu que le jour même de l'adjudication, ou à une époque qui en serait très rapprochée, de manière que les enchérisseurs et le propriétaire lui-même ne puissent pas avoir une connaissance suffisante des résultats du martelage pour se fixer sur la véritable valeur des arbres martelés, ce qui peut nuire singulièrement à l'adjudication. Ne serait-il pas possible de parer à cet inconvénient en insérant dans l'ordonnance d'exécution une disposition qui obligerait la marine à exercer le martelage dans les cinq premiers mois du délai, ce qui assurerait un intervalle d'un mois au moins au propriétaire et aux enchérisseurs, pour vérifier quels arbres auront été marqués?

Le pair de France, ministre de la marine, fait observer que, dans tous les cas, il dépend du propriétaire de s'assurer le délai d'un mois dont on parle, en faisant sa déclaration un mois plus tôt. Mais il ne pense pas qu'il y ait lieu d'abréger le délai accordé à la marine, et qui a paru nécessaire pour que ses agens eussent le temps de vérifier les bois et de fixer leur choix en suffisante connaissance de cause.

Un pair estime qu'aucune disposition pénale ne s'applique précisément au cas où le propriétaire, après avoir fait sa déclaration, disposerait des arbres sans attendre le martelage. Or, comme en matière pénale tout est de droit strict, les tribunaux se trouveront dans l'impossibilité de prononcer aucune peine.

Le pair de France, ministre de la marine, fait

observer que celui qui disposerait des arbres déclarés, avant le martelage, c'est-à-dire, avant les six mois, puisqu'il ne peut être régulièrement exercé que dans ce délai, se trouverait par là même n'avoir pas fait sa déclaration en temps utile. Il serait donc passible de l'amende portée par l'article 125 pour défaut de déclaration six mois d'avance. La contravention indiquée par le noble pair est donc réprimée, et la lacune qu'il avait cru remarquer n'existe pas.

L'article 126 ne donnant lieu à aucune autre observation est mis aux voix et adopté.

ARTICLE CXXVIII.

Un pair (*M. le duc d'Escars*) estime qu'il est impossible d'accorder à la marine le droit que lui confère cet article de refuser, après l'abatage, les arbres qu'elle aurait marqués sur pied. Le noble pair voudrait donc que, dans tous les cas, la marine fût obligée de prendre les bois marqués pour elle.

Le ministre d'Etat, commissaire du roi, estime qu'on ne pourrait imposer à la marine cette obligation absolue sans dénaturer entièrement le droit de martelage. Ce droit accordé à la marine dans l'intérêt général consiste dans la faculté de choisir, par privilège dans chaque coupe exploitée, les arbres propres à son service; mais si on l'obligeait à prendre, dans tous les cas, les arbres qu'elle aurait marqués sur pied, elle se trouverait souvent entraînée à prendre des arbres vicieux et qui ne lui seraient d'aucun usage ; car chacun sait que ce n'est guère qu'après l'abatage que l'on peut reconnaître d'une manière certaine quelle est la qualité de l'arbre.

Un autre pair croit utile de faire remarquer que dans aucun cas la marine n'a le droit de vérifier autrement que par une inspection extérieure, la qualité des arbres abattus : ce droit aurait pu s'induire des expressions du commissaire du roi, et il était nécessaire de prévenir toute erreur à cet égard.

Le ministre d'Etat, commissaire du roi, déclare qu'il n'a jamais entendu soutenir que la marine eût le droit de sonder l'arbre abattu ou de le faire écarrir pour s'assurer de sa qualité ; l'article 133 est positif à cet égard et lui interdit tout moyen de vérification qui pourrait détériorer l'arbre. Il ne saurait donc s'élever aucun doute sur les limites du droit de la marine.

L'article ne donnant lieu à aucune autre observation est mis aux voix et adopté.

TITRE X.

Avant que la discussion s'engage sur le titre x, un pair (*M. le comte d'Haubersaert*) fait observer qu'indépendamment des deux services publics pour lesquels le titre ix établit des affectations spéciales, il en est encore un autre auquel la législation existante accorde des droits particuliers dans les exploitations de bois : c'est le service de l'administration des poudres.

Le directeur général des forêts , commissaire du roi, déclare que le silence du projet à cet égard ne doit pas être attribué à une simple omission ; qu'il a été reconnu par l'administration elle-même que le mode d'approvisionnement par le commerce libre était préférable au mode actuel. L'administration des poudres a donc renoncé à son privilège , et c'est dans ce sens que doit être interprété le silence du Code.

Le ministre d'Etat , commissaire du roi , ajoute qu'il en est de même des affectations auxquelles avait droit le service du train d'artillerie, et qui se trouvent également supprimées par le Code.

ARTICLE CXLIV.

Un pair (*M. le comte de Mailly*) fait observer que la rédaction de cet article qui ne punit l'extraction des matières minérales et végétales qu'il énumère , qu'autant qu'elle n'est pas autorisée, suppose évidemment à l'administration le droit d'autoriser de pareilles extractions ; mais, dans l'opinion du noble pair, ce droit peut avoir, dans certains cas , les plus fâcheuses conséquences pour la conservation des forêts.

Le directeur général des forêts , commissaire du roi, estime qu'il serait impossible d'insérer à cet égard dans le projet une prohibition absolue. Il y a en effet des localités où l'enlèvement des feuilles mortes est tellement nécessaire pour l'engrais des terres labourables, qu'en le refusant on s'exposerait à rendre la culture impossible , et à compromettre l'existence même de la population. C'est ce qui arrive dans le moment même dans le département du Bas-Rhin, où les autorités locales et la députation tout entière ont réclamé comme indispensable la révocation des mesures rigoureuses qui avaient été prises à cet égard.

L'article est mis aux voix et adopté.

ARTICLE CL.

Un pair (*M. le duc de Praslin*) demande si dans l'ordonnance d'exécution, il ne serait pas possible de statuer que l'Etat n'usera du privilège accordé par cet article que relativement aux seuls chênes.

Le ministre d'Etat, commissaire du roi, déclare que l'observation qui vient d'être faite ne sera pas négligée lors de la rédaction de l'ordonnance.

ARTICLE CLIII.

Un pair (*M. le marquis de Mortemart*) voudrait qu'il pût être fourni quelques explications sur un doute que fait naître dans son esprit la disposition de l'article 155 combinée avec celles de l'article 156. L'article 155 prohibe toute construction dans un rayon de 500 mètres à partir des forêts. Mais l'article 156 exempte de cette prohibition les maisons qui seraient destinées à faire partie d'un hameau, d'un village ou d'une ville déjà existans : or, comment distinguer d'une manière précise, dans les campagnes où les maisons des villages sont souvent éparses et assez éloignées les unes des autres, si une maison nouvellement construite doit être considérée comme faisant partie du village ou comme maison isolée ? Peut-être eût-il été à desirer que la rédaction des deux articles fût plus précise à cet égard.

Un autre pair (*M. le marquis de Parge*) estime qu'une seconde observation est nécessaire relativement au même article : la prohibition consignée dans le premier paragraphe est sagement établie; mais il est à craindre que les restrictions apportées à cette prohibition par le troisième paragraphe ne donnent lieu à des fraudes dangereuses pour la conservation et la police des forêts. Ce paragraphe permet en effet au propriétaire d'une maison déjà existante de l'augmenter sans autorisation : sans doute on n'a voulu entendre par là que le droit d'ajouter quelques dépendances à une habitation; mais on peut en induire le droit de construire des bâtimens nouveaux et de créer ainsi des habitations nouvelles, ce qui peut donner lieu à de graves abus.

Le ministre d'Etat, commissaire du roi. On demande d'abord comment s'établira la distinction entre des maisons isolées et celles qui font partie d'un village ou d'un hameau; et à cet égard, il était difficile de trouver des expressions plus précises que celles dont la loi s'est servie. Si quelque difficulté sur ce point venait à s'élever, elle serait nécessairement soumise aux tribunaux, qui jugeraient d'après les circonstances. On a craint, en second lieu, qu'il ne résultât quelque fraude de la permission donnée par le troisième paragraphe, d'augmenter sans autorisation les maisons déjà existantes. Sans doute il peut en résulter quelques abus; mais il a paru à la Chambre des députés qu'il serait trop rigoureux de prohiber toute augmentation légitime et de bonne foi, pour prévenir une fraude qu'il ne fallait pas supposer. C'est à l'administration qu'il appartiendra de veiller à ce que l'exercice de cette faculté ne devienne pas une cause d'abus et de préjudice pour les forêts de l'État.

Aucune proposition n'étant faite sur l'article, il est mis aux voix et adopté.

ARTICLE CLXXXIX.

Un pair (*M. le duc de Praslin*) demande pourquoi l'on n'a pas compris dans la nomenclature des dispositions que l'article 189 rend communes aux particuliers, celle de l'article 164, qui donne aux gardes-forestiers le droit de requérir la force publique pour la répression des délits et la recherche des bois de délit.

Le ministre d'État, commissaire du roi, fait observer que le droit de requérir la force publique appartient, sans contestation possible, aux gardes des particuliers comme aux gardes de l'État en leur qualité d'officiers de police judiciaire, et en vertu de l'article 16 du Code d'instruction criminelle.

ARTICLE CXCII.

Un pair (*M. le duc de Praslin*) fait observer que la progression de 5 ou de 10 centimes, établie dans le tarif des amendes pour chaque décimètre de tour excédant les deux premiers décimètres, n'offre une répression suffisante que jusqu'au moment où l'arbre a atteint une certaine dimension, celle de 15 décimètres de tour, par exemple; mais à partir de ce moment, la valeur de l'arbre s'augmente suivant une progression bien plus rapide, et telle que certains arbres n'ont pas, à proprement parler, de valeur assignable.

Le ministre d'Etat, commissaire du roi. La Chambre des députés a pensé que les amendes de l'article 192 suffisaient, et qu'en les portant à un taux plus élevé on s'exposerait à les voir moins exactement appliquées. Elle a considéré d'ailleurs que les réparations accordées au propriétaire pouvaient toujours être calculées sur le préjudice causé, puisque la loi fixe seulement un *minimum* qui est égal à l'amende.

L'article est adopté.

ARTICLE CXCIV.

Un pair (*M. le duc de Praslin*) demande si la peine d'emprisonnement, portée par le second paragraphe de cet article, est également applicable aux délits prévus par le paragraphe premier.

Le ministre d'Etat, commissaire du roi, déclare qu'il ne saurait en être ainsi. Le paragraphe premier a en effet pour objet de punir des délits commis dans un bois déjà parvenu à un degré de croissance où le délit ne compromet plus l'existence de l'arbre, mais seulement le produit de la pousse, tandis que le second paragraphe est destiné au contraire à réprimer un délit beaucoup plus grand, parce qu'il ne tend à rien moins qu'à détruire l'arbre lui-même, délit contre lequel le Code pénal avait déjà prononcé une peine d'emprisonnement.

L'auteur de l'observation n'insistant pas, l'article est mis aux voix et adopté.

ARTICLE CCXIX.

Un pair (*M. le comte de Tournon*) fait observer qu'il peut convenir à un propriétaire de bois d'exploiter une futaie par éclaircies, ou d'ouvrir des routes dans un taillis : devra-t-on dans ces cas soumettre à la mesure de l'autorisation préalable les défrichemens partiels qui en résultent.

Le directeur général des foréts, commissaire du roi, déclare que jamais l'administration n'a considéré, comme un défrichement soumis à l'autorisation, ce qui est fait, soit pour l'amélioration ou l'embellissement de la propriété, soit pour son exploitation régulière, ou pour changer le mode d'exploitation établi. Ce que la loi a pour but d'empêcher, c'est uniquement le défrichement, dont il résulterait une diminution du sol forestier : c'est donc pour celui-là seul que l'autorisation est nécessaire.

L'article 219 est mis aux voix et adopté.

ARTICLE CCXXIII.

Un pair (*M. le comte de Tournon*) demande si par les mots *parcs ou jardins clos* dont on s'est servi dans le n° 2 de l'article, on a entendu ceux qui sont formés de fossés, de haies, ou généralement par l'un des moyens indiqués dans l'article 391 du Code pénal, ou si l'on a entendu que les parcs ou jardins clos de murs.

Le ministre d'Etat, commissaire du roi, fait observer que par cela seul que la loi ne s'explique pas sur le mode de clôture, l'exception doit s'étendre à tous les genres de clôture sans distinction.

L'article est mis aux voix et adopté.